A TÉCNICA INTERPRETATIVA DO ÓRGÃO DE APELAÇÃO DA ORGANIZAÇÃO MUNDIAL DO COMÉRCIO

Carla Amaral de Andrade Junqueira Canero

A TÉCNICA INTERPRETATIVA DO ÓRGÃO DE APELAÇÃO DA ORGANIZAÇÃO MUNDIAL DO COMÉRCIO

Editora Singular

São Paulo
2011

C221t Canero, Carla Amaral de Andrade Junqueira.

A técnica interpretativa do órgão de apelação da Organização Mundial do Comércio. / Carla Amaral de Andrade Junqueira Canero. São Paulo: Singular, 2011.
268 p.
ISBN: 978-85-86626-56-2

Tese (Doutorado. Área de Concentração: Direito Internacional) - Faculdade de Direito da Universidade de São Paulo; CERDIN da Universidade de Paris I - Panthéon Sorbonne.
Orientadores: Luiz Olavo Baptista; Hélène Ruiz Fabri.

1. Organização Mundial do Comércio (OMC). 2. Solução de Conflito. 3. Controvérsia internacional, interpretação. I. Baptista, Luiz Olavo. II. Fabri, Hélène Ruiz. III. Título.

CDU: 339.5 CDD: 382.92 21

Diagramação: Maria do Carmo de Oliveira
Revisão: Paola Morsello
Capa: Aeroestudio

Editora Singular Tel/Fax: 55 11 3862-1242 www.editorasingular.com.br
Rua José Nóbrega Barbosa, 100 CEP 05013-001 São Paulo SP Brasil

A minha família.

Sumário

Agradecimentos

Este livro encerra uma etapa da minha vida. Uma etapa iniciada em 2005, quando os Professores Luiz Olavo Baptista, da Universidade de São Paulo, e Helène Ruiz Fabri, da Universidade de Paris I – Panthéon Sorbonne, deram-me o privilégio de contar com o seu conhecimento e orientação durante um trabalho que se iniciava. Tive a oportunidade, durante esse período, de com eles aprender lições importantes nos planos acadêmico e profissional, lições essas que levarei por toda a vida.

Muitos desafios surgiram e tiveram de ser enfrentados desde o início do trabalho, os quais, certamente, não poderiam ter sido superados sem a presença de Deus e o apoio de algumas pessoas fundamentais.

Em primeiro lugar, meus agradecimentos à Professora Vera Thorstensen, que, ao aceitar-me em 2003 para o estágio na Missão Diplomática do Brasil em Genebra, permitiu-me conhecer de perto a prática da OMC, grande estímulo para o começo deste trabalho. Ao Embaixador Roberto Azevedo, ao Ministro Conselheiro Haroldo Macedo Ribeiro e ao Conselheiro Celso de Tarso Pereira, que me receberam com paciência e ensinaram-me na Coordenação Geral dos Contenciosos, no Ministério das Relações Exteriores, em Brasília, a prática do contencioso da OMC. A Pablo Bentes, Rafael Benke e Eduardo Agostinho, grandes amigos com quem tive a oportunidade de discutir detalhadamente a proposta do meu trabalho em Genebra.

Aos meus 6 (seis) sócios, em especial, Ricardo Barretto, por todo o apoio e compreensão durante a minha ausência do escritório, para a pesquisa e redação deste trabalho. Estendo este agradecimento a Marina Carvalho e Luiz Eduardo Salles, dedicados e brilhantes colegas da equipe de comércio internacional do escritório Barretto Ferreira, Kujawski e Brancher Sociedade de Advogados.

Ao Professor Alberto do Amaral Junior, por todos os seus conselhos e suas orientações, pelos quais serei sempre grata.

Aos amigos e brilhantes acadêmicos, Leandro Rocha Araujo e Leonor Cordovil, cuja orientação, estímulo e conselhos foram fundamentais, para que eu seguisse em frente com o projeto.

Uma menção especial deve ser feita a Victor do Prado e Lauro Locks, do Secretariado da OMC, que incansavelmente compartilharam de sua experiência comigo durante a minha estadia em Genebra.

Ao meu padrasto Luiz Eduardo Leme Lopes da Silva, por todo o apoio, incentivo e carinho que me dedicou durante esses anos, enquanto ainda estava entre nós.

Ao meu marido, Mauricio Aníbal Canero, por estar ao meu lado em todos os momentos importantes de minha vida, sempre oferecendo seu apoio incondicional e vibrando com as minhas vitórias. À minha mãe, Laís Amaral Rezende de Andrade, pelo amor incondicional, apoio, incentivo e pelos princípios ensinados que estarão comigo hoje e sempre. E a toda a minha família, meus queridos filhos Arturo e Tiago, meu pai Gabriel, sua esposa Marilisa, meus irmãos, cunhados, cunhadas, sogros, minha avó e meus tios, base para todas as caminhadas.

Prefácio

Este livro de Carla Junqueira tem origem em sua tese de doutorado de que fui coorientador, razão pela qual acompanhei a pesquisa feita e sua elaboração. Insere-se, entre outros trabalhos que orientei, na discussão do modo pelo qual o Órgão de Apelação do Sistema de Solução de Controvérsias da Organização Mundial do Comércio vem interpretando os textos dos acordos da Rodada Uruguai, dos quais nasceu a OMC.

Carla teve o privilégio de ser coorientada pela Profa. Hélène Ruiz Fabri, da Universidade de Paris – Panthéon Sorbonne, uma das maiores autoridades europeias nessa matéria, e foi defendida perante banca internacional, sendo aprovada com a recomendação de que fosse publicada.

Carla, em seu trabalho, examinou o método interpretativo do Órgão de Apelação da OMC, buscando verificar a sua hipótese de trabalho, que era a de verificar se ele é legítimo em si mesmo, e se seus resultados reforçam a legitimidade do sistema multilateral do comércio.

Para isso, seguiu um percurso que parte do conceito de legitimidade desse sistema até chegar às conclusões de que o método adotado legitima o sistema e é adequado aos propósitos deste.

Sua análise é de que não basta que o Órgão de Apelação siga, como diz em sua tese, "matematicamente os critérios da Convenção de Viena sobre direito e tratados para alcançar o resultado e a solução de um caso concreto".

De fato, o Órgão de Apelação, conforme a determinação dos tratados, utiliza os parâmetros propostos pela Convenção de Viena, valendo-se dos seus critérios e empregando-os de acordo com o método que desenvolveu, que busca estabelecer o direito a ser aplicado, promovendo a segurança e a previsibilidade jurídica no sistema multilateral de comércio, de forma a cumprir a sua missão.

O que há de admirável na obra que vem sendo desenvolvida pelo Órgão de Solução de Controvérsias da Organização Mundial do Comércio é justamente o fato de que ela se desenvolve coerentemente, consolidando e clarificando a cada passo da interpretação os vários acordos, atendo-se aos limites de não criar nem sonegar direitos aos Membros.

Se o direito é uma obra interpretativa que nunca se encerra, pois a cada nova oportunidade um novo interprete lê o texto e o compreende ou o interpreta agregando um significado antes ignorado quando o contexto muda, o direito permanece o mesmo no decurso do tempo, como se o aplicasse o príncipe de Lampedusa, mudando para que tudo permaneça como está. O direito então sobrevive porque vai reconhecendo os valores, aplicando-os aos fatos na aplicação da norma.

O método desenvolvido pelo Órgão de Apelação permite que essa evolução, quando ocorre, seja coerente e construa sobre as conclusões tiradas no passado a aplicação a novos fatos, sem destruir nem se desviar da solução original.

Por essa razão os exemplos e os estudos feitos por Carla Junqueira neste trabalho são uma contribuição importante de um observador externo que se dedicou com cuidado ao exame do procedimento. Confrontando-os com a minha experiência pessoal, de alguém que viveu na prática a interpretação dos textos, creio que Carla alcançou uma boa compreensão de certos aspectos do método interpretativo, pelo que seu trabalho é útil e criativo. Lido em conjunto com o trabalho de Evandro Menezes de Carvalho sobre a linguagem do Órgão de Apelação[1], os aspectos culturais que decorrem da diversidade de *backgrounds* de todos os Membros do Órgão de Apelação e do fato de que conseguem construir um consenso, mostra que ali se desenvolveu uma técnica interpretativa mais adaptada à realidade de nossos dias que aquela que adotavam os Tribunais Internacionais mais antigos.

O trabalho de Carla Junqueira mostra, também, que foi superada a barreira das visões paroquiais, nacionaleiras e outras que obstam a visão de universalidade, mais coerente que aquelas com o sentido do direito que busca assegurar a todos paz e segurança jurídica.

A literatura sobre o tema, inclusive a brasileira, não conseguiu focalizar com a mesma precisão e realismo o que ocorre no processo decisório do Órgão de Apelação, como o fizeram os trabalhos de Carla e Evandro, que examinam sob o ângulo jurídico, com competência, diferentes ângulos do trabalho da corte. Ao contrário de alguns trabalhos que enveredam por explicações pseudocientíficas, chegando à formula que caricaturalmente descreveria como uma "*soap space opera*" no que poderíamos chamar de "*law fiction*"[2], Carla optou por ver o direito com o olhar do jurista, partindo do exame do tratado, numa combinação que envolve aspectos dogmáticos e zetéticos, enveredando pelos prismas da legitimidade, da legalidade e da busca pela justiça. Examina como as regras de conduta se concretizam no mundo real, onde os valores e os fatos se articulam com normatividade dinamicamente. É pela

1. *O discurso jurídico-decisório da Organização Mundial do Comércio: uma análise semiótica dos relatórios do Órgão de Apelação*, Tese de Doutorado, 2005.
2. Faço referência ao gênero literário da "*fantasy*", da "*science fiction*", ou "*pulp space operas*", da década de 1980, que ainda encontra seguidores em nossos dias.

seriedade e pela qualidade do conteúdo que este trabalho tem valor acadêmico e merece ser lido pelos que quiserem avançar na compreensão de como uma jurisprudência pode se desenvolver de modo contemporâneo, eficaz, respeitando a vontade do legislador (ou dos autores do tratado) e ajudando a estender o império do direito globalmente.

Luiz Olavo Baptista

Lista de Abreviaturas e Siglas

AAD	Acordo Antidumping
Acordo SPS	Acordo sobre Medidas Sanitárias e Fitossanitárias
ACWL	Advisory Centre on WTO Law (Centro de Assessoria Legal em Assuntos da OMC)
BIRD	Banco Internacional de Reconstrução e Desenvolvimento
CCI	Câmara de Comércio Internacional
CE	Comunidade Europeia
CEDH	Corte Europeia de Direitos Humanos
CF/88	Constituição da República Federativa do Brasil de 1988
CIJ	Corte Internacional de Justiça
ESC	Entendimento sobre Solução de Controvérsias
EUA	Estados Unidos da América
EUR	Euro
FMI	Fundo Monetário Internacional
GATS	General Agreement on Trade in Services (Acordo Geral sobre o Comércio de Serviços)
GATT	General Agreement on Tariffs and Trade (Acordo Geral sobre Tarifas e Comércio)
LSE	London School of Economics
OA	Órgão de Apelação
OCDE	Organização para a Cooperação e Desenvolvimento Econômico
OIC	Organização Internacional do Comércio
OMA	Organização Mundial das Aduanas
OMC	Organização Mundial do Comércio
ONG	Organização Não Governamental
ONU	Organização das Nações Unidas
OSC	Órgão de Solução de Controvérsias (da OMC)
PED	País em Desenvolvimento
PMDR	país de menor desenvolvimento relativo
SGP	Sistema Geral de Preferências
SH	Sistema Harmonizado de Designação e Codificação de Mercadorias
SSC	Sistema de Solução de Controvérsias
TPA	Bipartisan Trade Promotion Authority Act de 2002

TRIMs	Agreement on Trade-Related Investment Measures (Acordo sobre Medidas de Investimento e Relacionadas ao Comércio)
TRIPs	Agreement on Trade-Related Aspects of Intellectual Property Rights (Acordo sobre Aspectos dos Direitos de Propriedade Intelectual Relacionados ao Comércio)
UNCTAD	United Nations Conference on Trade and Development (Conferência das Nações Unidas sobre Comércio e Desenvolvimento)
URSS	União das Repúblicas Socialistas Soviéticas
USTR	United States Trade Representative (Departamento de Comércio dos Estados Unidos)

Introdução

Na peça de teatro *O mercador de Veneza*, do dramaturgo inglês William Shakespeare, o mote central é a Lei. Mais precisamente, a "letra de Lei", o que está escrito, objetivamente, e o sentimento de justiça que subjaz e à qual deve estar amalgamada toda e qualquer decisão de Direito. Na peça, a Lei de Veneza permite estabelecer como garantia em contrato de empréstimo uma libra de carne humana do fiador:

> Acompanhai-me ao notário e assinai-me o documento da dívida, no qual, declarado será que se, no dia tal, em lugar também sabido, a quantia ou quantias não pagardes, concordais em ceder, por equidade, uma libra de vossa bela carne, que do corpo vos há de ser cortada onde bem me aprouver.

Firmada a dívida e vencido o prazo para pagamento o credor declara: "Invoco a Lei. Exijo que a libra da carne do fiador seja retirada de seu coração". O caso é submetido à apreciação da Corte de Justiça de Veneza.

O juiz reitera que força alguma pode em Veneza mudar as leis vigentes. Ao examinar a letra da dívida, o juiz clama estar vencido o documento. "Legalmente pode reclamar o credor, pelos termos da dívida e da lei, uma libra de carne, que ele pretende cortar de junto do coração do fiador. A Lei de Veneza está de acordo com a multa cominada." E anuncia:

> Pertence-te uma libra de carne do fiador, a Corte o reconhece, porque a Lei o permite, mas há um coisa, pela letra de Lei, o sangue jus não tens; nem uma gota. São palavras expressas: uma libra de carne. Tira, pois, somente o combinado: tua libra de carne. Se acaso derramares, no instante de a cortares, uma gota de sangue que seja, teus bens e tuas terras todas, pelas Leis de Veneza, para o Estado passarão por direito.

A peça de William Shakespeare, escrita há mais de 500 anos, pressupõe dois conceitos fundamentais que serão desenvolvidos no presente trabalho: a necessidade de segurança jurídica que decorre da aplicação da regra do Direito; e a importância da interpretação jurídica.

A Organização Mundial do Comércio (OMC) tem crescido em importância e protagonismo nos últimos anos. O sistema de solução de controvérsias comerciais (SSC) da OMC, composto por duas instâncias, tem contribuído para a segurança e previsibilidade jurídicas do sistema multilateral de comércio. O Órgão de Apelação (OA) desse sistema, cuja função é a interpretação dos acordos da OMC, se tornou uma verdadeira corte internacional de disputas comerciais.

Pascal Lamy, o atual Diretor-Geral, caracterizou a OMC como uma "organização diferenciada" que representa uma ordem jurídica única[1]. Nessa ordem, o SSC ajuda a explicar como e por que a OMC se tornou um sistema legal integrado e diferenciado que produz um corpo de regras jurídicas que governam uma comunidade[2]. Tal apreciação da OMC é representativa de como o direito da OMC e seus participantes gradualmente se tornam conscientes de seu *status* e influência no direito internacional.

O presente trabalho, sobre a interpretação dos acordos da OMC pelo OA, analisará como esse órgão utiliza um método interpretativo singular para o exercício de uma verdadeira função judicial na OMC, cujo objetivo final é promover segurança jurídica e previsibilidade para o sistema multilateral de comércio. Essa análise pressupõe o conhecimento das características do SSC da OMC, sua jurisdição, regras e princípios. Por essa razão, o primeiro capítulo traz o histórico do SSC da OMC, as principais disciplinas previstas no acordo que regula o sistema, o Entendimento sobre Solução de Controvérsias (ESC) e a função do OA, tal como prevista nesse acordo. Além disso, no referido capítulo, propomos a hipótese do trabalho segundo a qual a técnica interpretativa do OA é legítima e capaz de reforçar a legitimidade do próprio sistema multilateral de comércio. Nesse contexto, analisamos a implementação da *rule of law* na OMC e definimos o conceito de legitimidade do sistema multilateral de comércio. Para concluir, explicamos a técnica interpretativa do OA em detalhes e tratamos de seus efeitos sobre a legitimidade do sistema multilateral de comércio.

Para definir o conceito de legitimidade do sistema multilateral de comércio, utilizamos como elementos de fundamental relevância as medidas de construção da confiança entre os Membros da OMC e a sua expectativa de que o SSC da OMC traga segurança e previsibilidade às regras negociadas por consenso durante a Rodada Uruguai. A manutenção do equilíbrio de forças nas relações comerciais internacionais dos Membros da OMC depende dessas regras. A técnica interpretativa do OA somente reforçará a legitimidade do sistema multilateral de comércio se garantir a segurança e a previsibilidade

1. Lamy (2006, p. 970).
2. "The WTO has evolved towards an integrated and distinctive legal order that produces a body of legal rules making up a system and governing a community" (Lamy, 2006, p. 971).

do sistema por meio da correta aplicação das regras negociadas por consenso pelos Membros.

Para melhor compreender os fundamentos da técnica interpretativa do OA, interessou-nos examinar os métodos de interpretação de outros sistemas de Direito contemporâneo, notadamente o direito comum (*Common Law*) e o direito civil (*Civil Law*), e verificar se procede a afirmação de parte da doutrina especializada de que há uma influência predominante do direito comum no SSC da OMC, e que essa predominância anglo-saxônica supostamente estaria colocando em risco a legitimidade das decisões do OA. Este estudo nos permitirá analisar em que medida os Membros do OA sofrem influência dos dois grandes sistemas jurídicos contemporâneos e os seus reflexos na interpretação dos acordos da OMC.

Para estudar a legitimidade da técnica interpretativa do ao, examinamos as críticas apresentadas a essa técnica, de modo a verificar se elas procedem a ponto de limitar a legitimidade do sistema multilateral de comércio. Apresentamos as críticas oficiais dos Membros da OMC e aquelas que emergem dos observadores exteriores à organização.

Tratamos da legitimidade da técnica interpretativa do OA, comparando-a com técnicas utilizadas por outras cortes internacionais. Analisamos quais seriam os efeitos da aplicação de outros métodos interpretativos no sistema multilateral de comércio. Perguntamos se a primazia dada à letra dos acordos, por meio da aplicação das regras gerais de interpretação previstas no Artigo 31:1 da Convenção de Viena sobre Direito dos Tratados (doravante Convenção de Viena)[3], utilizadas de forma prioritária pelo OA durante o processo interpretativo, é um dos elementos fundamentais da segurança e previsibilidade buscadas pelos Membros da OMC. Indagamos qual seria o resultado para a segurança e previsibilidade do sistema multilateral de comércio, se o OA utilizasse mais frequentemente outro método interpretativo distinto do método que tem a interpretação textual como técnica prioritária.

Embora tenhamos denominado o presente trabalho de *A técnica interpretativa do órgão de apelação da OMC*, opinamos que essa técnica não é mecânica. Entendemos que a interpretação é um exercício de raciocínio composto por diversos elementos e realizado por seres humanos. Não supomos ser suficiente que o OA simplesmente siga matematicamente os critérios da Convenção de Viena para alcançar o resultado e a solução para o caso concreto. A interpretação de um tratado vai além da técnica; envolve uma escolha. Estudamos essa técnica/arte de raciocínio no presente trabalho. Analisamos

3. Assinada em Viena em 23 de maio de 1969; entrou em vigor em 27 de janeiro de 1980.

como os elementos exteriores à técnica mecânica fazem parte da interpretação, como, por exemplo, o confronto de "juízes" de nacionalidades distintas e o peso da denominada "cultura jurídica" na prática interpretativa, além do perfil cultural dos Membros do OA. Essa noção tem relação direta com o nosso estudo, na medida em que permitirá a caracteriz ação da singularidade da técnica interpretativa do OA com relação ao perfil cultural de seus juízes. Tal caracterização é de grande relevância, já que uma técnica interpretativa que confira legitimidade ao sistema multilateral de comércio deverá conter eventuais excessos e parcialidade relacionados ao perfil cultural dos juízes por meio da promoção da independência, da imparcialidade e da coerência das decisões.

Analisamos em que medida a função do OA, considerando a evolução da corte como instituição, se adaptou às circunstâncias temporais e excedeu o papel que lhe fora expressamente atribuído pelos Membros da OMC. Indagamos se o papel do OA se tornou mais relevante do que inicialmente intencionado pelos Membros da OMC, em razão da sua responsabilidade de promover previsibilidade e segurança jurídicas para o sistema. Estudamos quais os limites dessa função.

O último aspecto que observamos com relação ao conceito de legitimidade proposto é se a técnica interpretativa do OA é capaz de promover segurança e previsibilidade jurídicas ao sistema multilateral de comércio e de cumprir, portanto, o objetivo primordial da interpretação dos acordos da OMC. Para tanto, introduzimos a noção de jurisdição do OA e explicamos o debate em torno da interpretação do Artigo 3:2 do ESC a respeito da lei aplicável no sistema. Por fim, perguntamos se a técnica peculiar do OA é hoje parte integrante da percepção dos Membros da OMC sobre uma jurisdição objetiva e legítima. Indagamos se o fato de o OA privilegiar a interpretação textual demonstra a sua intenção de permanecer o mais próxima possível da vontade dos negociadores do acordo; e se a consolidação de um método regular e deferente à intenção dos negociadores é coerente com o mandato que lhe foi outorgado pelos Membros da OMC.

Durante todo o trabalho, procuramos responder a três questões fundamentais relacionadas ao conceito de legitimidade proposto, quais sejam: (a) A técnica interpretativa do OA observa o mandato estabelecido pelos Membros da OMC? (b) A técnica interpretativa do OA tem aceitação geral dos Membros da OMC? e (c) A técnica interpretativa do OA responde às necessidades do sistema multilateral de comércio – segurança e previsibilidade?

Esperamos que este estudo possa trazer suporte ao debate acadêmico em torno da legitimidade do SSC da OMC.

CAPÍTULO 1

Solução de Controvérsias na OMC, Legitimidade e Interpretação

A OMC foi criada em 1994, ao final da Rodada Uruguai do Acordo Geral sobre Tarifas e Comércio (GATT[1]), tendo, desde então, exercido função primordial na regulamentação e administração das relações comerciais multilaterais. Um dos principais instrumentos colocados à disposição dos Membros da referida organização consiste no SSC, um mecanismo capaz de promover maior segurança e previsibilidade e, assim, reduzir as tensões no sistema comercial internacional. O OA, instância jurisdicional máxima do Órgão de Solução de Controvérsias da OMC (OSC), tem enorme relevância para o fortalecimento do próprio sistema multilateral comercial, na medida em que é o órgão competente para interpretar os acordos multilaterais de comércio atualmente em vigor[2].

O presente capítulo tem por objetivo expor a hipótese que será trabalhada neste trabalho, examinando o mecanismo do SSC desde as suas origens, por meio das primeiras disciplinas do GATT a respeito de solução de controvérsias comerciais entre as Partes Contratantes, até as principais disposições existentes no atual instrumento multilateral sobre o assunto, o ESC.

O presente capítulo permitirá, ainda, a análise do adensamento de juridicidade das relações comerciais multilaterais com base na implementação da *rule of law* no âmbito da OMC, bem como um exame introdutório do papel exercido pelo OA relativamente às regras estabelecidas pelos Membros.

---

1. Em inglês, General Agreement on Tariffs and Trade. O termo GATT 1947 é utilizado tanto para representar o acordo internacional firmado em 1947 quanto para a organização internacional "de fato" surgida após a entrada em vigor desse acordo, em virtude da impossibilidade de criação da Organização Internacional do Comércio (OIC). Segundo John Jackson, "it [GATT] effectively became a *de facto* organization, at least for consultation, negotiation, and application of rules regarding international trade" (Jackson, 1997, p. 59).
2. O SSC da OMC é o sistema jurisdicional composto pelos Painéis e pelo OA. O OSC da OMC é o organismo político formado por representantes de todos os membros da OMC, que se reúnem para tratar das questões relativas ao SSC, tais como o estabelecimento dos painéis e a aprovação dos relatórios do OA.

1.1 A OMC e o SSC

A criação da OMC decorreu do cenário internacional no qual os valores liberais, sobretudo os princípios da economia de mercado, se universalizaram. Foi essa tendência de universalismo e cooperação entre os Estados que motivou a celebração, ao final da Segunda Guerra Mundial, dos acordos de Bretton Woods, que reformularam e reordenaram o sistema financeiro internacional. O Fundo Monetário Internacional (FMI) e o Banco Internacional de Reconstrução e Desenvolvimento (BIRD) constituíam dois pilares de sustentação da nova ordem, aos quais se adicionaria um terceiro, a OIC, que, por não ter prevalecido, foi suprida pelo então provisório GATT, com disposições de caráter normativo sobre o comércio internacional, fundado, precipuamente, no princípio da liberdade de intercâmbio e na igualdade jurídica dos Estados.

O GATT tornou-se o veículo principal a incentivar a intensificação dos fluxos econômicos com redução de barreiras alfandegárias ao comércio internacional de bens industrializados. O acordo, que em princípio seria provisório, acabou por originar uma organização internacional de fato, com Secretariado estabelecido em Genebra. O GATT passou por várias rodadas de negociações que versaram tão somente sobre a redução de tarifas incidentes sobre bens industrializados, mas, ao final da Rodada Uruguai, diversos acordos foram aprovados, que passaram a ser denominados de Acordos da OMC ou Acordos Abrangidos[3], além de terem possibilitado a criação de novos mecanismos institucionais, como o SSC da OMC, objeto do presente estudo.

1.1.1 O histórico do SSC da OMC

A ideia de criação de uma organização internacional de cunho multilateral com o objetivo de regular o comércio entre os países teve início no período pós-guerra, quando os países aliados, buscando a reconstrução da economia mundial, firmaram o Acordo de Bretton Woods[4]. Por meio desse acordo, foi idealizada a construção de três organizações internacionais de natureza econômica: o FMI, o BIRD, hoje conhecido como Banco Mundial, e a OIC, cujo papel seria a reestruturação do sistema de comércio internacional

3. Os acordos assinados na Rodada Uruguai foram internalizados no ordenamento jurídico brasileiro por meio do Decreto n. 1.355, de 30 de dezembro de 1994, publicado em 31 de dezembro de 1994. Salvo menções expressas específicas, todas as versões dos referidos acordos citadas neste trabalho em português são as presentes em tal decreto.
4. Acordo assinado em 1944, em New Hampshire, nos EUA, com o objetivo de criar um ambiente de maior cooperação na economia mundial, baseado no estabelecimento de três instituições internacionais. Cf. Thorstensen (2001, p. 29).

com regras definidas, no intuito de reduzir restrições às trocas comerciais internacionais[5].

Embora as duas primeiras organizações internacionais tenham sido efetivamente constituídas, a tentativa de criação da OIC restou frustrada pelo Congresso estadunidense, o qual não ratificou o tratado constitutivo da referida organização, a Carta de Havana. Quando ficou evidente que o Senado dos Estados Unidos da América não ratificaria a Carta de Havana, os esforços para a criação da OIC foram abandonados, tendo em vista que uma organização multilateral de comércio que não tivesse os EUA entre seus Membros teria poucas chances de êxito.

A alternativa encontrada para resguardar as concessões até então negociadas pelos diversos países foi um acordo provisório – o GATT –, o qual tratava basicamente de consolidar a redução negociada das tarifas alfandegárias e tornar obrigatórias algumas regras gerais de não discriminação e transparência relativas ao comércio[6].

---

5. A ordem econômica do segundo pós-guerra combina: crença liberal de que o mercado é a forma mais eficaz de alocação de bens, o aumento dos fluxos econômicos e comerciais e a construção de instituições para assegurar a realização dos fins propostos. Ela se deu sob a égide da hegemonia estadunidense, fortalecida pela devastação do continente europeu durante a guerra. Os EUA compreenderam que o exercício da hegemonia não poderia basear-se no mero uso da força, mas requereria, além do convencimento dos demais governos sobre as virtualidades intrínsecas à nova ordem, a aceitação de algumas reivindicações defendidas pelos países aliados. A estabilidade das relações econômicas justificava o esforço despendido para dar vida a instituições multilaterais, responsáveis por conferir legitimidade às decisões tomadas (Amaral Júnior, 2008, p. 14). Nesse contexto, cumpre também indicar o conceito de "regimes internacionais", o qual, nas palavras de Stephen Krasner, abrange os "principles, norms, rules, and decision-making procedures around which actors' expectations converge in a given issue-area" (Krasner, 1983, p. 2). Com isso, os principais *players* no cenário internacional buscam atrair o consentimento de outros países em relação a determinados princípios e regras de conduta. Assim, se por um lado as relações internacionais tornam-se mais democráticas em razão da maior participação dos diversos países na formulação das regras de conduta, por outro confere-se maior eficácia a essas mesmas regras. Como os regimes internacionais condicionam a conduta dos diversos países que dele fazem parte, eles podem ser também vistos como canais de influência utilizados pelos países mais participativos, conforme sugere Antônio Jorge Ramalho da Rocha: "em suma, [...] os regimes são vistos como estruturas por meio das quais alguns agentes exercem influência sobre outros" (Rocha, 2006, p. 89).
6. No que se refere à solução de controvérsias, cabe ressaltar que a Carta de Havana

O GATT assumiu, então, a função de condução das negociações multilaterais acerca dos temas relacionados ao mercado global, incluindo tarifas, quotas e práticas comerciais. As discussões do GATT passaram por oito rodadas de negociações multilaterais. As seis primeiras visaram basicamente à diminuição dos direitos aduaneiros, por meio de negociações de concessões tarifárias recíprocas. As duas últimas rodadas foram mais amplas, mas também incluíram reduções tarifárias. Na sétima rodada, chamada de Rodada Tóquio, além da redução de tarifas, foi negociada uma série de acordos para reduzir a incidência de barreiras ditas não tarifárias e que passaram a ser adotados por diversos países como forma de proteção à indústria nacional. A Rodada, além de esclarecer regras anteriores já negociadas, também introduziu novas regras no GATT[7].

A oitava rodada, a Rodada Uruguai, foi a mais ambiciosa e complexa das negociações do GATT. Foi iniciada em 1986, na cidade de Punta del Este e terminou formalmente em 1993, sendo assinada em abril de 1994 pelas partes, na cidade de Marraqueche. O objetivo da Rodada, além da diminuição de tarifas, foi o integrar às regras do GATT setores antes excluídos, como agricultura e têxteis, além de introduzir tais regras em novos setores, tais como: serviços, com a criação do Acordo Geral sobre o Comércio de Serviços (GATS[8]); propriedade intelectual, com o estabelecimento do Acordo sobre Aspectos dos Direitos de Propriedade Intelectual relacionados ao Comércio (TRIPs[9]); e medidas de investimento, com o Acordo sobre Medidas de

---

estabelecia em seu capítulo VIII uma forma de resolução de disputas no âmbito da OIC, a qual consistia nas seguintes fases: (a) realização de consultas entre as partes conflitantes (Artigo 93:1); (b) estabelecimento de arbitragem entre as partes (Artigo 93:2); e, ainda, (c) submissão da questão ao Órgão Executivo (Artigo 94), podendo este apresentar solicitações ou recomendações a fim de que os Membros chegassem à solução satisfatória. O Órgão Executivo poderia, também, levar a questão à consideração da instância máxima da OIC, a Conferência (Artigo 95) e solicitar opiniões consultivas à Corte Internacional de Justiça (CIJ) (Artigo 96). Nesse sentido, cumpre destacar que o Professor Alberto do Amaral Júnior (2008, p. 93) afirma que o procedimento concebido pela Carta de Havana seria muito mais elaborado que aquele disciplinado pelo GATT em 1947.

7. Os acordos da Rodada Tóquio foram nove: Barreiras Técnicas, Subsídios, Antidumping (AAD), Valoração Aduaneira, Licenças de Importação, Compras Governamentais, Comércio de Aeronaves, Acordo sobre Carne Bovina e Acordo sobre Produtos Lácteos. Os dois últimos foram encerrados com o início das atividades da OMC.
8. Em inglês, General Agreement on Trade in Services.
9. Em inglês, Agreement on Trade-Related Aspects of Intellectual Property Rights.

Investimento relacionadas ao Comércio (TRIMs[10]); e ainda a criação de um novo SSC.

No que se refere ao SSC anterior à criação da OMC, os Artigos XXII e XXIII[11] do GATT 1947 instituíram um sistema embrionário de solução de disputas com base na conciliação e na natureza não contenciosa de seus procedimentos. Privilegiava-se, assim, o entendimento direto entre as Partes em litígio e a solução político-diplomática das controvérsias[12]. De fato, o SSC do GATT resultou da prática de suas Partes Contratantes, nos termos do Artigo XXIII, a qual foi codificada e, posteriormente, foi objeto de desenvolvimento progressivo.

O mecanismo de solução de controvérsias concebido para o GATT 1947 estabeleceu inicialmente um *ethos* mais político do que jurídico, uma vez que o procedimento era composto por duas fases. A primeira fase, prevista pelo Artigo XXII, era constituída por "consultas bilaterais" entre as Partes Contratantes em litígio; em um segundo momento, se as negociações bilaterais não alcançassem êxito, dar-se-ia início a uma segunda etapa do procedimento, com a mediação do Diretor-Geral ou a constituição de grupos especiais (*working parties*), para examinar o litígio e sugerir formas de solução não vinculativas para as Partes.

A partir da década de 1950, as controvérsias não solucionadas por meio das consultas entre as Partes passaram a ser examinadas por um grupo de três a cinco peritos (especialistas) independentes – atuando segundo suas próprias capacidades e não como representantes de governos das Partes Contratantes, grupo este denominado "Painel"[13]. Percebe-se, assim, uma importante

---

10. Em inglês, Agreement on Trade-Related Investment Measures.
11. O Artigo XXII prevê o direito de as Partes Contratantes do GATT requererem consultas a respeito de qualquer matéria tratada pelo acordo. Por sua vez, o Artigo XXIII prevê o direito de as Partes submeterem a matéria da consulta à análise de grupos especiais (*working parties*) constituídos para examinar a controvérsia. O texto dos dois artigos encontra-se disponível no Anexo D.
12. Entre outras disposições do GATT 1947, o artigo XVI (o qual estabelece disciplinas para os subsídios em geral) também confere primazia ao entendimento direto entre as Partes Contratantes como forma de solução de controvérsias, nos seguintes termos: "[...] In any case in which it is determined that serious prejudice to the interests of any other contracting party is caused or threatened by any such subsidization, *the contracting party granting the subsidy shall, upon request, discuss with the other contracting party or parties concerned, or with the CONTRACTING PARTIES, the possibility of limiting the subsidization*" (grifos nossos).
13. O vocábulo anglo-saxão "*panel*" é ainda usado na OMC para designar o grupo

mudança de uma atmosfera essencialmente negocial de diplomacia multilateral para um ambiente mais judicial.

Diversos acordos e entendimentos sobre solução de controvérsias complementaram o conteúdo do Artigo XXIII[14]. O relatório do Painel do GATT, adotado em janeiro de 1990 no caso *European Economic Community - Payments and Subsidies Paid to Processors and Producers of Oilseeds and related Animal-Feed Proteins (l/6627 - 37s/86)*, ilustra essa evolução ao tratar com precisão do funcionamento do novo mecanismo jurisdicionalizado de solução de controvérsias que se formava. Nesse Painel, as alíneas do Artigo XXIII do GATT foram interpretadas, e o seu alcance foi delimitado.

Os relatórios elaborados pelos diversos Painéis passaram a ser cada vez mais usados como "precedentes", uma vez que as regras de interpretação provenientes do direito internacional público, utilizadas habitualmente nesses relatórios, passaram a ser tomadas como base de orientação para os Painéis subsequentes.

O sistema tinha, porém, suas limitações. A grande problemática do sistema estabelecido pelo GATT decorria da prática adotada de necessidade de consenso do Conselho, formado pelas Partes Contratantes do GATT, em dois momentos cruciais do procedimento: (a) na instalação do Painel; e (b) na aprovação do relatório do Painel.

Qualquer Parte Contratante acusada tinha o poder político, como parte do Conselho, de bloquear o procedimento, em razão da exigência de consenso para a adoção do relatório ou instauração do Painel, razão pela qual esse

---

independente de três ou cinco especialistas formado pelo OSC para examinar e emitir recomendações sobre as controvérsias em consonância com as regras da OMC (cf. Artigo 8 do ESC). O termo é traduzido oficialmente no Brasil pelo Itamaraty como "grupo especial", em consonância com a tradução francesa *"groupe spécial"*. Neste trabalho, empregaremos o termo "Painel", porque assim se utiliza na doutrina brasileira específica, bem como nos corredores da OMC. Além disso, justifica-se o emprego do termo pela tendência global de incorporação de termos de outros idiomas nos idiomas nacionais. Note-se, entretanto, que as transcrições dos artigos dos acordos da OMC neste trabalho conterão o termo grupo especial, em razão da tradução oficial do Itamaraty.

14. Os acordos e entendimentos são os seguintes: (a) 1966 Decision and Procedures Under Article XXIII; (b) Understanding regarding Notification, Consultation, Dispute Settlement and Surveillance; (c) 1982 Decision on Dispute Settlement Procedures; (d) 1984 Decision on Dispute Settlement Procedures; e (e) 1989 Decision on Improvements to the GATT Dispute Settlement Rules and Procedures. Para maiores detalhes, v. Matsushita, Schoenbaum e Mavroidis (2006, p. 106-107).

mecanismo foi denominado de "consenso positivo" (todas as Partes Contratantes deveriam concordar com a decisão). Isso inviabilizava a determinação de adoção obrigatória dos relatórios concluídos, que não passavam, na maioria das vezes, de meras recomendações de conduta[15], pois havia sempre a possibilidade de a parte "vencida" ou "acusada" bloquear o procedimento, gerando no contexto internacional uma insegurança nociva ao equilíbrio das relações comerciais dos Estados.

As insatisfações referentes a esse sistema foram incluídas na pauta de negociações da Rodada Uruguai, que culminou na criação de um novo modelo de sistema de solução de controvérsias comerciais. O ESC, novo instrumento para solução de controvérsias criado ao final da Rodada, reafirma, em seu Artigo 3.º, a importância da experiência acumulada do GATT, da codificação e do desenvolvimento progressivo das regras (parágrafo 1.º), do componente de segurança e previsibilidade das expectativas (parágrafo 2.º), bem como a importância da pronta solução de controvérsias como forma de resguardar o equilíbrio adequado entre os direitos e obrigações dos Membros (parágrafo 3.º).

Esse reforço do SSC visava à melhoria do funcionamento do mercado mundial, já que era necessária uma moldura jurídica para regular as diversas relações comerciais entre os Membros da nova organização internacional. A utilização do poder político para solucionar controvérsias comerciais começava, assim, a conferir lugar a um amplo conjunto de regras, o qual, suplementado por técnicas jurídicas objetivas para a sua aplicação, tenderia a melhor resguardar os direitos e obrigações negociados pelos Membros nos acordos firmados ao final da Rodada Uruguai (também denominados "acordos abrangidos")[16].

1.1.2 Principais disciplinas previstas no ESC

Considerado por muitos especialistas como um dos resultados mais significativos da Rodada Uruguai de negociações comerciais[17], o SSC da

15. Desde então, houve um avanço contínuo no sentido de se adensar a institucionalização do mecanismo de solução de controvérsias do GATT. Gradativamente, os métodos puramente diplomáticos cederam lugar a formas jurisdicionais mais complexas, voltadas a dirimir a discórdia pela aplicação de regras a cargo de um terceiro imparcial (Amaral Júnior, 2008, p. 94).
16. Lafer (1998, p. 121).
17. Como comentam Cameron e Gray (2001, p. 250), "[t]he most important change in the jurisprudence of the global economy in the second half of the twentieth century".

OMC[18] diferencia-se do mecanismo então vigente no âmbito do GATT em vários aspectos. Entre estes, talvez os mais importantes sejam o modo de estabelecimento dos Painéis e de aprovação dos seus relatórios (ou relatórios do OA), os quais deixaram de observar o "consenso positivo" para consagrar o princípio do "consenso negativo"[19]; e, ainda, a criação de um órgão permanente de revisão das decisões dos Painéis, o OA.

Como mencionado anteriormente, o GATT 1947 exigia o consenso dos Membros para o estabelecimento dos Painéis e também para a aprovação dos seus relatórios, o que permitia à Parte Contratante derrotada bloquear o procedimento[20]. Na OMC, por outro lado, os relatórios de Painéis somente não são aprovados pelo OSC[21], no qual todos os Membros estão representados, caso ocorra o mencionado "consenso negativo", isto é, se todos os Membros, inclusive o vencedor da disputa, decidirem pela não adoção do relatório. A adoção é, assim, quase automática[22].

---

18. O Acordo constitutivo da OMC (Acordo de Marraqueche) previu a criação de um mecanismo de solução de controvérsias para o sistema multilateral de comércio, cujas características estão previstas no ESC.
19. A nova disciplina devotou-se à tarefa de corrigir os vícios que impregnavam o sistema anterior: a excessiva fragmentação, a morosidade procedimental e o não cumprimento das recomendações e decisões dos painéis (Amaral Júnior, 2008, p. 101).
20. Como comentou Giorgio Sacerdorti: "It was the far-reaching and interrelated commitments deriving from the Marrakesh Agreement Establishing the World Trade Organization (WTO Agreement) of 1994 and its principle of a 'single undertaking' that prompted the parties to draft and adopt a system of dispute settlement, intended to be significantly more reliable that the panel mechanism provided in Article XXIII of the General Agreement on Tariffs and Trade (GATT) of 1947" (Sacerdoti, 2006, p. 4).
21. O OSC é o órgão que administra o sistema. É um órgão funcional do Conselho Geral da OMC que exerce as seguintes funções: (a) autoriza a criação dos Painéis; (b) adota o relatório elaborado pelos Painéis e pelo OA; (c) supervisiona a execução das recomendações sugeridas pelos Painéis e pelo OA; e (d) autoriza a suspensão das concessões comerciais.
22. Se a fase inicial tornou-se mais fluida, pode-se afirmar, no entanto, que a fase de implementação das decisões tem sido, na experiência recente da OMC, o momento mais crítico do processo. Se o ESC foi um avanço fundamental em direção a um sistema preponderantemente regido por normas, esse avanço é mais perceptível na fase jurisdicional, ou seja, perante os Painéis e o OA. Ainda falta maior grau de legalidade na fase de execução. Aparentemente, como comenta a Professora Hélène Ruiz Fabri, a resistência antes manifestada pelos Membros na fase de instituição dos Painéis ou aprovação dos relatórios na época do GATT 1947 foi transferida para a fase de implementação no novo sistema, resultando em verdadeiro contencioso da execução (Fabri, 2000, p. 606).

Diferentemente do mecanismo de solução de controvérsias do GATT, o sistema da OMC é dotado de um OA, com a função de verificar, a pedido de quaisquer das partes em disputa, os fundamentos legais do relatório do Painel e de suas conclusões. O OA não se ocupa de questões fáticas, mas apenas de questões jurídicas concernentes à interpretação dos tratados da OMC[23], o que permite uma relativa uniformização da jurisprudência comercial multilateral[24].

O novo SSC estabelecido pelas regras do ESC prevê a existência do OSC, o qual abrange os Painéis (primeira instância) e o OA (segunda instância). O OSC é composto pela totalidade dos Membros da OMC, representados pelos diplomatas representantes de sua delegação em Genebra, que têm como uma de suas atribuições a aprovação (ou não) dos relatórios elaborados pelos Painéis e pelo OA a respeito das controvérsias comerciais entre os Membros da organização[25].

O ESC prevê prazos determinados para todas as etapas do processo de solução de controvérsias, os quais devem ser cumpridos tanto no procedimento do Painel quanto do OA. O prazo desde o estabelecimento do Painel até a data em que o OSC considera o relatório para adoção, como regra geral, não deve exceder nove meses (se não houver apelação) ou 12 meses (se houver apelação). Dentro de 30 dias após a adoção dos relatórios pelo OSC, o Membro envolvido deve informar ao OSC suas intenções de implementar as recomendações existentes no respectivo relatório.

O objetivo do sistema é reforçar a observância das normas comerciais multilaterais e a adoção de práticas compatíveis com os acordos em vigor[26], e não simplesmente punir os Membros pela adoção de práticas consideradas

---

23. Artigo 17:6 do ESC: "A apelação deverá limitar-se às questões de direito tratadas pelo relatório do grupo especial e às interpretações jurídicas por ele formuladas".
24. Alberto do Amaral Júnior afirma que "sobressai a distinção entre a continuidade temporal do Órgão de Apelação e a natureza *ad hoc* dos órgãos de primeira instância, que exibem composição extremamente variável. Este traço conduz à unidade das soluções que profere em contraste com as eventuais contradições e desarmonia que os relatórios dos painéis venham a ensejar" (Amaral Júnior, 2008, p. 102).
25. Para um panorama geral do SSC, cf. também WTO (2004).
26. Artigo 3:2 do ESC: "O Sistema de Solução de Controvérsias da OMC é elemento essencial para trazer segurança e previsibilidade ao sistema multilateral de comércio. Os membros reconhecem que esse sistema é útil para preservar direitos e obrigações dos Membros dentro dos parâmetros dos acordos abrangidos e para esclarecer as disposições vigentes dos referidos acordos em conformidade com as normas correntes de interpretação do direito internacional público".

inconsistentes com as regras da OMC. Prevalece a ideia de recomposição do equilíbrio entre os Membros prejudicados pela violação das obrigações assumidas, bem como pela anulação ou prejuízo dos benefícios decorrentes dos acordos abrangidos.

Caso eventual relatório do Painel ou do OA, aprovado pelo OSC, conclua pela inconformidade da conduta de um Membro em relação às regras da OMC, a parte afetada deverá modificar aquela prática, de modo a recompor o equilíbrio entre os direitos e as obrigações existentes. Apenas em caso de recusa por parte do Membro derrotado em recompor tal equilíbrio é que a OMC poderá autorizar retaliações comerciais, as quais consistem, em regra, na elevação de barreiras comerciais pelo Membro vencedor da demanda aos produtos do Membro vencido, a fim de que este seja estimulado a adequar-se à decisão da OMC.

O Professor Alberto do Amaral Júnior afirma que:

> O ESC representou, nesse particular, evolução notável no tocante à disciplina vigente no GATT. Vieram à baila procedimentos que facilitam a execução das decisões. O sistema anterior contemplava apenas a suspensão de concessões em casos de indiscutível gravidade, com base na deliberação tomada pelas partes contratantes. Diversamente, o ESC afirma que, transcorrido o período de tempo para que o demandado adote a recomendação formulada ou ofereça compensações, o Órgão de Solução de Controvérsias "shall grant authorization to suspend concessions or other obligations". Os governos perderam, ademais, o poder de bloquear a formação de um painel e a adoção dos relatórios elaborados com a eliminação da flexibilidade política que o artigo XXIII do GATT propiciava. Convém lembrar que o nível de suspensão autorizado pelo ESC deve ser equivalente ao montante dos danos sofridos pelo demandante. Este expediente é prospectivo, não alcançando a reparação dos danos anteriores à decisão que declarou incompatível uma medida comercial perante os tratados da OMC[27].

Praticamente todo o procedimento para solução de controvérsias está previsto no ESC, o qual estabelece as regras e os procedimentos para a sua aplicação. Em alguns acordos, no entanto, existem dispositivos especiais sobre solução de controvérsias[28].

---

27. Amaral Júnior (2008, p. 113).
28. Nesse caso, as regras e procedimentos do ESC ficam sujeitos às regras especiais e adicionais contidas em cada um desses acordos. Dispositivos especiais existem nos seguintes acordos: Medidas Sanitárias e Fitossanitárias (Acordo SPS), Têxteis, Barreiras Técnicas, Antidumping, Valoração Aduaneira e Subsídios.

O SSC da OMC visa a assegurar, preferencialmente, uma solução satisfatória e pacífica dos conflitos comerciais, tendo como princípio norteador a preferência por soluções reciprocamente aceitáveis entre as partes em conflito[29]. Sendo assim, a primeira fase prevista no SSC é a realização de consultas entre as partes envolvidas na controvérsia[30]. Assim, qualquer Membro que se considere prejudicado por prática comercial de outro Membro da OMC poderá solicitar as consultas, notificando a respeito o OSC e os Conselhos e Comitês pertinentes ao tema discutido.

Trata-se de regra geral de comportamento, em função da qual os Estados devem promover e permitir a realização de consultas em relação a qualquer declaração feita por qualquer Membro com relação a qualquer matéria dos acordos abrangidos. Nas lições do Professor Celso Lafer[31]:

> A imposição da obrigação de consultar como padrão de comportamento justifica-se porque as relações econômicas no mercado caracterizam-se pela conjuntura e pelo aleatório, que podem alterar a reciprocidade dos interesses, sobretudo porque se trata de uma reciprocidade derivada da equivalência das vantagens comparativas e não da identidade de trocas. Na elaboração do direito a consulta leva, freqüentemente, a normas que se prestam mais a um *standard* jurídico do que à tipificação rígida de consulta - que não capta a mutabilidade da vida econômica.

O processo de consultas é, de fato, eminentemente político-diplomático, tendo caráter confidencial e oferecendo às partes liberdade para decidir sobre a sua forma de condução. Se as consultas (a) não forem realizadas dentro do prazo[32], ou (b) não chegarem a uma solução mutuamente aceitável, a parte demandante pode solicitar o estabelecimento de um Painel.

O Painel, composto por três peritos (especialistas) escolhidos pelas partes ou pelo Diretor-Geral[33], deverá ser solicitado por escrito pela parte

29. Artigo 4:3 do ESC.
30. Artigo 4:5 do ESC: "Durante as consultas realizadas em conformidade com as disposições de um acordo abrangido, os Membros procurarão obter uma solução satisfatória da questão antes de recorrer a outras medidas previstas no presente Entendimento".
31. Lafer (1998, p. 140).
32. O Membro para o qual o pedido de consultas é feito tem o prazo de 10 dias após a data de seu recebimento para respondê-lo e o prazo de 30 dias para iniciar as consultas, com o objetivo de possibilitar solução mutuamente satisfatória.
33. Artigo 8:5 do ESC: "Os grupos especiais serão compostos por três integrantes, a menos que, dentro do prazo de 10 dias a partir de seu estabelecimento, as partes em controvérsia concordem em compor um grupo especial com cinco

demandante ao OSC, indicando as medidas discutidas e uma breve descrição do fundamento jurídico da alegação[34]. A importância da indicação das medidas pela parte demandante revela-se nos chamados "termos de referência", que são os limites de exame da matéria para o Painel, pois, embora as partes possam delimitar os termos de referência[35], normalmente estes se restringem às medidas e dispositivos indicados no pedido de estabelecimento do Painel[36].

Se um Painel sobre o mesmo assunto for solicitado por mais de um Membro, levando em conta os interesses das partes, deverá ser estabelecido um único Painel para o exame das alegações apresentadas[37]. Também poderão participar do Painel, como "terceiras partes", os Membros com particular interesse no assunto submetido à análise do Painel[38]. As deliberações dos Painéis serão confidenciais.

O Painel será estabelecido na reunião do OSC seguinte à reunião em que a solicitação constou pela primeira vez da pauta. Essa fase tem caráter administrativo-processual. O Painel terá seis ou, no máximo, nove meses, em

---

integrantes. Os Membros deverão ser prontamente informados da composição do grupo especial".

34. Artigo 6:2 do ESC: "Os pedidos de estabelecimento de grupo especial deverão ser formulados por escrito. Deverão indicar se foram realizadas consultas, identificar as medidas em controvérsia e fornecer uma breve exposição do embasamento legal da reclamação, suficiente para apresentar o problema com clareza. Caso a parte reclamante solicite o estabelecimento do grupo especial com termos de referência diferentes dos termos padrão, o pedido escrito deverá incluir sugestão de texto para os termos de referência especiais".
35. Assim como em um compromisso arbitral no qual as partes delimitam a matéria a ser examinada, os termos de referência servem como limite para a competência jurisdicional.
36. Artigo 7:1 do ESC: "Os termos de referência dos grupos especiais serão os seguintes, a menos que as partes envolvidas na controvérsia acordem diferentemente dentro do prazo de 20 dias a partir da data de estabelecimento do grupo especial: Examinar, à luz das disposições pertinentes no (indicar o(s) acordo(s) abrangido(s) citado(s) pelas partes em controvérsia), a questão submetida ao OSC por (nome da parte) no documento [...] estabelecer conclusões que auxiliem o OSC a fazer recomendações ou emitir decisões previstas naquele(s) acordo(s)".
37. Foi o que ocorreu no caso *Japan – Alcoholic Beverages II (DS8, DS10, DS11)*, em que três casos foram reunidos em procedimento único.
38. Atualmente, os direitos de participação de terceiras partes nos Painéis estão limitados aos conferidos pelo artigo 10 e pelo Anexo 3 do ESC. Além das garantias mínimas, os Painéis têm faculdades discricionárias para outorgar a terceiros outros direitos de participação em casos particulares. Esses direitos mais amplos devem ser compatíveis com as disposições do ESC.

condições normais, para apresentar seu relatório, a contar da data de seu estabelecimento e da determinação de seus termos de referência[39].

A parte demandante poderá solicitar a suspensão dos trabalhos do Painel, suspensão esta que não poderá exceder 12 meses, sob pena de caducar[40] a autoridade para estabelecimento do Painel. Antes da apresentação do relatório do Painel há uma etapa intermediária de exame, após a apresentação de réplicas e argumentação oral das partes. Assim, o Painel deve submeter ao primeiro comentário das partes na disputa, as seções descritivas do relatório preliminar (*interim report*)[41].

Ultrapassada essa fase, o Painel deve elaborar um relatório provisório, ocasião em que as partes podem oferecer novos comentários. O relatório provisório, já com as conclusões do Painel, será considerado o relatório final, pronto para a circulação entre todos os Membros se não houver comentários ou modificações a serem realizadas.

O relatório do Painel que considerar as medidas discutidas inadequadas com algum acordo abrangido deverá recomendar ao Membro demandado que enquadre sua prática aos dispositivos então violados, podendo, ainda, sugerir formas para que isso seja feito. O relatório do Painel não possui efeito vinculante, o que somente ocorrerá após a sua adoção pelo OSC. Essa adoção do relatório do Painel, salvo em casos de apelação, deverá ser feita dentro de 60 dias, a contar da data de circulação do documento entre os Membros. Os relatórios não serão examinados pelo OSC, para efeito de aceitação, antes de 20 dias após a data de distribuição aos Membros.

Caso seja adotado pelo OSC e as medidas recomendadas nele previstas não sejam implementadas pelo Membro vencido, o Membro vencedor da controvérsia poderá solicitar ao OSC autorização para efetuar retaliação comercial à outra parte. Toda essa fase de apreciação e implementação da controvérsia é nitidamente jurisdicional. Em caso de apelação do relatório do Painel, o OA passa a exercer a sua função na disputa.

---

39. Artigo 20 do ESC: "Salvo acordado diferentemente pelas partes em controvérsia, o período compreendido entre a data de estabelecimento do grupo especial pelo OSC e a data em que o OSC examinar a adoção do relatório do grupo especial ou do órgão de Apelação não deverá, como regra geral, exceder nove meses quando o relatório do grupo especial não sofrer apelação ou 12 meses quando houver apelação. Se o grupo especial ou o órgão de Apelação, com base no parágrafo 9 do Artigo 12 ou parágrafo 5 do Artigo 17, decidirem pela prorrogação do prazo de entrega de seus relatórios, o prazo adicional será acrescentado aos períodos acima mencionados".
40. Artigo 12:12 do ESC.
41. Artigo 15 do ESC.

1.1.3 A função do OA no SSC da OMC

O OA, composto por sete integrantes nomeados para um mandato de quatro anos, renováveis, é o órgão decisório permanente de segunda instância[42] do SSC da OMC e é competente para examinar as questões de direito e de interpretação jurídica indicadas na apelação[43]. O relatório desse órgão poderá confirmar, modificar ou revogar as conclusões jurídicas do Painel.

As apelações são introduzidas mediante notificação ao OSC e o depósito simultâneo de uma declaração de apelação junto ao Secretariado do OA[44]. Essa declaração deverá conter as seguintes informações: (a) a identificação dos erros a respeito das questões de direito e de interpretação jurídica formuladas no relatório do Painel; (b) uma lista de artigos dos acordos abrangidos relativas às disposições apresentadas pelo apelante; e (c) uma lista indicativa dos parágrafos do relatório do Painel que contenham os erros alegados.

Dos sete integrantes, três atuarão em cada apelação. Essa "seção"[45] do OA terá, como regra geral, 60 dias a partir da data de notificação formal da decisão de apelar para apresentar o seu relatório. O procedimento não deverá exceder 90 dias. Apenas as partes na controvérsia, o que não abrange os terceiros interessados, poderão recorrer do relatório do Painel[46].

As decisões relativas a cada apelação são tomadas exclusivamente pela "seção" designada para tanto. Os membros de cada seção, no entanto, trocam opiniões com os demais integrantes do OA com a finalidade de evitar inter pretações contraditórias entre os diversos relatórios e preservar a coerência e a continuidade das decisões emitidas pelo OA[47].

---

42. A Professora Hélène Ruiz Fabri, em passagem pelo Brasil em maio de 2005, na conferência "OMC aos 10 – O Órgão de Apelação em Perspectiva" afirmou sobre a função do OA: "Without doubt, it is essentially the role of a judge that the AB finds itself assuming in actual practice" (Fabri, 2005, p. 2). Por outro lado, a denominação do OA como órgão de segunda instância é vista com reticências por parte da doutrina especializada que entende que o Painel não seria uma instância jurídica e sim um grupo de peritos que não poderia ser considerado como primeira instância jurídica.
43. Artigo 17:6 do ESC.
44. Cf. estabelecido pelos Procedimentos de Trabalho do OA, os quais foram fixados pelo OA, em conjunto com o Presidente do OSC e com o Diretor-Geral, conforme disciplinado pelo Artigo 17:9 do ESC. Cf. também item 1.2.3.
45. Artigo 17:1 do ESC.
46. Artigo 17:5 do ESC.
47. Artigo 4 dos Procedimentos de Trabalho do OA, que será analisado detalhadamente adiante.

Como mencionado, a matéria passível de apelação limita-se às questões de direito tratadas pelo Painel e à interpretação por ele adotada. O OA não é autorizado pelo ESC a reexaminar as questões de fato decididas pelo Painel[48]. Após o recebimento da notificação de apelação e das petições das partes, o OA realizará uma audiência, da qual participarão as partes e terceiras partes, que poderão fazer breves declarações e perguntas entre si.

A adoção do relatório do OA ocorrerá dentro do prazo de 30 dias, a contar da distribuição do referido documento aos Membros, a menos que o OSC decida, por consenso, não adotar o relatório (consenso negativo). É com a aprovação pelo OSC do relatório do OA que se encerra a fase de apelação do SSC da OMC. É possível afirmar que as recomendações do OA tendem a prevalecer no SSC da OMC, vez que este é o órgão jurisdicional máximo dessa organização internacional. A interpretação dos acordos abrangidos por esse órgão tem papel fundamental para a definição de quais são as regras em vigor no sistema multilateral de comércio.

Tendo em vista que o ESC não só criou um sistema com maior densidade jurídica em relação às matérias e acordos abrangidos, mas também estabeleceu regras mais precisas de operacionalização para esse sistema, o OA destaca-se como o verdadeiro guardião do SSC e, em última análise, do próprio sistema multilateral de comércio. Conforme comenta o ex-membro do OA Julio Lacarté-Muro:

> O Órgão de Apelação é o guardião da legalidade da OMC e não há espaço para levar em conta reações ou vontades políticas, sejam elas quais forem[49].

1.2 As decisões do OA da OMC e o requisito de legitimidade nas relações comerciais internacionais

O SSC foi objeto de importantes transformações realizadas ao longo dos anos, sobretudo ao final da Rodada Uruguai. A criação da OMC e a entrada em vigor dos diversos acordos aprovados na referida rodada foram fundamentais para a institucionalização do sistema multilateral de comércio, preenchendo uma lacuna existente desde o fracasso da criação da OIC.

48. Para o Professor Alberto do Amaral Júnior: "o Órgão de Apelação não se ocupa do deslinde de questões fáticas, mas apenas de questões jurídicas concernentes à interpretação dos tratados da OMC. Efetua, nessa condição, um controle de legalidade ao verificar se o direito da OMC foi corretamente interpretado" (Amaral Júnior, 2008, p. 383).

49. Muró (2007, p. 40).

A aprovação de modificações substanciais ao SSC teve papel fundamental no regime internacional de comércio, no qual um sistema diplomático e político (*power-oriented*) foi conferindo lugar a um sistema baseado na regra de direito (*rule-oriented*)[50], com importantes reflexos para a regulamentação do sistema multilateral de comércio. Neste item, será examinada a implementação da regra de direito (*rule of law*) na OMC por meio dos novos mecanismos previstos no ESC, tendo como parâmetro a legitimidade do próprio sistema.

Também neste item será exposta a hipótese deste trabalho que irá examinar o papel do OA na interpretação dos acordos abrangidos e indagar se a sua técnica de interpretação é legítima e se reforça a legitimidade do sistema multilateral de comércio.

Por fim, os Procedimentos de Trabalho para o Exame de Apelação (*Working Procedures for Appellate Review*), um dos instrumentos utilizados pelo OA para promover previsibilidade e segurança jurídicas, também serão estudados.

1.2.1 A implementação da regra de direito na OMC como requisito de legitimidade

A busca da redução e/ou eliminação da discriminação no comércio internacional e de maior previsibilidade nas relações comerciais entre os países levou ao desenvolvimento das regras do sistema multilateral de comércio em 1947. Se, por um lado, o sistema estabelecido pelo GATT 1947 promoveu um grande avanço na regulamentação internacional do comércio, com a criação de regras válidas para uma importante parcela dos *players* comerciais, por outro conferiu ampla margem para a utilização de critérios políticos para a solução das controvérsias estabelecidas.

O mecanismo então existente estava baseado em negociações bilaterais entre as Partes Contratantes em conflito ou ainda na arbitragem não vinculativa, a qual, por sua vez, estava baseada no princípio do consenso positivo. Assim, elementos políticos como o bloqueio na formação dos Painéis e na adoção de seus relatórios, a demora na definição de sua composição e, ainda, o atraso na implementação das recomendações do Conselho[51] enfraqueciam o sistema, razão pela qual eles deveriam ser superados.

---

50. A denominação do sistema como *rule-oriented e power-oriented* foi pioneiramente dada por John Jackson (1997, p. 154).

51. "Despite the success of the GATT panel dispute resolution process, serious shortcomings inhibited its effectiveness. Such shortcomings included delays in the formation of panels and the panel process, blocking of the adoption of panel

Ao longo dos anos, contudo, os procedimentos utilizados nos Painéis do GATT começaram a institucionalizar-se, conferindo maior densidade jurídica ao Artigo XXIII do GATT. Para Mitsuo Matsushita, Thomas Schoenbaum e Petros Mavroidis, isso, gradualmente, fortaleceu o mecanismo, pois a "parte vencida não poderia ignorar uma decisão baseada em princípios jurídicos"[52], embora não tenha sido suficiente para garantir a sua ampla efetividade e, consequentemente, um maior grau de previsibilidade ao sistema multilateral de comércio.

A aprovação do Acordo de Marraqueche e seus anexos, especialmente o ESC (Anexo 2), trouxe importantes inovações, como o princípio da jurisdição obrigatória, ficando vedado a quaisquer dos Membros em litígio bloquear, por decisão unilateral, o início dos trabalhos do Painel ou a adoção de seus relatórios ou dos relatórios do OA[53].

No que se refere ao mecanismo, a jurisdição obrigatória e a inversão da regra do consenso permitiram, nas palavras do Professor Celso Lafer, o

---

reports in the GATT Council and delays in the implementation of Council recommendations" (Matsushita, Schoenbaum e Mavroidis, 2006, p. 107).

52. Segundo esses autores, "[...] over the years, panels began to take a more rule-oriented, judicial approach to settling disputes. Parties invoked Article XXIII to vindicate their legal rights under the GATT. The panels' recommendations rested on legal, rather than merely diplomatic, grounds. To a remarkable degree, the decisions of the GATT panels adopted by the GATT Council were implemented and observed by states. This was not due to the threat of suspension of concessions, but rather was an accomplishment of the dynamics of the process. *A losing party could not ignore a decision based on legal principles.* To do so would threaten the entire legal order on which the GATT system was based and which the losing party would need (and might be on the winning side of) in other cases" (Matsushita, Schoenbaum e Mavroidis, 2006, p. 106-107, grifos nossos).

53. "Compared to GATT, dispute settlement under the WTO was strengthened by eliminating the possibility of blocking the establishment of a panel or the adoption of panel reports, introducing time limits for the various stages of panel proceedings, standard terms of reference for panels, creation of an appeals process, improved surveillance of the implementation of panel reports, and automaticity of approval for retaliation in cases of noncompliance with a panel recommendation. *Under the WTO, adoption of panel reports can only be blocked by a 'negative consensus', that is, all WTO members must agree that the panel report is fundamentally flawed, a highly improbable event. To counter balance the removal of the blocking option for losing parties, Uruguay Round negotiators created a new standing Appellate Body.* This entity can be asked to consider challenges regarding the legal interpretations developed by a panel" (Hoekman e Kostecki, 2001, p. 77-78, grifos nossos).

"adensamento de juridicidade" do sistema multilateral de comércio, nos seguintes termos:

> O "adensamento de juridicidade" contido no ESC constitui, na realidade, uma obrigação de resultado, prevista nas normas de organização da OMC. É por isso que o "adensamento de juridicidade" proveniente da aplicação do ESC é uma medida de construção da confiança (*confidence building measure*), voltada para resultados, tutelando a segurança e a previsibilidade do sistema multilateral de comércio[54].

Outro recurso de grande relevância foi o poder de retaliação, na medida em que conferiu aos Membros prejudicados por condutas ilegais constatadas por Painéis ou pelo OA a possibilidade de compensação ou suspensão de concessões, após a devida autorização do OSC[55].

A retaliação serviu, então, como instrumento para pressionar os Membros violadores a implementar as recomendações dos Painéis e do OA, a fim de adequar a sua conduta às regras multilaterais em vigor. Todas essas alterações trouxeram um patamar bastante elevado de observância dessas regras, bem como de eficiência no cumprimento das decisões proferidas pelos órgãos jurisdicionais da OMC, conferindo maior previsibilidade e segurança a seus Membros.

Essas modificações promoveram uma maior institucionalização do SSC no âmbito multilateral, possibilitando a consagração de um mecanismo jurisdicional[56].

Por um lado, ficou reduzido o espaço para decisões político-diplomáticas, as quais poderiam trazer maior grau de imprevisibilidade e insegurança

54. Lafer (1998, p. 32).
55. Artigo 22.6 do ESC: "Quando ocorrer a situação descrita no parágrafo 2 [se o Membro afetado não adaptar a um acordo abrangido a medida considerada incompatível ou não cumprir de outro modo as recomendações e decisões adotadas dentro de um prazo razoável], o OSC, a pedido, poderá conceder autorização para suspender concessões ou outras obrigações dentro de 30 dias seguintes à expiração do prazo razoável, salvo se o OSC decidir por consenso rejeitar o pedido [...]".
56. Essa evolução foi amplamente debatida à época pelos observadores do sistema. Cf. Reich (1997, p. 776): "The trade agreements, to the extent they existed, were limited in their contents and were less binding in their nature. Many governments saw these agreements not as binding legal regime but as diplomatic-political framework which could provide a basis for negotiation between States for the purpose of attaining a balance between benefits and obligations. In recent years, however, there is a growing demand by States to regulate their trade relations by using norms and enforcement procedures that are legal in character [...]".

ao sistema. Por outro, o reforço de decisões fundadas nos princípios e regras jurídicas levou esse novo sistema a ser designado sistema *rule-oriented*, em contraposição ao sistema anterior, denominado *power-oriented*. John Jackson, ao referir-se ao sistema de solução de controvérsias da OMC, destaca que:

> Basicamente, o objetivo é um "sistema baseado em regras" (*rule-oriented system*), o que significa um sistema que confere orientação a milhões de empresários ao redor do mundo na forma de regras previsíveis e geralmente estáveis para condutas aceitáveis[57] (tradução livre).

A institucionalização dos novos instrumentos em favor de um sistema multilateral *rule-oriented*, com o consequente fortalecimento do mecanismo de solução de controvérsias, conferiu maior previsibilidade e estabilidade ao sistema multilateral de comércio. Além disso, os países puderam participar ativamente, durante a Rodada Uruguai, da criação das futuras regras de conduta relativas ao ESC, às quais eles estariam obrigados no futuro[58]. Isso permitiria pressupor maior grau de observância dessas normas, o que indica maior legitimação desse novo sistema[59].

---

57. "Basically, the goal is a 'rule-oriented system' – that is, a system that gives guidance to millions of entrepreneurs around the world in the form of predictable and generally stable rules for acceptable conduct" (JACKSON, 1996, p. 154). Em outra passagem, Jackson é taxativo ao afirmar que: "[...] it is clear that the GATT had been steadily evolving toward a more rule-oriented approach. This was manifest even in the 1950s, when the venue of disputes was shifted from working parties to panels, and then in the 1960s, when the general concept of *prima facie* nullification or impairment was developed to apply to all violations of treaty obligations. In the 1970s came the Tokyo Round understanding on dispute settlement and in the 1980s the GATT moved strongly toward a rule-oriented approach in the actual practice of the dispute panels. What approach does the new DSU take? There are clauses that arguably can be read both ways, but if you read DSU carefully and inventory the clauses that relate to this issue, you can easily come to the conclusion that the DSU opts for the rule-oriented procedure [...]" (Jackson, 1996, p. 159).
58. "The lack of consent by a given state geneally means that it cannot be held to the rule in question (*pacta testiss nec nocent nec prosunt*)" (Pauwelyn, 2002, p. 549).
59. Como anotam Daniel Terris, Cesare Romano e Leigh Swigart: "In an ideal world, the judge sits aloof from the tainted world of politics. His court constitutes a world unto itself, where the inhabitants speak their minds, fight their battles, and play their roles according to a tightly ordered set of rules. In this insulated universe, the outside interests of man and women do not matter. This applies most of all to the man behind the bench, who owes allegiance neither to man nor to God, but to a timeless abstraction, the formidable figure of The Law" (Terris, Romano e Swigart, 2007, p. 147-148).

1.2.1.1 O conceito de legitimidade do sistema multilateral de comércio

Ao tratar do conceito de legitimidade no âmbito dos Estados, Norberto Bobbio afirma que ele:

> Consiste na presença, em uma parcela significativa da população, de um grau de consenso capaz de assegurar a obediência sem a necessidade de recorrer ao uso da força, a não ser em casos esporádicos. É por esta razão que todo poder busca alcançar consenso, de maneira que seja reconhecido como legítimo, transformando a obediência em adesão. [...] É possível provar que não são iguais todos os tipos de consenso e que será mais legítimo o Estado onde o consenso tem condições de ser manifestado mais livremente, onde, em suma for bem menor a interferência do poder e da manipulação e, portanto, bem menor o grau de deformação ideológica da realidade social na mente dos indivíduos[60] (grifos nossos).

Gelson Fonseca Jr., por seu turno, ao tratar da noção de legitimidade internacional, argumenta que o alicerce da legitimidade é a confiança, que constituirá a base do consenso coletivo[61]. Não é o caso, neste trabalho, de aprofundar o tema da legitimidade nas relações internacionais, magnificamente tratado por diversos especialistas no assunto[62]. Pretendemos simplesmente definir o conceito de legitimidade que será usado como parâmetro para a hipótese proposta, segundo a qual a técnica interpretativa do OA é legítima e reforça a legitimidade do sistema multilateral de comércio.

Baseados em um trabalho do Professor Celso Lafer[63], podemos incluir em nosso conceito de legitimidade as noções de soberania e interdependência dos Estados, que explicam o potencial de sociabilidade embutido nas relações entre estes e permitem legitimar a existência de uma comunidade mundial, origem objetiva de adesão à norma. Os Estados criam normas que lhes permitem, conjuntamente, produzir mais riqueza. A ideia é que, se obedecerem uniformemente a determinadas regras, todos os Estados terão ganhos econômicos ou materiais simultâneos.

A hipótese de um quadro de normas que sustenta ganhos ideais leva ao estabelecimento, como referência de legitimidade, do consenso dos interesses econômicos dos Estados na formulação desse quadro normativo. Assim anotou o Professor Luiz Olavo Baptista sobre o consenso nas relações entre os Estados:

60. Bobbio, Matteucci e Pasquino (1995, p. 675-679).
61. Fonseca Júnior (2004, p. 138).
62. Para aprofundar o estudo sobre legitimidade internacional, cf. Merquior (1980).
63. Lafer (1989, p. 561-82).

Em cada Estado, os partidos, ao disputarem as eleições, buscando o apoio de seus concidadãos, apresentam programas de trabalho e propostas políticas que explicitam, entre outras coisas, as concessões que poderão ou deverão fazer para participar desse grande consenso internacional que leva às regras sobre comércio internacional. A vontade transita como se fosse por correntes transmissoras dos cidadãos até os governos e destes para a obtenção do consenso. Isso permite que todas as forças da sociedade se façam presentes e tragam o seu aporte na construção do consenso[64].

Assim, o conceito de legitimidade que nos servirá como parâmetro da hipótese proposta se refere fundamentalmente ao consenso entre os Estados Membros da OMC sobre as vantagens do livre comércio e sua voluntária adesão, confiança e obediência às regras do sistema multilateral de comércio. Nesse sentido, o respeito à norma e à legitimidade andam juntos. Trata-se da legitimidade derivada de vantagens concretas, e a percepção e a confiança de que há um equilíbrio de ganhos entre os parceiros é o fator que reforça a norma. Como preceitua Gelson Fonseca Jr.:

> Não é somente um cálculo egoísta de interesses que define a legitimidade, mas, de novo, a possibilidade de que a comunidade como tal ganhe, a partir do momento que se alcance um modelo de harmonização de benefícios, que, em tese serve a todos os Estados. Um exemplo clássico é o simultâneo rebaixamento de tarifas para que opere plenamente a lei das vantagens comparativas[65].

Existe, assim, no sistema multilateral de comércio, um conjunto de regras que equivalem ao consenso fundamental de seus membros e que são aceitas e aplicáveis. A legitimidade do sistema multilateral de comércio reside no equilíbrio e na confiança das regras que foram negociadas e aceitas por todos os Membros da OMC por consenso. De fato, o processo de tomada de decisão (*decision making*) na OMC é por consenso, o que torna a conclusão das negociações mais lenta e mais difícil, principalmente com o aumento gradual no número de Membros. No entanto, justamente em razão da assimetria de poder existente entre esses Membros, a regra do consenso nas negociações dificilmente será alterada[66].

---

64. Baptista (2006, p. 15).
65. Fonseca Júnior (2004, p. 154-157).
66. Em conferência realizada em 18 de setembro de 2009, na sede da OMC em Genebra, foi discutido artigo elaborado por Patrick Low, Diretor da Divisão de Pesquisas Econômicas e Estatísticas do Secretariado da OMC, no qual este propõe a

Com base nos conceitos propostos acima, é possível examinar em qual sistema (*rule-oriented* ou *power-oriented*) os elementos "poder" e "força" possuem maior influência para a determinação do grau de consenso atingido entre os seus integrantes.

A participação dos países na formulação das normas às quais estarão sujeitos no regime de comércio internacional (o ESC e os demais acordos abrangidos)[67], bem como a criação de um mecanismo jurisdicional independente da intervenção e da influência das vontades particulares dos Membros da OMC teria como consequência lógica uma maior aceitação e adesão da generalidade destes às normas internacionais e também às decisões proferidas em caso de existência de controvérsias[68].

---

modificação da regra do consenso nas negociações. O autor sugere que as negociações sejam realizadas por meio do método da "massa crítica", pelo qual subgrupos de Membros negociam determinados acordos que lhes são convenientes, sem necessidade de participação dos Membros que não pretendem liberalizar naquela área. Um exemplo de acordo negociado por esse método é o acordo sobre telecomunicações da OMC. "Decision making in the WTO has become ever more difficult as the number of members rises and the range of issues tackled broadens. This background paper looks at reasons why the decision-making might be changed and discusses a number of potentials pitfalls that change would have to avoid, such as dilution and fragmentation. It argues for this reform as it would: (i) allow a more progressive and responsive WTO agenda; (ii) blunt the diversion of liberalization initiatives to RTAs; (iii) allow more efficient differentiation in the levels of rights and obligations among a community of highly diverse economies, and (iv) promote greater efficiency in multilaterally-based negotiations on trade rules, and perhaps, sectoral market access agreements" (Low, 2009). Em contraposição a essa proposta, Peter Gray, Embaixador da Austrália, alertou que a Rodada Doha foi concebida para ser a rodada do desenvolvimento, e que negociar acordos temáticos sem a participação dos PEDs, em vez de focar a energia nos temas principais de interesse para esses países, como, por exemplo, a agricultura, não irá fazer que os Membros alcancem o objetivo da rodada.

67. Como anota Jackson: "A basic question of international law 'philosophy' regarding fundamental characteristics is the degree to which a government that accepts a treaty containing a dispute settlement process can be deemed to 'consent' to the results of that process, and whether that extent of consent is really necessary or appropriate in a contemporary world of economic interdependence in circumstances of globalization" (Jackson, 2006, p. 136).

68. Segundo o Banco Mundial, "a judiciary independent from both government intervention and influence by the parties in a dispute provides the single greatest institutional support for the rule of law" (World Bank, 2002, p. 129).

Em um sistema no qual prevaleciam as decisões políticas, o "poder" exercia um papel muito mais destacado na definição das controvérsias comerciais, geralmente a favor dos *players* mais importantes. Isso certamente acarretava desconfiança entre as Partes Contratantes e não contribuía para a legitimação do sistema multilateral.

É por essa razão que Celso Lafer indica que o "adensamento de juridicidade" promovido pelo ESC é uma medida de construção de confiança entre os Membros da OMC, que, ao tutelar a segurança e a previsibilidade do sistema multilateral de comércio, reforça o caráter de consenso e adesão ao referido regime internacional por parte da maior parte dos países e, por consequência, os aspectos de legitimidade do sistema multilateral de comércio[69].

1.2.1.2 O conceito de legitimidade da técnica interpretativa do OA

Indagamos também nesse trabalho se a técnica interpretativa do OA, dadas as necessidades e características específicas do sistema multilateral de comércio, é legítima. Para tanto, a sua função primordial deve ser, assim como estabelece o Artigo 3:2 do ESC[70], o reforço da segurança, da previsibilidade e da estabilidade dos acordos negociados por consenso pelos Membros. Para alcançar essa função, qualquer técnica interpretativa desenvolvida pelo OA deve levar em consideração a necessidade de manutenção da confiança dos Membros no sistema e responder às necessidades e particularidades específicas do tratado que está sendo interpretado, de modo a garantir o equilíbrio alcançado entre os Membros por meio da negociação dos acordos.

O papel de qualquer jurisdição internacional é assumir plenamente a função de garantir a subordinação dos sujeitos das regras à regra de direito[71].

69. Em outro texto sobre o assunto, Celso Lafer destaca que "nas organizações internacionais intergovernamentais, a identificação da norma jurídica aplicável busca persuadir o conjunto de suas partes-contratantes do valor mais genérico de cooperação institucionalizada que ela tem por objeto e que levou à sua criação pelos Estados" (Lafer, 1989, p. 44).
70. Artigo 3:2 do ESC: "[...] conferindo segurança e previsibilidade ao sistema multilateral. Os Membros reconhecem que ele funciona para preservar os direitos e obrigações dos Membros nos termos dos acordos abrangidos, e para clarificar as disposições existentes nesses acordos de acordo com as regras usuais de interpretação de direito internacional público. As recomendações e decisões do Órgão de Solução de Disputas não podem incrementar ou diminuir os direitos e obrigações previstos nos acordos abrangidos".
71. Tomkiewicz (2005, p. 1).

Mas não é só isso. Como explica Gelson Fonseca[72], o fenômeno da legitimidade deve ter marcas externas, possuindo, portanto, elementos intrínsecos e extrínsecos. A legitimidade externa está na adesão voluntária, na aceitação daqueles a quem a decisão se destina. Com esse parâmetro, incluímos no conceito de legitimidade da técnica interpretativa do OA a aceitação dessa técnica pelos Membros da OMC.

Como consequência do conceito de legitimidade proposto acima, podemos afirmar que a técnica interpretativa do OA será legitima se: (a) observar as regras estabelecidas pelos Membros da OMC por meio do ESC; (b) responder às necessidades do sistema multilateral de comércio – segurança e previsibilidade; e (c) tiver aceitação geral dos Membros da OMC[73].

1.2.2 A restrição do OA ao mandato e os impactos para a legitimidade do sistema multilateral de comércio

O conteúdo do mandato do OA é definido pelos Artigos 3:2, 17:13[74] e 17:6[75] do ESC, os quais estabelecem que esse órgão poderá revisar apenas questões de direito decididas pelo Painel e que não poderá promover o aumento ou a diminuição dos direitos e obrigações negociados pelos Membros nos acordos abrangidos. Verifica-se, assim, que o mandato dos Membros do OA é bastante preciso e limitado.

Os Membros da OMC negociaram os acordos abrangidos durante a Rodada Uruguai com vistas a buscar formas de equilíbrio nas relações comerciais internacionais, sendo o SSC o instrumento encontrado para, em última análise, assegurar esse equilíbrio. As regras multilaterais foram estabelecidas, e o OA foi concebido como órgão garantidor da correta aplicação dessas regras, que asseguram o equilíbrio pretendido pelos Membros.

Foi assim que os Membros da OMC decidiram proceder para minimizar a margem de erros ou distorções causada por interpretações políticas dos acordos. Foi para garantir que o espírito e a letra desses acordos fossem devidamente respeitados em controvérsias comerciais posteriores, resguardando, assim, a própria vontade normativa originária dos Membros, e para

---

72. Fonseca Júnior (2004, p. 137 et seq.).
73. Como anotou Giorgio Sacerdoti: "The Appellate Body's hard-won reputation depended, *inter alia*, on Members confidence that it would apply detailed legal reasoning equally to all Members on a consistent basis" (Sacerdoti, 2006, p. 47).
74. Artigo 17:13 do ESC: "O Órgão de Apelação poderá confirmar, modificar ou revogar as conclusões e decisões jurídicas do grupo especial".
75. Artigo 17:6 do ESC: "A apelação deverá limitar-se às questões de direito tratadas pelo relatório do grupo especial e às interpretações jurídicas por ele formuladas".

que cada um deles tivesse seus direitos e prerrogativas assegurados, que o OA foi criado[76].

Ao mesmo tempo, para evitar que os Membros do OA caíssem na tentação de criar novas regras no momento da interpretação e aplicação das normas jurídicas aos casos concretos, os autores dos tratados acordados ao final da Rodada Uruguai incluíram, no Artigo 3:2 do ESC, a regra que delimita o propósito do ESC:

> [...] conferindo segurança e previsibilidade ao sistema multilateral. Os Membros reconhecem que ele funciona para preservar os direitos e obrigações dos Membros nos termos dos acordos abrangidos, e para clarificar as disposições existentes nesses acordos de acordo com as regras usuais de interpretação de direito internacional público. As recomendações e decisões do Órgão de Solução de Disputas não podem incrementar ou diminuir os direitos e obrigações previstos nos acordos abrangidos.

Assim, quanto mais próxima for a interpretação do OA (no momento do exame e julgamento de eventuais controvérsias comerciais entre os Membros) em relação à vontade exteriorizada pelos Membros da OMC quando da negociação dos acordos abrangidos na Rodada Uruguai, maiores as chances de que seja respeitado o conteúdo do mandato estipulado para o julgamento das controvérsias comerciais, isto é, não aumentar ou diminuir os direitos e obrigações existentes nos acordos abrangidos.

Ao assegurar a observância fiel das regras estipuladas pelos Membros, o OA tem, como órgão máximo a assegurar o sistema *rule-oriented*, papel fundamental no fortalecimento da confiança dos Membros da OMC em relação ao sistema multilateral de comércio e, ainda, na adesão desses Membros ao referido regime internacional.

1.2.3 Procedimentos de trabalho para o exame de apelação

Com exceção de algumas poucas regras e condições previstas no Artigo 17, o ESC atribui ao próprio OA a responsabilidade de disciplinar o procedimento de apelação e acentuar assim a sua configuração judiciária. O reforço de garantias procedimentais, tanto nos "Procedimentos de Trabalho para o Exame de Apelação"[77] (WT/AB/WP/5[78]), também conhecido como "Procedimentos de Trabalho do OA", quanto nas respostas do OA quando questões

76. Baptista (2004, p. 2).
77. Em inglês, Working Procedures for Appellate Review.
78. WTO (2008).

processuais lhe são submetidas à apreciação, testemunham a atenção dada por esse órgão à segurança e à previsibilidade jurídicas do SSC[79].

De fato, as normas internas do OA estão descritas nos Procedimentos de Trabalho do OA, que foram elaborados por esse órgão em conjunto com o Presidente do OSC e com o Diretor-Geral da OMC, em cumprimento ao Artigo 17:9 do ESC. Ao contrário dos Painéis, o OA tem padrões de procedimentos de trabalho bem definidos.

Desde 1996, quando foram inicialmente instituídos, os Procedimentos de Trabalho do OA foram modificados em quatro ocasiões. As duas primeiras modificações referiam-se ao mandato do presidente do OA, e as seguintes aumentaram a participação de terceiros interessados nas audiências realizadas perante o referido órgão. Tendo em vista que a versão mais recente desses procedimentos (de janeiro de 2005) consolida as versões anteriores, ela será a base da análise apresentada neste item[80].

O procedimento de apelação é iniciado mediante a notificação do OSC por escrito pelo Membro que pretende recorrer, bem como o depósito simultâneo de uma notificação de apelação (*Notice of Appeal*) junto ao Secretariado do OA. Essa notificação deverá conter, nos termos do Artigo 20:2 dos Procedimentos de Trabalho do OA, as seguintes informações: (a) o título do relatório do Painel ao qual se refere a apelação; (b) o nome da parte litigante que está apresentando a apelação; (c) o endereço e os demais contatos da parte na disputa; e (d) uma breve declaração sobre a natureza da apelação, contendo: (i) a identificação dos supostos erros relativos às questões de direito e de interpretação jurídica formuladas no relatório do Painel; (ii) uma lista das disposições jurídicas (dos acordos abrangidos) relativas às alegações apresentadas pelo apelante; e (iii) uma lista indicativa dos parágrafos do relatório do Painel onde os erros alegados foram verificados[81].

O Membro apelante deverá, dentro de sete dias a contar da data da notificação de apelação, apresentar (a) uma petição escrita ao Secretariado com os fundamentos da apelação (supostos erros de direito verificados na decisão do Painel e os argumentos que sustentam essa posição); (b) a indicação dos dispositivos dos acordos abrangidos; e (c) a natureza da decisão pleiteada. O Membro apelado terá, também a contar da data de notificação da

79. Para o aprofundamento sobre as garantias procedimentais na OMC, v. também Broude (2004, p. 174 et seq.).

80. Ressalte-se que os procedimentos previstos nesse documento de 2005 (WT/AB/WP/5) somente deverão ser observados pelos Membros da OMC nas apelações interpostas a partir de 1.º de janeiro de 2005.

81. Procedimentos de Trabalho do OA no Anexo B.

apelação, 25 dias para apresentar suas contrarrazões, indicando os fundamentos jurídicos pelos quais se opõe às alegações do Membro apelante[82].

Cada apelação será apreciada por um grupo composto por três membros do OA, que, juntos, constituem uma seção do OA[83]. Os membros da seção são escolhidos de forma alternada, de maneira a assegurar uma seleção aleatória. Com isso, garante-se que todos os integrantes do OA julguem igual número de apelações independentemente de sua nacionalidade de origem.

O critério de nacionalidade não é relevante no processo de escolha da composição de uma seção, a fim de que não ocorra um desequilíbrio na demanda de trabalho de um Membro em relação a outro. As decisões relativas a determinada apelação são tomadas exclusivamente pela seção designada para essa apelação, o que não impede, entretanto, que os Membros troquem opiniões com os demais integrantes do OA antes de concluir o julgamento e distribuir o seu relatório aos Membros da OMC em disputa.

Essa, aliás, é a prática. Reduz-se o risco de votos dissidentes e interpretações contraditórias nos diversos relatórios justamente porque os Membros do OA sempre buscam um consenso prévio em suas decisões[84]. Preserva-se, assim, a coerência e a continuidade das decisões proferidas pelo OA, prática esta que caracteriza a técnica interpretativa do OA.

O OA tem um Presidente, a quem incumbe a supervisão do seu funcionamento interno. O Presidente do OA é eleito pelos próprios membros do órgão para um mandato de um ano, prorrogável uma única vez por um período adicional equivalente[85].

O OA e suas seções esforçam-se para tomar as suas decisões por consenso e, sendo composto de indivíduos formados em diferentes sistemas jurídicos, estabelecem a necessidade de conjugação das características culturais, em especial no âmbito do Direito. Isso traz a necessidade da definição prévia de uma série de conceitos encontrados nos documentos, o que reforça a tendência à interpretação literal dos acordos abrangidos, como será visto a seguir.

---

82. Artigos 21 e 22 dos Procedimentos de Trabalho do OA.
83. Artigo 17:1 do ESC: "O OSC constituirá um Órgão Permanente de Apelação, que receberá as apelações das decisões dos grupos especiais. Será composto por sete pessoas, três das quais atuarão em cada caso. Os integrantes do Órgão de Apelação atuarão em alternância. Tal alternância deverá ser determinada pelos procedimentos do Órgão de Apelação".
84. De acordo com o Artigo 3:2 dos Procedimentos de Trabalho do OA: "the Appellate Body and its divisions shall make every effort to take their decisions by consensus".
85. V. Artigos 5:1 e 5:2 dos Procedimentos de Trabalho do OA.

1.3 A técnica interpretativa desenvolvida pelo OA e a legitimidade do sistema multilateral de comércio

Neste item, será introduzido o exame da técnica interpretativa desenvolvida pelo OA, bem como o papel e o efeito dessa técnica sobre a legitimidade do sistema multilateral de comércio. Além disso, a análise dessa técnica permitirá uma compreensão mais ampla da forma como o OA elabora as suas decisões[86].

Nesse sentido, será examinada a forma como o OA definiu essa técnica, utilizando as regras de interpretação previstas na Convenção de Viena. Para tanto, será objeto de análise, principalmente, a interpretação elaborada pelo OA no contencioso *European Communities – Customs Classification of Frozen Boneless Chicken Cuts (DS269)*[87].

Após essa análise, será possível levantar a questão de quais são o papel e o efeito da técnica interpretativa elaborada pelo OA sobre a legitimidade do sistema multilateral de comércio.

1.3.1 O ponto de partida do ato interpretativo: o texto e o contexto

A interpretação é um dos momentos mais importantes do Direito, pois, por meio dela, é conferido efeito concreto, em uma situação específica, a uma norma geral e abstrata. É na interpretação da norma que se define a sua extensão, isto é, qual a abrangência do comando normativo previsto na regra, com o intuito de determinar a sua incidência (ou não) na regulação da conduta em análise. A efetiva aplicação das normas jurídicas depende, sobretudo, de sua interpretação pelo operador do Direito. A respeito da interpretação jurídica, Tercio Sampaio Ferraz Jr. destaca que:

> A determinação do sentido das normas, o correto entendimento do significado dos seus textos e intenções, tendo em vista a decidibilidade de conflitos constitui a tarefa da dogmática hermenêutica. [...] Na verdade,

---

86. Esclarecemos que a jurisprudência do OA mencionada nesse estudo foi selecionada segundo um método do tipo "sondagem" até 30 de dezembro de 2009 (v. jurisprudência mencionada na bibliografia). O presente trabalho não pretende realizar análise exaustiva da jurisprudência do OA, mas ilustrar os casos mais importantes para o assunto em estudo.

87. A razão pela qual elegemos o caso *European Communities – Customs Classification of Frozen Boneless Chicken Cuts (DS269)* para explicar a técnica interpretativa do OA reside no fato de esse caso ser reconhecido como aquele em que o OA melhor detalhou o seu método interpretativo. Afirma-se nos corredores da OMC que o referido caso foi o auge do formalismo do OA.

o propósito básico do jurista não é simplesmente compreender um texto, como faz, por exemplo, o historiador ao estabelecer-lhe o sentido e o movimento no seu contexto, mas também determinar-lhe a força e o alcance, pondo o texto normativo em presença dos dados atuais de um problema[88].

A determinação prévia do sentido do texto legal que será interpretado é fundamental para o estabelecimento das premissas do ato interpretativo, já que um mesmo dispositivo pode possuir diversos significados[89]. Nas palavras de Francisco Rezek, "interpretar o tratado internacional significa determinar o exato sentido da norma jurídica expressa num texto obscuro, impreciso, contraditório, incompleto ou ambíguo"[90].

O próprio Artigo 3:2 do ESC estabelece que o SSC da OMC deverá ser utilizado para esclarecer as disposições vigentes nos acordos abrangidos em conformidade com as normas correntes de interpretação do direito internacional público. Nesse caso, cabe destacar que OA, desde os primeiros julgados, entendeu que as regras costumeiras de direito internacional público sobre interpretação estavam consolidadas na Convenção de Viena, a qual passaria a ter, assim, papel de grande destaque no âmbito do SSC da OMC.

Observamos que nem todos os Membros da OMC ratificaram a Convenção de Viena; no entanto, a aplicação dos critérios de interpretação de seus Artigos 31 e 32 jamais foi por tais Membros questionada. Como bem esclarece o próprio texto da Convenção de Viena, trata-se de regras "costumeiras" de direito internacional público. As regras costumeiras existem independentemente da Convenção de Viena, pois são regras correntes de direito internacional público e são evidenciadas pela prática internacional dos países. Tanto é assim que, conforme mencionamos no Capítulo 4 adiante, a Corte Europeia de Direitos Humanos (CEDH) se referiu aos critérios que seriam

88. Ferraz Junior (2007, p. 256).

89. No caso do intérprete das regras de um tratado, vemos a busca do sentido resultante do encontro de vontades das partes, que nem sempre é a expectativa com que uma ou outra das partes foi para a mesa de negociação. Aí reside a dificuldade especial de se interpretar um tratado. Se fosse um contrato celebrado no interior de um Estado por seus nacionais, a identidade cultural de ambos faria que o conteúdo semântico das expressões fosse o mesmo. Com a introdução da internacionalidade e do uso de uma língua que nem sempre é a de todas as partes, a possibilidade de que cada uma delas venha a imaginar um conteúdo semântico que não é similar para determinada expressão cresce (Baptista, 2004, p. 267).

90. Rezek (2008, p. 90).

compilados na Convenção de Viena antes mesmo da entrada em vigor da Convenção[91].

O Artigo 31 da Convenção de Viena tornou-se, então, um marco para os órgãos decisórios da OMC interpretarem as regras comerciais firmadas no âmbito da organização, com base no sentido ordinário (ou comum) dos termos do tratado e no seu contexto, em consonância com o seu objeto e finalidade. O Artigo 31 também estabelece como critérios de interpretação a prática subsequente das partes, os acordos subsequentes sobre a mesma matéria, e ainda qualquer outra regra pertinente de direito internacional público que pudesse ser parte do processo interpretativo[92].

Além disso, o Artigo 32 da mesma Convenção estabelece que outras formas suplementares de interpretação poderão ser adotadas, como os trabalhos preparatórios do tratado e as circunstâncias de sua conclusão[93], quando a utilização das regras previstas no Artigo 31 deixarem o sentido buscado ambíguo ou obscuro, ou ainda quando for atingido um resultado que é manifestamente absurdo ou desarrazoado.

O ponto de partida do método interpretativo do OA passou a ser, então, a determinação, de boa-fé, do significado ordinário das palavras utilizadas, com referência ao contexto e à luz do objeto e do propósito do tratado, nos termos exatos do Artigo 31:1 da Convenção de Viena.

No caso *European Communities – Measures Concerning Meat and Meat Products (Hormones) (DS26, DS48)*, o OA afirmou esse entendimento no parágrafo 181:

> A regra fundamental da interpretação dos tratados exige que o intérprete leia e interprete as palavras efetivamente empregadas no acordo sob exame, não aquelas que o intérprete gostaria que tivessem sido usadas[94] (tradução livre).

---

91. Nem todos os 153 Membros da OMC podem legalmente ser parte da Convenção de Viena, pois alguns deles não são organizados ou reconhecidos como países. Assim reconheceu o OA no caso *Japan – Alcoholic Beverages II (DS8, DS10, DS11)* (relatório do Painel, p. 10).
92. Artigo 31 da Convenção de Viena (v. Anexo C).
93. Artigo 32 da Convenção de Viena (v. Anexo C).
94. "[...] The fundamental rule of treaty interpretation requires a treaty interpreter to read and interpret the words actually used by the agreement under examination, and not words which the interpreter may feel should have been used" [*European Communities – Measures Concerning Meat and Meat Products (Hormones) (DS26, DS48)* (relatório do Painel, par. 181)].

Uma forma utilizada pelos intérpretes para cumprir esse propósito é o uso frequente dos dicionários, nos três idiomas oficiais da OMC: o inglês, o francês e o espanhol. Essa prática procura delimitar a margem de interpretação a ser realizada por meio da utilização de critérios objetivos para a definição do conteúdo das palavras adotadas. Além disso, esse critério visa a observar a Convenção de Viena, já que o recurso ao dicionário é o primeiro passo para a determinação do significado ordinário das palavras.

É importante observar, no entanto, que o fato de os órgãos decisórios da OMC recorrerem frequentemente ao método interpretativo, construído com base no Artigo 31:1, não significa que nunca houve uma interpretação baseada em outro método. Existem sim alguns exemplos nos quais a interpretação parece não resultar do método da interpretação baseada no texto[95]. Conforme estudaremos em detalhes adiante, a interpretação literal parece ter sido sempre a preferência do OA; no entanto, há evidências de outros métodos aplicados.

---

95. O OA se utilizou do método interpretativo teleológico (que utiliza o princípio interpretativo da efetividade) no caso *United States - Standards for Reformulated and Conventional Gasoline (DS2)*, para analisar a estrutura do GATT 1994 e concluir que o Artigo XX deveria garantir equilíbrio de direitos e obrigações tanto com respeito ao GATT 1994 quanto aos outros acordos da OMC como um todo. No original: "The chapeau of article XX is animated by the principle that while the exceptions of Article XX may be invoked as a matter of legal right, they should not be so applied as to frustrate or defeat the legal obligations of the holder of the right under the substantive rules of the General Agreement" [*United States - Standards for Reformulated and Conventional Gasoline (DS2)*] (relatório do OA, par. 22)]. Da mesma forma, o OA utilizou o mesmo método interpretativo para definir a jurisprudência sobre "produto similar" no caso *Japan - Alcoholic Beverages II (DS8, DS10, DS11)*: "the goal of Article III is to avoid protectionism" (relatório do OA, par. 16). Em outro caso, o OA expandiu o conceito de produto similar ao estabelecer que: "the determination of likeness is essentialy a determination of the competitive relationship between imported and domestic products since if there is or could be no competitive relationship between products, a Member could not intervene, through internal taxation or regulation to protect domestic production" [*European Communities - Measures Affecting Asbestos and Asbestos-Containing Products (DS135*) (relatório do OA, par. 97). No caso *United States - Import Prohibition of Certain Shrimp and Shrimp Products (DS58)*, o OA utilizou novamente o método do princípio interpretativo teleológico ao afirmar "As this preambular language reflects the intentions of negotiators of the WTO Agreement, we believe it must add coulour, texture and shading to our interpretation of the agreements annexed to the WTO agreement, in this case, the GATT 1994" (relatório do OA, par. 153). Cf. também capítulo 6, item 6.3, e capítulo 7, item 7.2.

Em seminário ocorrido na Organização Mundial da Meteorologia, em Genebra, em 25 de setembro de 2009, Isabelle Van Damme, especialista em Direito Internacional da Universidade de Cambridge, na Introdução do seu livro intitulado *Treaty interpretation by the WTO Appellate Body*[96], argumentou que o OA tem evoluído no que respeita a seu método interpretativo e que, após a decisão no caso *European Communities - Customs Classification of Frozen Boneless Chicken Cuts (DS269)*[97] tem sido menos formalista, menos literal. Para a autora, o OA é hoje uma verdadeira corte, que está mais madura e confiante do que há quase 15 anos, quando iniciou as suas funções, e essa maturidade representa o início da utilização de outros métodos interpretativos menos formalistas.

A multiplicidade de sentido literal dos termos[98] leva, em diversos casos, à necessidade de outro exame: do contexto no qual esses termos foram utilizados. Conforme observou o Painel, no caso *United States - Sections 301-310 of the Trade Act of 1974 (DS152)*, a decomposição analítica das etapas da interpretação, com base no Artigo 31 da Convenção de Viena, não atesta a existência de uma ordem hierárquica entre a interpretação segundo o texto ou o contexto, bem como nos outros critérios para interpretação[99].

Quando o texto não é suficientemente claro ou um determinado termo possui várias acepções, percebe-se que os órgãos decisórios da OMC têm recorrido: (a) à análise do contexto, considerando o objeto ou a finalidade do tratado em questão, o que abrange a prática subsequente das partes e os acordos subsequentes sobre a mesma matéria; ou, ainda, (b) a princípios suplementares de interpretação, nos termos do Artigo 32 da Convenção de Viena[100].

O contexto compreende, assim, a parte dispositiva do tratado, com seu preâmbulo e eventuais anexos, e ainda eventuais acordos paralelos e contemporâneos firmados entre as mesmas partes.

Isso significa a busca de outros elementos normativos existentes que tenham sido elaborados pelas mesmas partes de um determinado tratado, mas que estejam fora do âmbito de circunscrição deste, e sejam úteis para a sua

96. Van Damme (2009, p. 214 et seq.).
97. *European Communities - Customs Classification of Frozen Boneless Chicken Cuts (DS269)* que será analisado detalhadamente no item 3.3 adiante.
98. Além das nacionalidades dos intérpretes, os próprios textos são veiculados em três idiomas distintos.
99. *United States - Sections 301-310 of the Trade Act of 1974 (DS152)* (relatório do Painel, par. 7.22).
100. *Canada - Measures Affecting the Importation of Milk and the Exportation of Dairy Products (DS103)* (relatório do OA, par. 42); e *Korea - Measures Affecting Government Procurement (DS163)* (relatório do Painel, par. 7.11).

interpretação. Abre-se, assim, mais um caminho em direção à superação de eventuais dificuldades de interpretação decorrentes da utilização exclusiva do método literal.

Desde o início do funcionamento do OSC, seus órgãos decisórios procuraram estabelecer os mecanismos e as regras de interpretação que permitissem encontrar o significado preciso e válido, decorrente da vontade comum dos Membros da OMC. O OA afirmou o seguinte no caso *Argentina - Safeguard Measures on Imports of Footwear (DS121):*

> O intérprete de um tratado deve ler *todas* as disposições aplicáveis de forma a dar significado a todas elas, harmoniosamente. E uma leitura adequada deste "pacote inseparável de direitos e disciplinas" deve, dessa forma, ser aquele que dê significado a *todas* as disposições relevantes desses dois acordos obrigatórios[101] (tradução livre).

Ou seja, ainda que o ponto de partida do processo interpretativo seja o texto do acordo, a interpretação não é exclusivamente literal, mas sim baseada principalmente no texto, de acordo com o contexto. O OA, normalmente, contextualiza imediatamente a definição dicionarizada da palavra do acordo que é interpretada. Assim, antes da consideração do contexto, nos termos do Artigo 31:2 da Convenção de Viena, o OA já contextualizou o termo com base no próprio artigo 31:1. Essa noção do "contexto imediato" é observada em diversos relatórios do OA[102]. A prática realmente demonstra como a interpretação contextual é ampliada além da definição de contexto do Artigo 31:2 da Convenção de Viena[103].

---

101. "Yet a treaty interpreter must read all applicable provisions of a treaty in a way that gives meaning to all of them, harmoniously. And, an appropriate reading of this 'inseparable package of rights and disciplines' must, accordingly, be one that gives meaning to all the relevant provisions of these two equally binding agreements" [*Argentina - Safeguard Measures on Imports of Footwear (DS121)* (relatório do OA, par. 81)].
102. *Chile - Price Band System and Safeguard Measures Relating to Certain Agricultural Products (DS207)* (relatório do OA, par. 233); *United States - Countervailing Duties on Certain Corrosion-Resistant Carbon Steel Flat Products from Germany (DS213)* (relatório do OA, par. 70); e *European Communities - Antidumping Duties on Malleable Cast Iron Tube or Pipe Fitting from Brazil (DS219)* (relatório do OA, par. 112).
103. *United States - Standards for Reformulated and Conventional Gasoline (DS2)* (relatório do OA, par. 18); e *Japan - Alcoholic Beverages II (DS8, DS10, DS11)* (relatório do OA, par. 119).

Esse gênero de interpretação tem por finalidade fazer respeitar aquilo que foi acordado pelas partes no momento da assinatura do acordo, e não permitir o aumento ou a diminuição dos direitos de quaisquer Membros da OMC.

O mesmo princípio é adotado pelos Painéis. O relatório elaborado pelo Painel no caso *United States - Section 110(5) of the US Copyright Act (DS160)*[104] estimou que a intenção das partes deveria ser o critério utilizado para determinar a exata abrangência do contexto na interpretação.

A interpretação contextual é, portanto, o mecanismo que supera a ambiguidade das palavras. Como parte da interpretação contextual, o intérprete poderá perquirir qual o objeto ou finalidade do tratado. A busca pelo objeto do tratado deverá auxiliá-lo em sua tarefa de determinar qual a extensão das regras criadas pelos legisladores (no caso, as partes signatárias de determinado tratado) no momento em que concluíram o tratado. A mesma relevância possui a finalidade para a interpretação, na medida em que permite ao intérprete avaliar quais eram os fins pretendidos pelas partes quando criaram a regra em questão, isto é, os princípios gerais incorporados no acordo final. Esses dois métodos acabam por relacionar-se à regra do efeito útil, de utilização corrente na doutrina francesa, segundo a qual não se há de admitir a ociosidade do dispositivo, devendo-se interpretá-lo no sentido que justifique a valia operacional de sua adoção pelas partes[105].

1.3.2 Outros critérios utilizados no momento da interpretação

Além desses métodos, a Convenção de Viena prevê, em seu Artigo 32, os meios suplementares de interpretação de tratados, os quais consistem nos trabalhos preparatórios do tratado e nas circunstâncias de sua conclusão. Ambos poderão ser utilizados para auxiliar o intérprete a esclarecer o sentido do texto normativo do tratado em questão.

Em relação a esses meios suplementares, Nguyen Dinh, Patrick Daillier e Alain Pellet sugerem que são instrumentos à disposição do intérprete, que deve utilizá-los procurando atingir o resultado mais evidente, mais lógico ou mais eficaz. Nesse sentido, os autores confirmam a posição dos órgãos decisórios da OMC de que os Artigos 31 e 32 da Convenção de Viena não estabelecem qualquer hierarquia para os métodos de interpretação segundo o texto ou o contexto, bem como em relação aos meios suplementares de interpretação:

---

104. *United States - Section 110(5) of the US Copyright Act (DS160)* (relatório do Painel, par. 6.43-6.46).

105. Dinh, Daillier e Pellet (2003, p. 269).

a) A solução mais evidente é a que consiste em interpretar o menos possível e em ater-se ao "sentido comum" das palavras, o que só é possível quando a disposição a aplicar esteja redigida "em termos inequívocos". [...]
b) A clareza aparente de uma disposição não deve, todavia, levar a uma interpretação que desafie a lógica e o método precedente será postergado se levar a um resultado "insensato ou absurdo", "incompatível com o espírito, o objeto e o contexto da cláusula ou do ato em que os termos figuram".
c) A regra do efeito útil permite chegar a uma interpretação eficaz. Segundo esta regra, o intérprete deve supor que os autores do tratado elaboraram uma disposição para que seja aplicada. Deve, portanto, escolher entre os vários sentido possíveis desta disposição aquele que permita a sua aplicação efetiva.

[...] Na realidade, a notável síntese efetuada pelos artigos 31 a 33 da Convenção de Viena traduz bastante fielmente tendências gerais da prática, mesmo não podendo exprimir todas as suas sutilezas. E a ordem dos meios de interpretação que aí figuram é, com efeito, a que segue a jurisprudência dominante: primeiro o texto; depois o contexto; a seguir a prática ulterior, os trabalhos preparatórios e as circunstâncias em que o tratado foi concluído, *sendo determinado que não existe graduação rígida entre os diversos meios interpretativos*[106] (grifos nossos).

1.3.3 A técnica interpretativa estabelecida pelo OA

Em diversas ocasiões, o OA teve a oportunidade de se utilizar dos critérios interpretativos descritos nos Artigos 31 e 32 da Convenção de Viena, mas foi no caso *European Communities - Customs Classification of Frozen Boneless Chicken Cuts (DS269)* que, em nossa opinião, o referido órgão demonstrou com maior clareza a técnica interpretativa por ele utilizada[107].

106. Dinh, Daillier e Pellet (2003, p. 268 e 270).
107. O rigor com que o OA procede durante o seu processo interpretativo é assunto de diversos debates acadêmicos. V., por exemplo, Eveno (2006, p. 149): "Cette apparente rigueur méthodologique est bien spécifique à l'organe judiciaire de l'O.M.C. et se retrouve difficilement chez d'autres tribunaux plus indépendants à l'égard de la Convention de Vienne". E, ainda, Abi-Saab: «The other symptom in the handling of the principles of interpretation through Articles 31 and 32 of the Vienna Convention is the way the process of interpretation is perceived and

O caso referia-se às medidas de classificação aduaneira para certos cortes de frango desossado e salgado, adotadas pela Comunidade Europeia (CE), que resultaram em um tratamento menos favorável que aquele estabelecido na Lista de Compromissos[108] desse Membro da OMC aos exportadores estrangeiros. Por um lado, os produtos enquadrados na classificação 0207.41.10 (cortes de frango desossado) estariam sujeitos a uma tarifa de 1024 EUR/tonelada; por outro, os produtos classificados na posição 0210.90.20 (certos tipos de carne salgada, incluindo frango) estariam sujeitos a uma tarifa de 15,4% *ad valorem*, esta mais favorável aos exportadores.

Em 2002, a CE reclassificou os cortes de frango congelado, desossado e salgado para a posição 0207.41.10, gerando a reclamação de exportadores estrangeiros desse produto para o mercado europeu, os quais se utilizavam da posição 0210.90.20 para realizar a operação desde 1996. Nesse sentido, o Regulamento da Comissão Europeia n. 535/94 não estabelecia qualquer referência explícita ou exigência quanto à "preservação de longo prazo" do produto, para fins de classificação na posição 0210, como foi posteriormente exigido.

No entanto, o Regulamento da Comissão Europeia n. 1.223/2002 estabeleceu que a adição de sal não alterava as características do produto em relação à sua classificação como carne congelada e, portanto, a mercadoria estaria sujeita à classificação no capítulo 0207. Posteriormente, por meio do Regulamento da Comissão Europeia n. 1.871/2003, a Comissão Europeia estabeleceu que o processo de "adição de sal", no sentido da classificação na posição 0210, seria um processo para assegurar a preservação de longo prazo das mercadorias incluídas na referida posição. Com isso, Brasil e Tailândia afirmaram que a CE, ao promover a alteração descrita acima (na classificação tarifária dos cortes de frango), teria violado os seus compromissos estabelecidos com base no Artigo II:1(a) e II:1(b) do GATT 1994.

Os aspectos desse contencioso que nos interessam em relação ao relatório do OA referem-se ao modo como esse órgão desenvolveu a sua técnica interpretativa, tendo em vista os métodos estabelecidos pela Convenção de Viena.

---

followed: as a rigid sequence of autonomous or discrete steps, each of which has to be explicity addressed and 'exhausted', before moving on to the next one" (Abi-Saab, 2006, p. 459).

108. Listas de compromissos, ou *schedules of concessions*, podem ser definidas como a lista de tarifas de importação consolidadas: "a list of bound tariff rates negotiated under WTO auspices. It sets out the terms, conditions and qualifications under which goods may be imported. No additional duties or charges may be imposed at the border other than internal taxes also levied on similar domestic products, anti-dumping measures or countervailing duties or a fee-for-service charge" (Goode, 2003, p. 303).

Na interpretação do acordo em discussão, a Lista de Compromissos da CE, o OA partiu, em primeiro lugar, para a análise do sentido ordinário do termo "salgado". Nesse sentido, ele afirmou que "os dicionários são um ponto de partida útil para a análise do sentido ordinário de um termo do tratado, mas eles não são necessariamente obrigatórios", bem como que "o sentido ordinário de um termo do tratado deveria ser visto à luz da intenção das partes conforme expressado nas palavras usadas por elas à luz das circunstâncias relacionadas"[109].

Em seguida, o OA considerou que o Sistema Harmonizado (SH)[110] poderia ser utilizado como parte do contexto a ser examinado para os fins da interpretação dos compromissos tarifários dos Membros da OMC, pois, durante e após a Rodada Uruguai, havia um amplo consenso entre as Partes Contratantes do GATT em usar o SH como base para as suas Listas de Compromissos na OMC.

Considerando a possibilidade de utilização do SH como contexto, o OA passou então à análise do que estaria abrangido no termo "salgado", tendo em vista o conflito entre a concepção da CE (segundo a qual estaria abrangida a necessidade de preservação da carne) e a do Brasil e da Tailândia (abrangeria apenas os aspectos de preparação da carne e não os de sua preservação).

Ao examinar os termos da posição aduaneira número 0210, o OA buscou determinar se eles estariam relacionados à necessidade de preservação ou de preparação. Nesse sentido, o OA, após examinar as notas do capítulo e as notas explicativas do SH a respeito desse capítulo classificatório, chegou à conclusão de que na referida posição poderiam estar abrangidos tanto o conceito de preparação quanto o de preservação, de modo que o capítulo não excluíra nenhum deles. Com isso, assegurou o OA que a "adição de sal" não estaria

---

109. "The Appellate Body has observed that dictionaries are a 'useful starting point' for the analysis of 'ordinary meaning' of a treaty term, but they are not necessarily dispositive. [...] The ordinary meaning of a treaty term must be seen in the light of the intention of the parties 'as expressed in the words used by them against the light of the intention of the parties 'as expressed in the words used by them against the light of the surrounding circumstances'" [*European Communities - Customs Classification of Frozen Boneless Chicken Cuts (DS269)* (relatório do OA, par. 175)].

110. O SH (em inglês, Harmonized Commodity Description and Coding System), é o sistema internacional de harmonização de nomenclatura e classificação de produtos que são importados e exportados. O sistema foi desenvolvido e é administrado por uma organização internacional independente denominada Organização Mundial das Aduanas (OMA), sediada em Bruxelas e composta por 170 Países Membros.

necessariamente relacionada à preservação da carne por longo prazo[111], como defendia a CE.

Posteriormente, o OA examinou o método do "objeto e finalidade" para a interpretação do tratado e afirmou que o ponto inicial da análise seria o tratado como um todo, embora o Artigo 31:1 da Convenção de Viena não excluísse a consideração de termos específicos do tratado, se isso auxiliasse na interpretação do tratado em seu conjunto. Desse modo, o OA entendeu que o critério de "preservação no longo prazo", estabelecido pela CE, poderia levar a incertezas em relação à concessão contida na posição 0210 da Lista de Compromissos da CE, o que poderia atingir o objeto e finalidade de segurança e previsibilidade, estabelecidos tanto no Acordo da OMC quanto no GATT 1994[112].

O OA analisou ainda a questão da prática subsequente das partes signatárias de determinado tratado e definiu, revertendo a decisão do Painel sobre essa questão, que a prática de uma só das partes não deve ser determinante, mas sim aquela que envolve e é comum aos demais Membros da OMC. Além disso, para o OA, a classificação adotada pela CE durante os anos de 1996 a 2002 não teria sido capaz de levar à conclusão de que haveria uma prática subsequente pelo fato de os demais Membros não terem protestado em razão dessa classificação. Com isso, o OA entendeu que a classificação da CE de 1996 a 2002 não poderia ser entendida com prática subsequente.

Por fim, o OA pronunciou-se acerca dos meios suplementares de interpretação (Artigo 32 da Convenção de Viena), especificamente sobre os trabalhos preparatórios e as circunstâncias da conclusão da Lista de Compromissos da CE. Nesse contexto, os atos, instrumentos ou mesmo declarações unilaterais de indivíduos poderiam ser úteis na definição das intenções das

111. "We, therefore, *uphold* the Panel's finding, in paragraphs 7.245 and 7.331(c) of the Panel Reports, that the context of the term 'salted' in the tariff commitment under heading 02.10 of the EC Schedule 'indicates that that concession is not necessarily characterized by the notion of long-term preservation'" [*European Communities – Customs Classification of Frozen Boneless Chicken Cuts (DS269)* (relatório do OA, par. 235)].

112. "In the light of these considerations, we see no reason to disturb the Panel's finding, in paragraph 7.328 of the Panel Reports, that 'the lack of certainty associated with the application of the criterion of long-term preservation with respect to the concession contained in heading 02.10 of the EC Schedule [...] could undermine the object and purpose of security and predictability, which [underlie] both the WTO Agreement and the GATT 1994." [(*European Communities – Customs Classification of Frozen Boneless Chicken Cuts (DS269)* (relatório do OA, par. 249)].

partes, as quais deveriam ser objetivamente relevantes[113], ainda que não determinantes.

A esse respeito, o OA levou em consideração a própria legislação interna da CE à época da conclusão da sua Lista de Compromissos, assim como os contenciosos decididos internamente na CE sobre a referida classificação tarifária. Desse modo, o OA entendeu que os meios suplementares de interpretação também levariam à conclusão de que os produtos em questão estariam abrangidos pela posição 0210 e não na posição 0207, como defendido pela CE.

Assim, é possível afirmar que o OA estabeleceu uma técnica interpretativa, com base nos Artigos 31 e 32 da Convenção de Viena, a qual leva em consideração os diversos elementos de interpretação previstos na referida convenção, sendo eles: sentido ordinário dos termos utilizados, contexto (objeto e finalidade), prática subsequente e circunstâncias de conclusão do tratado em questão. Com isso, o OA conferiu critérios objetivos à interpretação jurídica dos diversos textos legais e compromissos estabelecidos pelos Membros no âmbito do sistema multilateral de comércio.

1.3.4 A técnica interpretativa do OA e seus efeitos sobre a legitimidade do sistema multilateral de comércio

Conforme explicado no item 1.2.1.1, o conceito de legitimidade do sistema multilateral de comércio, no presente trabalho, está relacionado ao estabelecimento de um sistema fundado nas regras do Direito, que comporta segurança, previsibilidade, equilíbrio entre os Membros e que é menos suscetível às influências e condicionamentos do poder (de um sistema *power-oriented* para um sistema *rule-oriented*). Além disso, a ampla participação dos destinatários das regras em sua formulação, bem como a criação de um conjunto abrangente e estável de regras jurídicas e de um mecanismo jurisdicional com independência (da vontade de seus criadores) para a determinação das

113. "In our view, the relevance of a circumstance for interpretation should be determined on the basis of objective factors, and not subjective intent. We can conceive of a number of objective factors that may be useful in determining the degree of relevance of particular circumstances for interpreting a specific treaty provision. These include the type of event, document, or instrument and its legal nature; temporal relation of the circumstance to the conclusion of the treaty; actual knowledge or mere access to a published act or instrument; subject matter of the document, instrument, or event in relation to the treaty provision to be interpreted; and whether or how it was used or influenced the negotiations of the treaty" [(*European Communities – Customs Classification of Frozen Boneless Chicken Cuts (DS269)* (relatório do OA, par. 291)].

disciplinas aplicáveis aos casos concretos, constituem elementos fundamentais do conceito de legitimidade utilizado neste trabalho.

O adensamento de juridicidade ocorrido ao final da Rodada Uruguai teve papel crucial para o estabelecimento de medidas de construção da confiança entre os diversos países que compõem o sistema multilateral. Não seria possível, contudo, assegurar os direitos e obrigações dos Membros, se não fosse, ao mesmo tempo, estabelecido um órgão decisório específico com poderes para interpretar, de forma definitiva, as regras (nem sempre precisas) dos acordos em vigor.

Esse órgão fundamental é o OA, que tem por finalidade precípua assegurar esses direitos e obrigações, estabelecidos pelos Membros quando da negociação dos diversos acordos abrangidos e, ainda, promover a uniformização da jurisprudência do SSC. Para isso, a sistemática de interpretação dos acordos é fundamental, já que, caso fosse composta de critérios subjetivos e constantemente variáveis, não traria a previsibilidade nem os resultados desejados pelos Membros da OMC.

Assim, é importante destacar que alguns princípios e regras[114] referentes ao SSC contribuem, de forma decisiva, para os fins de estabilidade e equilíbrio

114. Humberto Ávila distingue entre princípios e regras da seguinte forma: "As regras são normas imediatamente descritivas, primariamente retrospectivas e com pretensão de decidibilidade e abrangência, para cuja aplicação se exige a avaliação da correspondência, sempre centrada na finalidade que lhes dá suporte ou nos princípios que lhes são axiologicamente sobrejacentes, entre a construção conceitual da descrição normativa e a construção conceitual dos fatos. Os princípios são normas imediatamente finalísticas, primariamente prospectivas e com pretensão de complementaridade e de parcialidade, para cuja aplicação se demanda uma avaliação da correlação entre o estado de coisas a ser promovida e os efeitos decorrentes da conduta havida como necessária à sua promoção" (Ávila, 2007, p. 78-79). O autor continua: "[e]m primeiro lugar, as regras diferenciam-se dos princípios pela natureza da descrição normativa: enquanto as regras descrevem objetos determináveis (sujeitos, condutas, matérias, fontes, efeitos jurídicos, conteúdos), os princípios descrevem um estado ideal de coisas a ser promovido. Em segundo lugar, as regras diferenciam-se dos princípios pela natureza da justificação que exigem para serem aplicadas: as regras exigem um exame de correspondência entre a descrição normativa e os atos praticados ou fatos ocorridos, ao passo que os princípios exigem uma avaliação da correlação positiva entre os efeitos da conduta adotada e o estado de coisas que deve ser promovido. Em terceiro lugar, as regras distinguem-se dos princípios pela natureza da contribuição para a solução do problema: enquanto as regras têm pretensão de decidibilidade, pois visam a proporcionar uma solução provisória para um problema conhecido ou antecipável, os princípios

desejados pelos negociadores dos Membros da OMC. Em primeiro lugar, a regra do consenso negativo fortaleceu o papel de jurisdição obrigatória do OSC no sistema multilateral. Aliada a isso, a adstrição do OA ao mandato estabelecido pelo Artigo 3:2 do ESC serve como parâmetro relevante para os limites estabelecidos para a interpretação dos acordos e, consequentemente, para os limites do próprio sistema.

Propomos, neste trabalho, indagar se a técnica interpretativa estabelecida pelo OA é legítima e se possibilita o reforço dos critérios de legitimidade do sistema multilateral de comércio.

Para compreender os fundamentos da prática decisória do OA, serão examinados os impactos dos grandes sistemas de Direito (civil e comum) para a regulamentação do sistema multilateral de comércio e para as próprias decisões do OA, bem como para a interpretação de alguns institutos jurídicos específicos. Essa análise nos permitirá analisar em que medida os membros do OA sofrem influência dos sistemas jurídicos de suas respectivas jurisdições. Será estudado, ainda, o requisito de independência do OA na solução de controvérsias comerciais e também os reflexos da técnica interpretativa estabelecida pelo OA para o fortalecimento do consenso nas relações comerciais internacionais, tendo como referência a obrigatoriedade da jurisdição do OSC e o papel da jurisprudência do OA como fonte de confiança e previsibilidade para os Membros da OMC.

Serão examinadas também as críticas apresentadas à técnica interpretativa estabelecida pelo OA, de modo a verificar se elas procedem a ponto de limitar a legitimidade do sistema multilateral de comércio. Por outro lado, o estudo do perfil cultural dos juízes do OA permitirá a caracterização da singularidade da técnica interpretativa desse órgão com relação à formação cultural de seus juízes. Essa caracterização será de grande relevância, já que uma técnica interpretativa que confira legitimidade ao sistema multilateral de comércio deverá conter eventuais excessos e parcialidade relacionados ao perfil cultural dos juízes, por meio da promoção da independência, imparcialidade e coerência das decisões do OA.

Somente após o exame de cada um dos itens indicados acima é que será possível identificar se a técnica interpretativa adotada pelo OA é legítima e se confere maior legitimidade ao sistema multilateral de comércio, o que significa, no presente trabalho, determinar se essa técnica: (a) observa as regras estabelecidas pelos próprios Membros da OMC; (b) atende às necessidades específicas do sistema multilateral de comércio – segurança e previsibilidade; e (c) tem aceitabilidade e é objeto de consenso entre os Membros da OMC.

---

têm pretensão de complementariedade, já que servem de razões a serem conjugadas com outras para a solução de um problema" (Ávila, 2007, p. 83-84).

Primeira Parte

Os Fundamentos e as Consequências da Técnica Interpretativa Adotada pelo OA Da OMC

A compreensão da técnica interpretativa adotada pelo OA parte do exame dos dois grandes sistemas jurídicos de Direito contemporâneo, o direito comum e o direito civil. Características desses dois sistemas estão presentes na prática decisória do OA, bem como na própria regulamentação do sistema multilateral de comércio[1].

Na primeira parte deste trabalho serão analisados os pontos de convergência dos dois sistemas na prática decisória do OSC, bem como o argumento desenvolvido por uma parte da doutrina de que há uma influência "predominante" do direito comum na OMC e principalmente no SSC. Segundo essa teoria, essa predominância anglo-saxônica coloca em risco a legitimidade das decisões do OA. Por meio desse exame, poder-se-á revelar se há, de fato, uma preponderância desse sistema jurídico no âmbito multilateral ou se essa predominância é apenas aparente, prevalecendo no OA uma técnica interpretativa peculiar baseada tanto no direito comum quanto no direito civil.

1. Na realidade, um dos traços distintivos de cortes internacionais reside justamente no fato de essas cortes aplicarem institutos dos dois grandes sistemas de direito: "One of the distinguishing features of the international courts is the challenge of melding the two main legal systems of the world: the *civil law* system and the *common law* system" (Terris, Romano e Swigart, 2007, p. 17).

CAPÍTULO 2

Grandes Sistemas de Direito: Impactos para a Regulamentação e a Aplicação das Regras Multilaterais de Comércio

Matéria obrigatória nas faculdades de Direito francesas, o estudo dos grandes sistemas de Direito contemporâneo foi detalhadamente elaborado na obra de mesmo nome publicada por René David em 1964[2]. O autor classificou os sistemas de direito em famílias, sendo elas: (a) a família romano-germânica (direito civil); (b) a Família do direito comum; (c) a família dos direitos socialistas; (d) direitos muçulmano, hindu e judaico; (e) a família de direito do extremo oriente; e (v) o direito da África negra e de Madagascar.

Os principais *players* do comércio internacional que fazem parte da OMC têm, preponderantemente, como direito doméstico, as regras derivadas das famílias do direito comum e do direito civil[3]. Como consequência, verifica-se um prestígio jurídico dessas duas famílias sobre as normas multilaterais de comércio. A influência que cada sistema de Direito exerce na OMC está relacionada ao papel político e econômico global exercido pelos países nos quais esses sistemas são utilizados. Por essa razão, o direito civil e o direito comum marcam maior presença na prática jurídica comercial multilateral[4].

Os dois sistemas anteriormente mencionados não só exercem grande influência na regulamentação do sistema multilateral de comércio, mas a exercem também na aplicação das referidas normas, conforme é possível verificar na prática do OSC. O presente capítulo tratará, assim, dos sistemas jurídicos do direito comum e do direito comum, da interpretação jurídica nesses

---

2. David (2002).
3. EUA, CE, Japão, Canadá, Brasil, China e Índia são os maiores usuários do SSC, como se pode verificar na base de dados disponível na página eletrônica da OMC (<http://www.wto.org/english/tratop_e/dispu_e/dispu_status_e.htm>).
4. Uma potência econômica mundial determina-se tanto a conquistar mercados para seus produtos como a servir a sua própria cultura. A exportação de sua cultura, de maneira natural, abre o caminho para a das mercadorias. A promoção de uma cultura tem um propósito político e econômico evidente, e seu domínio tem uma importância considerável no aumento da competitividade de um país em suas relações comerciais internacionais. O mesmo acontece com o Direito, que faz parte da chamada cultura jurídica (Phillipson, 1993, p. 53).

sistemas e do reflexo desses métodos interpretativos para a OMC. Será também examinada a aparente influência predominante do direito comum nas decisões do OA e, ainda, as principais correntes que apresentam críticas a essas decisões e, notadamente, à técnica interpretativa adotada pelo OA.

2.1 Os sistemas do direito civil e do direito comum

O presente item tem por objetivo apresentar em linhas gerais os sistemas do direito civil e do direito comum e examinar as principais fontes de direito em cada um deles, analisando sobretudo como ambos os sistemas definem critérios para a interpretação jurídica[5].

2.1.1 O sistema do direito civil

O sistema denominado de direito civil caracteriza-se por um conjunto de normas coerentes, em que toda a espécie de questão pode e deve, pelo menos em teoria, ser resolvida pela interpretação de uma regra jurídica existente. Os diversos países que adotam o direito civil como sistema de direito dotaram-se de "códigos", em razão do papel fundamental atribuído à lei como fonte de direito.

Nesse sistema, o Direito é uma construção escalonada em forma de pirâmide, em cujo ápice se encontra uma norma fundamental. A partir desta, normas menos gerais retiram a sua validade e vão perdendo a generalidade até aquelas normas situadas na base, como os contratos e as sentenças. A teoria de Montesquieu reforça a mesma ideia.

> Na teoria de Montesquieu, qualquer veleidade de dar-se aos juízes o poder de fazer a lei seria ir contra o postulado da separação dos poderes. Reforça-se, assim, a concepção piramidal do direito no sistema romano-germânico: o Judiciário é um poder que tem atributos dos mais amplos, não sendo controlado por nenhum dos outros dois, mas não tem iniciativa e seu poder é limitado pela *res judicata*; generalizações a partir de casos julgados só na matéria *sub judice* e sem qualquer possibilidade de criar precedentes, ou seja, de imporem-se a casos semelhantes no futuro, pela sua própria efetividade.[6]

A noção de "regra de direito" no direito civil se apresenta não como uma regra própria para assegurar a solução de um caso concreto, mas sim como

5. Não pretendemos no presente trabalho realizar um estudo exaustivo dos dois sistemas, apenas introduzir noções sobre cada um deles.
6. Soares (1999, p. 29).

uma regra de conduta, dotada de certa generalidade, situando-se acima das aplicações que dela podem ter de fazer os tribunais ou os práticos no caso concreto. A regra de direito, nesse sistema, não é explicitada pelos juízes: não lhes compete pronunciar regras gerais ou estabelecer regulamentações gerais e abstratas.

Essa concepção de regra do direito no direito civil é a base fundamental da codificação. Não se poderia elaborar um código se a regra de direito fosse obtida em cada decisão proferida pelos juízes. A regra de direito no direito civil, portanto, situa-se entre a decisão do litígio, considerada como uma aplicação concreta da regra, e os *princípios* dotados de uma elevada generalidade, dos quais a própria regra poderia ser considerada uma aplicação.

A generalidade reconhecida à regra de direito explica por que a tarefa dos juristas do direito civil é essencialmente concebida como uma tarefa de *interpretação* de fórmulas legislativas, ao inverso dos países do *Commom Law*, onde a técnica jurídica caracteriza-se pelo processo das "distinções"[7].

A regra de direito formulada pelo legislador é o cerne à volta do qual gravitam as regras de direito secundárias. O Direito encontra-se, assim, não somente nas regras previstas nas leis, conforme formuladas pelo legislador, mas também na interpretação que os juízes fazem dessas fórmulas, além de outras fontes, como os costumes e os princípios gerais de direito. Esse fato não enfraquece a asserção segundo a qual a regra do direito é concebida de maneira geral e abstrata. O direito civil permanece sendo fundado sobre princípios; como exige o sistema, não é um direito casuístico.

Por outro lado, as regras de direito, como formuladas pelo legislador, não bastam em si mesmas e apelam para as regras secundárias que as completam. A lei é, portanto, no sistema do direito civil, a fonte primordial de direito; os juristas procuram, antes de tudo, descobrir as regras e soluções por meio de textos legislativos. A função do jurista é descobrir, com o auxilio de vários processos de interpretação, a solução que, em cada caso, corresponde à vontade do legislador.

As outras fontes, como a doutrina, os costumes, a jurisprudência e os princípios gerais, aparecem ocupando uma posição subordinada e de importância reduzida em confronto com a fonte por excelência do direito, constituída pela lei[8].

---

7. A técnica da distinção consiste em distinguir o caso em análise de casos anteriores para determinar qual o melhor precedente a ser aplicado ao julgamento da questão. Os fatos fundamentais do caso em análise devem ser iguais aos fatos do precedente vinculativo que é usado como paradigma (Soares, 1999, p. 30).
8. Considerando que o direito brasileiro está baseado no sistema do Civil Law, essa

Já a aplicação da lei supõe um processo de interpretação. O juiz, por princípio, concede preferência, em todos os países do direito civil, a uma interpretação que respeite, dentro da lei, a intenção do legislador. Na maioria dos casos, faz uma interpretação lógica, se não gramatical, completada ou retificada, se necessário, pelo recurso aos trabalhos preparatórios.

Entretanto, resta aos magistrados um campo vasto de atividade autônoma, como consequência do dever de decidir todos os feitos compreendidos em sua jurisdição, sejam quais forem as deficiências dos textos positivos. Por essa razão, foi-se tornando cada vez mais livre e independente a aplicação do direito nos países do direito civil. Nas palavras de Carlos Maximiliano:

> A praxe, o ensino e a ciência não se limitam a procurar o *sentido* de uma regra e aplicá-lo ao fato provado; mas também, e principalmente, se esmeram em ampliar o pensamento contido em norma legal à medida das necessidades da vida prática[9].

Essa autonomia se vê refletida em diversos métodos interpretativos que se situam entre a liberdade judicial e aqueles mais restritivos e presos à norma.

2.1.2 O sistema do direito comum

O direito comum é a denominação utilizada para identificar o direito de caráter jurisprudencial praticado em toda a Inglaterra e em diversas de suas ex-colônias. A elaboração do direito inglês e comum a toda a Inglaterra foi obra dos Tribunais Reais de Justiça, também conhecidos como Tribunais de Westminster, criados a partir do século XIII.

Assim, o direito comum é aquele nascido das sentenças judiciais dos Tribunais de Westminster, cortes constituídas pelo rei e a ele subordinadas[10].

---

afirmação pode ser comprovada pela análise do artigo 4.º da Lei de Introdução ao Código Civil, que dispõe: "Art. 4.º Quando a lei for omissa, o juiz decidirá o caso de acordo com a analogia, os costumes e os princípios gerais de direito".

9. Maximiliano (2009, p. 50).
10. Segundo René David, "originalmente, três tribunais diferentes – Tribunal de Apelação (*Exchequer*), Tribunal de Pleitos Comuns (*Common Pleas*), Tribunal do Banco do Rei (*King's Bench*) – conhecerão, respectivamente, de cada uma destas três importantes questões [*questões relacionadas com as finanças reais, com a propriedade imobiliária e a posse de imóveis, e graves questões criminais que se relacionem com a paz do reino*], mas logo esta divisão de competências cessará e cada um dos três Tribunais Reais de Westminster poderá conhecer de todas as causas que possam ser submetidas às jurisdições reais" (David, 2002, p. 360).

Para René David, o foco nas questões processuais (ao contrário do direito europeu continental) possui um interesse não apenas histórico, mas revela o direito inglês até os dias de hoje:

> *Enquanto no continente os juristas concentravam a sua atenção principalmente na determinação dos direitos e obrigações de cada um (regra substantiva do direito), os juristas ingleses concentravam a sua atenção nas questões de processo.*
>
> *Remedies precede rights*: em primeiro lugar o processo. A *common law*, nas suas origens, foi constituída por um certo número de processos (*forms of action*) no termo dos quais podia ser proferida uma sentença; qual seria, quanto à substância, esta decisão, era algo incerto. O problema primordial era fazer admitir pelos Tribunais Reais a sua competência e, uma vez admitida, levar até o fim um processo cheio de formalismo. A que solução se chegaria? Não havia para esta pergunta nenhuma resposta concreta: a *common law* só aos poucos passou a conter normas substantivas, que definissem os direitos e as obrigações de cada um. [...]
>
> As circunstâncias nas quais se formou a *common law* não têm um interesse meramente histórico. Pelo menos em quatro aspectos elas marcaram, de modo duradouro, o direito inglês, no qual, ainda nos dias de hoje, podemos notar a sua influência. [...] *Em primeiro lugar, levaram os juristas ingleses a concentrar o seu interesse sobre o processo* [...][11] (grifos nossos).

Esse direito é essencialmente um direito jurisprudencial (*case law*), e suas regras são aquelas que se encontram na razão de decidir das decisões tomadas pelos tribunais superiores da Inglaterra. No direito europeu continental, por um lado, a regra do direito é enunciada pelo legislador e evidenciada pela doutrina, estando apta a dirigir a conduta dos cidadãos, numa generalidade de casos, sem relação com um litígio particular. O direito inglês, por outro, estabelece a regra do direito para um caso concreto e, naturalmente, de menor generalidade. Nessa distinção figura importante elemento para o entendimento das diferentes técnicas interpretativas adotadas em ambos os sistemas.

Em relação às fontes do direito no direito comum, destacam-se a jurisprudência, a lei, o costume e a razão. A jurisprudência é considerada a mais importante, tendo em vista que esse sistema tem, desde o seu surgimento, natureza jurisprudencial. Assim, a jurisprudência não só aplica, mas também destaca as regras do direito. Nas palavras de René David:

---

11. David (2002, p. 363-364).

> As regras que as decisões judiciárias estabeleceram devem ser seguidas, sob pena de destruírem toda a "certeza" e comprometerem a própria existência da *common law*.
> A obrigação de recorrer às regras que foram estabelecidas pelos juízes (*stare decisis*), de respeitar os precedentes judiciários, é o correlato lógico de um sistema de direito jurisprudencial[12].

Depois da primeira metade do século XIX, a regra do precedente (*rule of precedent*) nitidamente se estabeleceu. De acordo com ela, os juízes ingleses deveriam observar, de maneira obrigatória, as regras criadas por seus antecessores. A regra do precedente funciona igualmente em relação à interpretação das leis. Com isso, a autoridade das leis acaba sendo "relativizada" pelas diversas decisões jurisprudenciais existentes, o que pode causar reflexos na própria forma como a lei é aplicada.

René David destaca que a regra do precedente, na atualidade, parece exigir mais flexibilidade. Para realizar a adaptação às necessidades do presente, utiliza-se, ultimamente, a técnica das distinções. Essa técnica permite a produção de efeitos análogos a uma mudança jurisprudencial, ao permitir a evolução do direito por meio das distinções propostas pelos juristas ingleses para limitar o alcance e o enunciado de uma regra que lhes parece ter sido elaborada, originariamente, em termos muito genéricos[13].

A segunda fonte do direito inglês abrange a lei e as disposições regulamentares variadas tomadas para a execução da lei[14]. Por se tratar de modo "anormal" para a expressão do direito, a teoria clássica prescreve que a lei "somente será admitida e plenamente incorporada ao direito inglês quando tiver sido aplicada e interpretada pelos tribunais, na forma e na medida em que serão feitas esta aplicação e esta interpretação"[15]. Contudo, as leis de cunho dirigista relacionadas à regulamentação de aspectos econômicos e sociais da sociedade inglesa têm indicado mudança nos princípios de interpretação tradicionais.

---

12. David (2002, p. 429).
13. David (2002, p. 444).
14. A Inglaterra não possui constituição escrita, mas apenas um conjunto de regras de origem legislativa ou jurisprudencial que garantem as liberdades fundamentais e limitam o arbítrio das autoridades, sendo isso o que os ingleses denominam Constituição.
15. Cf. David (2002, p. 434). O autor destaca ainda que "os princípios contidos na lei só são plenamente reconhecidos pelos juristas ingleses e verdadeiramente integrados no sistema da *common law* quando são aplicados, reformulados e desenvolvidos pelas decisões da jurisprudência" (David, 2002, p. 442).

A terceira fonte é constituída pelo costume, que tem papel de menor destaque, se comparado às duas fontes anteriores. O direito comum retirou algumas de suas regras dos vários costumes locais outrora em vigor, porém o processo de sua constituição consistiu em elaborar um direito jurisprudencial, fundado sobre a razão, que substituísse o direito da época anglo-saxônica, fundado sobre o costume. Foi, sobretudo, no campo dos costumes comerciais que essa fonte ganhou maior relevo.

Por fim, a razão continua a ser a fonte à qual os tribunais recorrerão para preencher tanto as lacunas do sistema de direito inglês quanto para guiar a evolução desse sistema. Nesse caso, a *ratio* deve ser entendida como a solução que está mais em harmonia com as regras de direito existentes, levando em consideração os parâmetros de segurança e justiça. Como há muitas lacunas em um sistema casuístico como o inglês, a razão é reconhecida como fonte subsidiária do direito chamada a preencher essas lacunas. Por isso, o sistema do direito comum é considerado um sistema aberto. Existe, todavia, uma tendência para a utilização, antes da razão, dos "princípios jurídicos" que resultam do conjunto das decisões judiciárias anteriores.

Em relação aos EUA, cumpre destacar que o seu sistema jurídico também é o do direito comum, sendo, assim como o direito inglês, um direito essencialmente jurisprudencial. Os precedentes e a razão exercem um papel fundamental, embora a lei (*statute law*) tenha adquirido maior relevo nesse sistema, já que nos EUA foi adotada uma Constituição escrita, com os princípios norteadores do Estado, bem como com os direitos e garantias fundamentais dos cidadãos (por meio de emendas posteriores).

Pelo sistema estadunidense, foi estabelecida a regra do controle judiciário da constitucionalidade das leis e das decisões judiciais, após o julgamento do caso *Marbury v. Madison* em 1803. O desenvolvimento do direito nos EUA esteve diretamente relacionado à forma como a Suprema Corte interpretou a Constituição, o que ocorreu, ao longo da história, de forma bastante flexível. Ressalte-se, nesse caso, que foi utilizada forma de interpretação da lei de matriz romano-germânica (direito civil) em um sistema de direito comum.

Além disso, os Supremos Tribunais (Suprema Corte dos EUA e Supremas Cortes estaduais) não se consideram vinculados por seus próprios precedentes, podendo desviar-se de sua jurisprudência, o que é uma importante limitação à regra do *stare decisis* nos EUA[16].

16. "As mudanças de jurisprudência não são raras se considerarmos o Supremo Tribunal dos Estados Unidos. Explicam-se principalmente, neste caso, pela maneira flexível como este tribunal concebe a interpretação da Constituição dos Estados Unidos. Da parte dos Supremos Tribunais dos estados, as mudanças de jurispru-

2.2 O reflexo dos dois grandes sistemas de Direito na regulamentação do sistema multilateral de comércio

Como mencionado, a influência que cada sistema de Direito exerce na OMC está relacionada ao papel político e econômico global exercido pelos países nos quais esses sistemas são utilizados. Por essa razão, o direito civil e direito comum marcam maior presença na prática jurídica comercial multilateral, uma vez que a maior parte dos Membros da OMC com maior peso econômico e político possui sistemas de direito derivados dessas duas grandes famílias.

No presente item, será estudado o sistema jurídico da OMC, do qual podem ser extraídos princípios e características do direito comum e também do direito civil, e que pode, em nossa opinião, ser considerado um sistema misto.

2.2.1 O sistema misto e único da OMC

O sistema jurídico da OMC foi concebido com base nos dois grandes sistemas jurídicos anteriormente mencionados. O exame das regras e do funcionamento do sistema multilateral de comércio permite identificar características específicas de cada um desses sistemas.

No que se refere à regra do direito (*rule of law*), pode-se indagar se, no âmbito da OMC, esta estaria relacionada ao modelo existente no direito civil (de uma regra geral e abstrata destinada a estabelecer modelos de conduta para um número indeterminado de casos) ou no direito comum (de uma regra jurídica obtida no julgamento de determinado caso concreto).

As regras de direito material da OMC atualmente em vigor foram firmadas ao final da Rodada Uruguai, ao ser aprovado o Acordo Constitutivo da OMC (ou Acordo de Marraqueche) com seus anexos que compõem os acordos abrangidos do Anexo 1 do ESC. Ressalte-se que os diversos acordos multilaterais e plurilaterais estabelecem regras gerais e abstratas, com o intuito de

---

dência têm uma explicação diferente: são devidas, sem dúvida, na maior parte, à pressão de opinião dos juristas e ao desejo de alinhar o direito de um estado com a corrente dominante que prevaleceu noutros estados, restabelecendo assim a unidade da *Common Law* nos Estados Unidos. *A possibilidade que teve o Supremo Tribunal dos Estados Unidos de efetuar mudanças de jurisprudência revelou-se fundamental. Permitiu ao Supremo Tribunal adaptar a sua interpretação da Constituição dos Estados Unidos às correntes de pensamento e às necessidades econômicas do mundo moderno; assegurou, por isso mesmo, a estabilidade das instituições políticas americanas*, permitindo aos Estados Unidos viver sob o domínio de uma Constituição que só pode ser modificada com extrema dificuldade" (David, 2002, p. 490, grifos nossos).

regular a conduta dos Membros da organização. E são justamente essas regras gerais e abstratas que definem os direitos e obrigações dos Membros no âmbito multilateral.

A sistematização de regras jurídicas em "códigos" é uma das peculiaridades dos sistemas jurídicos baseados no direito civil. O grande ativo da OMC são as suas normas, e a noção de regra de direito apresenta-se nos mesmos moldes da regra de direito do direito civil. Desse modo, a regra de direito, na OMC, assim como no direito civil, não é explicitada pelo OA, que não tem competência para pronunciar regras gerais aplicáveis a casos futuros, mas sim pelo conjunto de normas coerentes que são os acordos da Rodada Uruguai.

A generalidade das regras da OMC faz que o OA tenha como função a mesma tarefa dos juristas do direito civil, concebida como uma tarefa de *interpretação*. O papel do OA é encontrar a solução ao conflito, aplicando a regra que corresponda à vontade dos Membros da OMC, ainda que essa vontade seja contrária a decisões anteriores tomadas por esse órgão. O OA, assim como os juízes dos países de direito civil, dá preferência a uma interpretação que respeite a intenção do legislador. Na maioria dos casos, faz uma interpretação lógica, se não gramatical.

Nesse processo, o OA encontra os limites à interpretação, que são aqueles estabelecidos pelos critérios da Convenção de Viena. A própria regra de direito da OMC estabelece os critérios para o processo interpretativo do OA. O Artigo 3:2 do ESC estabelece o mandato dos órgãos decisórios da OMC (dentre os quais se inclui o OA) e é bastante claro ao dispor que o SSC "é útil para preservar direitos e obrigações dos Membros dentro dos parâmetros dos acordos abrangidos", bem como que "as recomendações e decisões do OSC não poderão promover o aumento ou a diminuição dos direitos e obrigações definidos nos acordos abrangidos". Com isso, verifica-se que não só os direitos e obrigações dos Membros são fixados por regras gerais e abstratas previstas em tratado multilateral, como este também determina os limites de atuação dos órgãos decisórios na apreciação dos casos concretos.

Até mesmo a técnica interpretativa desenvolvida pelo OA, baseada na utilização dos métodos interpretativos previstos na Convenção de Viena, segue a prescrição do Artigo 3:2 do ESC, o qual estipula que as disciplinas vigentes nos acordos abrangidos serão esclarecidas em conformidade com as normas correntes de interpretação do direito internacional público.

Além disso, os precedentes jurisprudenciais da OMC não têm caráter vinculativo, isto é, não podem ser invocados como regra geral e abstrata para aplicação aos demais casos futuros relacionados à mesma matéria (restrição do *stare decisis*), como será visto detalhadamente a seguir. Assim, as decisões dos Painéis ou do OA somente serão obrigatórias, em determinado litígio, para os Membros que dele fizeram parte, não estabelecendo direitos ou obrigações para aqueles que nele não figuraram como partes.

Como se verifica, as regras jurídicas que criam direitos e obrigações para as partes na OMC são aquelas de caráter geral e abstrato, previamente elaboradas por meio do mecanismo legislativo internacional (rodadas de negociação) pelos próprios Membros da referida organização internacional. Pode-se afirmar, então, que o tipo de regra de direito encontrado na OMC possui as características do sistema de direito civil.

Da mesma forma, as regras que impõem limites e balizas à interpretação dos órgãos decisórios da OMC, portanto, são as provenientes da vontade do legislador. Ainda que diversas regras multilaterais tenham sido propositalmente redigidas de forma obscura ou imprecisa pelos Membros[17], não são os precedentes jurisprudenciais do OA que estabelecem condições para sua elucidação e aplicação em futuros casos. Desse modo, os Painéis possuem autonomia para julgar, mesmo que de forma contrária a decisões anteriores do OA, se assim for necessário.

Há, contudo, um caráter orientador nos precedentes na OMC, pois embora não sejam vinculativas, as interpretações e razões de decidir do OA tendem a ser observadas em futuros julgamentos de Painéis, na medida em que estes frequentemente buscam adotar interpretações que não serão modificadas em grau de recurso. Além disso, conforme analisaremos adiante, a coerência e a consistência interpretativa do SSC é um dos elementos fundamentais da segurança e da previsibilidade jurídicas previstas no Artigo 3:2 do ESC.

Uma característica promovida pelo adensamento de juridicidade ocorrido durante o período de existência do GATT e, sobretudo, após a entrada em vigor dos novos acordos da OMC, bem como do início do funcionamento de uma nova estrutura jurisdicional para a solução de controvérsias entre os Membros, foi o fortalecimento do devido processo legal. Nesse contexto, foram determinados prazos e regras para a execução das diversas etapas processuais, o que trouxe maior segurança jurídica e proteção aos Membros. A

17. Essa obscuridade proposital é denominada de "ambiguidade construtiva", ou seja, um certo grau de ambiguidade no texto é necessário para que o acordo possa ser concluído. Como comentou Julio Lacarté-Muro, ex-Membro do OA: "As you are well aware, since you all are participants in this deadly art of drafting, the negotiations will sometimes fall back on what's called 'constructive vagueness, constructive ambiguity' to pull together different positions when you have to come to a final deal at the end of the conference, and you have to do something, and you know your text is not very clear, but it's the only text that everybody would approve, so in the end you take it. But then, that is that kind of text that the Appellate Body eventually has to interpret" (Lacarté-Muro, 2005, p. 177).

esse respeito, cumpre mencionar o relatório do OA no caso *United States – Measures Affecting the Cross-Border Supply of Gambling and Betting Services (DS285)*, a seguir:

> Ao mesmo tempo, a oportunidade conferida a um Membro para contestar acusações e defesas apresentadas contra ele é também um "princípio fundamental do devido processo legal". A uma parte não deve ser somente concedida uma oportunidade para responder, mas esta oportunidade deve ser significativa em termos da capacidade de defender-se adequadamente. Uma parte que considera que a ela não foi conferida tal oportunidade frequentemente apresentará uma objeção relacionada ao devido processo legal perante o painel. O Órgão de Apelação reconheceu, em diversos casos, que o direito de um Membro de apresentar uma acusação ou objeção, bem como o exercício da discricionariedade pelo painel estão limitados pelos direitos ao devido processo legal das outras partes na disputa. Esses direitos ao devido processo legal servem, de forma semelhante, para limitar o direito do demandado a estabelecer a sua defesa *em qualquer* momento durante os procedimentos do painel[18] (tradução livre).

Esse grande valor conferido à forma e ao processo, promovido por meio da adoção de medidas que promoveram o adensamento de juridicidade, aproximou o mecanismo da OMC do modelo processual adotado no direito comum, com todas as suas garantias e complexidades[19].

---

18. "At the same time, the opportunity afforded to a Member to respond to claims and defences made against it is also a "fundamental tenet of due process". A party must not merely be given *an* opportunity to respond, but that opportunity must be meaningful in terms of that party's ability to defend itself adequately. A party that considers it was not afforded such an opportunity will often raise a due process objection before the panel. The Appellate Body has recognized in numerous cases that a Member's right to raise a claim or objection, as well as a panel's exercise of discretion, are circumscribed by the due process rights of other parties to a dispute. Those due process rights similarly serve to limit a responding party's right to set out its defence at any point during the panel proceedings" [*United States – Measures Affecting the Cross-Border Supply of Gambling and Betting Services (DS285)* (relatório do OA, par. 270)].
19. É possível dizer que esse adensamento de juridicidade tornou bastante complexa a operacionalização de processos perante o OSC, o que, em tese, prejudica a participação de países de menor desenvolvimento relativo (PMDRs), por não disporem de corpo técnico capacitado para lidar com contenciosos perante o OSC.

Todas essas características transformam o sistema jurídico da OMC em um sistema misto e *sui generis*, que absorve princípios e elementos de cada um dos dois grandes sistemas de direito examinados no item anterior[20].

Esse é também o entendimento de um membro do Secretariado do OA:

> Dessa forma, além de refletir a convergência dos sistemas jurídicos (tais como o direito romano-germânico e o direito comum), o ESC reflete em maior escala uma evolução contínua do sistema diplomático de solução de conflitos para um sistema judicial[21].

A influência desses dois grandes sistemas para o sistema multilateral e, sobretudo, para a técnica interpretativa do OA também pode ser verificada por meio do exame de alguns institutos jurídicos e da forma como eles foram interpretados na OMC, a seguir.

2.3 A interpretação de alguns institutos jurídicos pelo OA

A compreensão da técnica interpretativa adotada pelo OA parte do exame dos dois grandes sistemas jurídicos anteriormente estudados e também pela análise de como são interpretados alguns dos institutos jurídicos desses sistemas, como, por exemplo, o padrão de revisão (*standard of review*), a regra do precedente (*stare decisis*), as manifestações de terceiros interessados (*amicus curiae*), o reenvio (*remand authority*) e o ônus da prova (*burden of proof*).

Esses institutos serão objeto do presente item e representam conceitos jurídicos provenientes ou do direito comum ou do direito civil. É importante frisar, ainda, que alguns dos institutos analisados não estão previstos no ESC, tendo sido aplicados pelos órgãos decisórios da OMC justamente para preencher algumas lacunas existentes nas regras do sistema multilateral de comércio.

A importância do estudo de cada um desses institutos e, notadamente, de sua interpretação pelo OA se dá em razão do debate em torno do significado

---

20. Em entrevista realizada em 14 de setembro de 2009, em Genebra, Lauro Locks, o Conselheiro da divisão de assuntos jurídicos da OMC, confirmou o nosso entendimento sobre a neutralidade jurídica do sistema da OMC. A título de exemplo de direito civil nas decisões, mencionou as diversas citações em latim encontradas nos relatórios do OA.
21. E ainda: "Alguns ainda ressaltam que certos Membros [do OA] são advogados no sistema jurídico do *Common Law* e outros no sistema de *Civil Law*; pessoalmente, não acredito que faça tanta diferença. Os Membros que vieram de um sistema de *Common Law* são versados no de *Civil Law* e vice-versa. Na verdade, alguns inclusive já lecionaram em jurisdições que possuem um outro sistema, tendo inclusive atuado como árbitros" (Yanovich, 2007, p. 133).

de cada um deles pelos diferentes Membros da OMC. Como comenta Luiz Olavo Baptista:

> O significado das palavras é exclusivo dos relatórios do Órgão de Apelação; aparece, por exemplo, a expressão *burden of proof*, ônus da prova. Um leitor que não seja afeito ao Direito da OMC, digamos um advogado do Mississipi, processualista, habituado ao contencioso do seu Estado, tirará imediatamente uma série de ilações dessa expressão, pensará na jurisprudência dos tribunais do Mississipi a respeito do *burden of proof* a quem incumbe, em que situações é invocado, qual o seu alcance, etc. Mas, nesse mesmo momento, um advogado francês estará fazendo um outro raciocínio e tirando suas ilações. Cada um deles estará contemplando uma figura cujos contornos são diferentes para cada qual. É como se um deles visse um indivíduo gordo, loiro e alto e o outro visse um magro, moreno e baixo. Ambos vêem o indivíduo, mas ambos não vêem o mesmo. Contudo, a expressão *burden of proof* possui um significado específico dentro da OMC, que é dado pelas decisões tomadas pelo Órgão de Solução de Controvérsias com base nos relatórios do Órgão de Apelação[22].

2.3.1 Padrão de revisão (standard of review)

Figura típica do direito administrativo dos EUA, o chamado "padrão de revisão" está diretamente relacionado ao processo interpretativo. Refere-se ao limite da revisão judicial de decisões tomadas por autoridades administrativas[23]. No OSC, é frequente a afirmação crítica, especialmente nas disputas

22. Baptista (2006, p. 19).
23. Como comentam James Headen Pfitzer e Sheila Sabune: "Standards of review and the question of applying the proper such standard come into play under the WTO in two ways. Firstly, they arise at the panel level, specifically when a panel is required to review a domestic administrative determination and decide if such domestic ruling is in compliance with WTO rules and obligations. Put differently, the question addresses the degree to which the WTO dispute settlement procedures, an international body should 'second guess' a decision of a national government agency concerning a economic regulation that are allegedly inconsistent with an international rule. The second context in which standard of review arises in WTO dispute settlement is when the Appellate body reviews decisions of a panel. In this situation, the issues becomes how much deference, if any, should the Appellate Body give to panel findings and interpretations of law, as opposed to facts" (Pfitzer e Sabune, 2009, p. 6).

relativas às medidas antidumping, de que os Painéis deveriam respeitar, até certo limite, as determinações das autoridades nacionais.

Esse "limite" é o elemento essencial do padrão de revisão[24]. Recentemente, importantes documentos dos EUA, como, por exemplo, o *Bipartisan Trade Promotion Authority Act of 2002* (TPA)[25], sustentaram que os órgãos decisórios da OMC não respeitavam a prática antidumping dos EUA[26].

2.3.1.1 O padrão de revisão do sistema multilateral de comércio

O padrão de revisão sempre foi apontado pelos Membros da OMC como questão delicada relacionada ao conceito de soberania. No início das negociações da Rodada Uruguai, o assunto assumiu tal importância, que chegou a ser tratado pelos negociadores como um dos *deal breakers* da Rodada[27].

---

24. "The question of a proper standard of review comes into play in two ways under the WTO. First, it arises at the panel level, when a panel must review a domestic administrative determination (such as a Department of Commerce ruling) or court decision (such as a federal appellate ruling or a United States Court of International Trade decision) and determine if such a domestic determination or ruling is in compliance with WTO rules. Phrased differently, the question deals with 'the degree to which, in a GATT (and now WTO) dispute settlement procedure, an international body should 'second-guess' a decision of a national government agency concerning economic regulations that are allegedly inconsistent with an international rule'. The question arises when a panel must decide how much deference to give to a national agency or court's finding that a certain set of actions by a foreign firm resulted in material injury to a domestic industry in the context of an antidumping investigation" (Cai, 2007, p. 483).
25. Lei que confere poderes ao Presidente da República dos EUA, representado pelo United States Trade Representative (USTR), para negociar os acordos da OMC.
26. Para aprofundar o estudo sobre o assunto, v. Medrado (2005), Oesch (2003) e Horlick (2009).
27. "In the waning months of the Uruguay Round, the standard-of-review issue assumed such importance to some negotiators that it reached a place on the short list of problems called 'deal breakers' – problems that could have caused the entire negotiations to fail. This was particularly odd, given that the issue was one that only a few persons understood, and that was virtually unnoticed by almost all the public or private policy makers concerned with the negotiation. Clearly, certain economic interests were deeply concerned, most notably those in the United States who favored greater restraints on the capacity of the international body to overrule U.S government determinations on antidumping duties, and who were perceptive and economically endowed enough to carry their views deeply in to the negotiations process" (Jackson e Croley, 1996, p. 2).

Possivelmente, a intenção de alguns negociadores de tratar especificamente do padrão de revisão na Rodada do Uruguai ocorreu em razão do resultado de algumas disputas havidas na época do GATT, notadamente aquelas envolvendo medidas antidumping, nas quais alguns observadores entenderam que os grupos especiais (*working parties*) haviam exacerbado sua autoridade ao discordar da decisão tomada pela autoridade nacional.

Conforme escreveu o Professor John Jackson[28] na época das negociações da Rodada Uruguai, alguns representantes de governos entendiam ser relevante uma linguagem que restringisse o limite da revisão pelos Painéis e acreditavam que a jurisprudência relativa ao direito administrativo americano poderia ser um modelo para essa linguagem.

A jurisprudência americana sugere certa deferência por parte do Judiciário às medidas tomadas por autoridades administrativas domésticas, sendo o principal exemplo a denominada Doutrina Chevron[29], que ficou amplamente conhecida nos EUA no final da década de 1980, e por meio da qual se outorgava às agências reguladoras estadunidenses a prerrogativa de definir, em caso de ambiguidade da norma, a melhor interpretação para ela. Nem mesmo o Poder Judiciário poderia substituir a interpretação realizada pelas agências, nessas hipóteses, por outra própria.

Por essas razões, a Doutrina Chevron é frequentemente utilizada pelos estadunidenses como parâmetro de comparação para interpretar o Artigo 17:6 (ii) do AAD. Há, entretanto, entre os próprios estadunidenses, aqueles que consideram inapropriada a utilização da Doutrina Chevron para fins de interpretação do Artigo 17:6 do AAD, que estabelece[30]:

> Artigo 17: 6: O painel, ao examinar a matéria objeto do parágrafo 5:
> (i) ao avaliar os elementos de fato da matéria, determinará se as auto-

---

28. Jackson e Croley (1996, p. 3-4).
29. Decorrente da decisão da Suprema Corte dos EUA no caso Chevron *USA Inc. v. National Resources Defense Council Inc.*.
30. Entre os que entendem inapropriada a comparação está o renomado Professor John Jackson (Jackson e Croley, 1996, p. 11). No mesmo sentido, Phoenix X. F. Cai afirma: "it is tempting for American lawyers to compare and contrast international adjudication systems with that of the United States because U.S. law is not only familiar, but it is also well developed and mature. One can only speculate that U.S. trade negotiators must have engaged in such comparisons during the Uruguay Round. Yielding to this temptation, however, does not always lead to fruitful analogies. Transplanting a legal standard wholesale from one legal system to another is a delicate business and one that rarely leads to immediate success. Such is the case here with the importation of a U.S. Chevron standard into WTO antidumping law" (Cai, 2007, p. 483 et seq.).

ridades terão estabelecido os fatos com propriedade e se sua avaliação dos mesmos foi imparcial e objetiva. Se tal ocorreu, mesmo que o grupo especial tenha eventualmente chegado à conclusão diversa, não se considerará inválida a avaliação;
(ii) interpretará as disposições pertinentes do Acordo segundo regras consuetudinárias de interpretação do direito internacional público. Sempre que o painel conclua que uma disposição pertinente do Acordo admite mais de uma interpretação aceitável, declarará que as medidas das autoridades estão em conformidade com o Acordo se as mesmas encontram respaldo em uma das interpretações possíveis.

A interpretação do Artigo 17:6 do AAD com base na Doutrina Chevron exige a análise conjunta do padrão de revisão com a figura típica da jurisprudência estadunidense denominada *deference*[31]. A deferência seria a consubstanciação do acato à interpretação dada pela autoridade doméstica, como, segundo a Doutrina Chevron, deve fazer o Poder Judiciário com relação às decisões das agências reguladoras.

As noções de "padrão" para revisão de decisões ou "deferência" às autoridades administrativas são institutos peculiares ao direito administrativo doméstico dos EUA, em cujo âmbito *standards* são imprescindíveis à previsibilidade e à segurança jurídica, visto tratar-se de sistema baseado nos precedentes.

O Artigo 11 do ESC, por sua vez, prevê que a obrigação dos Painéis e do OA é realizar uma avaliação objetiva da aplicabilidade dos acordos invocados pelo Membro demandante e de sua compatibilidade com a medida adotada pelo Membro demandado. No caso *EC – Hormones,* o OA observou que o Artigo 11 do ESC articula com grande concisão, mas com suficiente clareza, o padrão de revisão adequado para os Painéis com relação à assertiva dos fatos e a caracterização jurídica de referidos fatos em relação aos acordos abrangidos. No tocante à análise dos fatos, o padrão apropriado não é a revisão *de novo* dos fatos nem a total deferência da análise dos fatos feita pelas autoridades nacionais[32].

Especificamente com relação ao Artigo 17:6 do AAD, o entendimento do OA é o de que essa é, de fato, a única regra presente nos acordos abrangidos que tem alguma relação com o padrão de revisão[33]. Também no caso do

---

31. V., por exemplo, a opinião de Greenwald (2003, p. 117).
32. European *Communities – Measures Concerning Meat and Meat Products (Hormones) (DS26, DS48)* (relatório do OA, par. 116-117).
33. "Nor are there provisions in the DSU or any of the covered agreements (other than the Anti-Dumping Agreement) prescribing a particular standard of review.

Artigo 17:6, os Painéis e o OA têm considerado o limite da revisão como o meio-termo entre a total deferência à interpretação dos acordos da OMC eventualmente dada pelas autoridades nacionais e a sua inobservância. O elemento central da análise deve ser a avaliação objetiva da aplicabilidade dos acordos. O entendimento que deve prevalecer é o de que a pressão dos EUA por uma maior deferência às autoridades nacionais na interpretação dos acordos da OMC, sobretudo do AAD e na imposição de direitos antidumping, não pode influenciar a função dos órgãos decisórios da OMC de realizar uma avaliação objetiva da aplicabilidade dos acordos[34].

Transportar a interpretação da jurisprudência administrativa doméstica para o OSC seria desvirtuar o seu caráter de corte internacional e sua verdadeira tarefa de interpretação e aplicação dos acordos abrangidos, tal como acordado pelos Membros da OMC[35]. Se cada Membro da OMC exigisse que os órgãos decisórios da organização interpretassem os acordos abrangidos segundo a interpretação utilizada em suas cortes domésticas, haveria uma multiplicação de interpretações a respeito das mesmas regras, o que acarretaria imprevisibilidade e insegurança, contrárias à finalidade primordial do sistema[36]. Nesse sentido, o Professor Luiz Olavo Baptista destaca que:

Only Article 17.6(i) of the Anti-Dumping Agreement has language on the standard of review to be employed by panels engaged in the 'assessment of the facts of the matter'" [*European Communities - Measures Concerning Meat and Meat Products (Hormones) (DS26, DS48)* (relatório do OA, par. 114)].

34. *United States - Measures Affecting Imports of Wooven Wool Shirts and Blouses from India (DS33)* (relatório do Painel, par. 7.17).
35. Assim afirmou James Bacchus: "Some may say also that we may not have been true in some of our rulings to the 'standard of review' that is established in the WTO treaty for the review of national decision-making in WTO dispute settlement. Here, again, I would disagree. And I would invite them to read carefully both the WTO treaty and our interpretations of the WTO treaty relating to the issue of the appropriate 'standard of review'. They will find that we have been true, consistently, to all that the WTO treaty says about the 'standard of review'. What they seem to be seeking is a 'standard of review' different from the one on which all WTO Members have agreed and which all WTO Members have included in the WTO treaty. For, again, as the treaty says, it is not our place, in dispute settlement, either to 'add to or diminish the rights and obligations provided in the covered agreements'" (Bacchus, 2002, p. 1034).
36. V., por exemplo, o que afirmam Pfitzer e Sabune sobre ônus da prova (*burden of proof*): "It is possible to trade some of the confusion related to the application of the *prima facie* standard to differences between the *common law* and civil law systems. This is because each system has an innately different approach to the application of burden of proof. *Moreover, when taking part in WTO Dispute*

Em nenhum lugar – nem nas regras da Organização nem nas expectativas dos Estados Membros –, há a exigência de que as pessoas selecionadas sejam infalíveis. Podemos, também, não só supor, como ter a certeza de que os membros do Órgão de Apelação nem sempre raciocinarão exatamente de acordo com as expectativas de uma parte, nem chegarão, sempre e precisamente, àquele resultado desejado ou imaginado por um dos demandantes. Isso porque seu raciocínio poderá não corresponder ao do autor das expectativas[37].

É evidente que os tribunais internacionais, na maioria das vezes compostos por juristas formados em seus respectivos sistemas de direito interno, incorporam e aplicam normas e princípios que vigoram tradicionalmente nos ordenamentos jurídicos nacionais. Esses princípios e normas podem passar, então, a integrar o direito internacional geral, servindo como instrumento importante a conferir maior completude ao ordenamento jurídico internacional.

É nesse contexto que os juristas dos países de direito comum, consultores, litigantes, árbitros e juízes invocam e aplicam institutos internos, que lhes são familiares, nos litígios internacionais. Essa tendência, contudo, se relaciona com a aplicação de institutos e regras que passaram a incorporar o direito internacional e não pode se confundir com a transposição de uma técnica interpretativa utilizada em uma corte doméstica para uma corte internacional. A influência da cultura jurídica no método interpretativo do OA será detalhadamente examinada na segunda parte do presente trabalho.

2.3.1.2 O limite da revisão em uma corte doméstica: o exemplo brasileiro

Não existe, na legislação brasileira, um limite para a análise judicial. As regras que poderiam tangenciar essa questão seriam as normas constitucionais da tripartição dos poderes (Artigo 2.º da Constituição Federal de 1988 – CF/88) e da garantia de inafastabilidade do Poder Judiciário em caso de lesão ou ameaça a direito individual (Artigo 5.º, inciso XXXV, da CF/88).

Com base nesses dispositivos, a jurisprudência brasileira tem interpretado os limites da revisão judicial, em especial no caso da revisão judicial de

---

Settlement, participants bring with them preconceived ideas from their own domestic system relating to the application of burden of proof. This further contributes to the confusion of burden of proof generally and its application within the WTO Dispute Settlement System specifically" (Pfitzer e Sabune, 2009, p. 8, grifos nossos).

37. Baptista (2004, p. 265).

decisões tomadas por autoridades administrativas ou de violações a direitos individuais, como se verifica a seguir:

"ADMINISTRATIVO. PROCESSO CIVIL. AÇÃO CIVIL PÚBLICA
1. O Poder Judiciário, no exercício da função jurisdicional, deve observância aos princípios constitucionais, inclusive ao da independência e harmonia entre poderes (Artigo 2.º, CF).
2. A observância das normas constitucionais delimita a interpretação e o âmbito de aplicação da legislação infraconstitucional.
3. Não compete ao Judiciário, no seu mister, editar normas genéricas e abstratas de conduta, nem fixar prioridades no desenvolvimento de atividades de administração.
4. Ao Poder Executivo compete analisar a conveniência e oportunidade da adoção de medidas administrativas.
5.Agravo desprovido"[38] (grifos nossos).

"TRANSPORTE INTERESTADUAL DE PASSAGEIROS. PROLONGAMENTO OU CONEXÃO DE LINHA RODOVIÁRIA. IMPOSSIBILIDADE. SÚMULA 39 DESTA CORTE.
1. [...]
2. Firmou-se a jurisprudência desta Corte, cristalizada na Súmula 39 no sentido de que: 'É defeso ao Poder Judiciário substituir-se à Administração para autorizar, conceder ou permitir a exploração de serviço de transporte rodoviário interestadual (Constituição Federal, art. 21, XII, 'e').'
3. Essa orientação aplica-se ao presente caso, pois não cabe ao Poder Judiciário, substituindo-se à Administração Pública, autorizar terceiro a efetuar prolongamento ou conexão de linha rodoviária, uma vez que tal questão está intimamente ligada ao mérito do ato administrativo.
4. [...]
5. A omissão administrativa em causa não pode ser suprida pela atuação do Poder Judiciário, pois o fato de o Poder Público se negar a proceder ao prolongamento ou à conexão de linha de transporte interestadual de passageiros não autoriza o Poder Judiciário substituir-se a ele, sob pena de grave ofensa ao princípio da separação dos Poderes (Carta Magna, Artigo 2.º), bem como porque implicaria em indevida invasão do mérito administrativo.

38. AGREsp 261144/SP. Outras decisões do mesmo tribunal, o Superior Tribunal de Justiça (STJ), nesse sentido: AGREsp 263173/GO; AGREsp 252083/RJ; e REsp 169876/SP.

6. O disposto no artigo 5.º da Lei de Introdução ao Código Civil (Decreto-Lei 4.657/42) não confere ao juiz poder para desconsiderar normas constitucionais (Carta Magna, arts. 21, XII, "e", e 175), sob pena de a aplicação da lei ficar na dependência da subjetividade de cada juiz, o que seria intolerável para a segurança jurídica.
7. Omissão administrativa que não caracteriza abuso ou desvio de poder.
8. Apelação provida"[39] (grifos nossos).

O acórdão recorrido, em última análise, decidiu que a avaliação do candidato, em exame psicotécnico, com base em critérios subjetivos, sem um grau mínimo de objetividade, ou em critérios não revelados, é ilegítimo por não permitir o acesso ao Poder Judiciário para a verificação de eventual lesão de direito individual pelo uso desses critérios. Ora, esta Corte, em casos análogos, tem entendido que o exame psicotécnico ofende o disposto nos artigos 5.º, XXXV, e 37, *caput* e incisos I e II, da Constituição Federal. Dessa orientação não divergiu o acórdão recorrido"[40].

Como se depreende das decisões acima, há também, no sistema brasileiro, decisões relativas à revisão pelo Poder Judiciário de avaliações de conveniência e oportunidade efetuadas por autoridades administrativas no âmbito de sua competência especializada. O princípio norteador dessas decisões é a tripartição de poderes, consagrado constitucionalmente.

2.3.2 A regra do precedente (stare decisis)

A expressão *stare decisis* provém do latim e significa "aderir a casos decididos"[41]. A regra do *stare decisis*, consagrada como doutrina, estabelece que a criação de um precedente limita, atendidos certos requisitos, a interpretação de futuros casos envolvendo a mesma matéria.

Na tradição anglo-saxônica, a jurisprudência é a fonte primeira do direito[42]. Por isso, a regra do precedente vinculante no sistema jurídico de direito comum goza de muito prestígio.

O direito internacional não conhece a aplicação do *stare decisis*. O Artigo 59 do Estatuto da CIJ rejeitou a doutrina do *stare decisis*, desfazendo quais-

39. AC 199101025716/DF. Outras decisões do mesmo tribunal, o Tribunal Regional Federal da 1.ª Região (TRF-1.ªRegião), nesse sentido: AC 199401148490/DF; e AC 199501260810/DF.
40. RE 243.926. Outra decisão do Supremo Tribunal Federal (STF) nesse sentido: AI 711.570-AgR.
41. "*Stare Decisis* (Lat): To abide by, or to adhere to, decided cases. Policy of courts to stand by precedent and not to disturb settled point" (Black, 1976).
42. Cf. item 2.1.2.

quer dúvidas que viessem a pairar sobre o assunto[43]. Tal fato não impediu, entretanto, a formação de uma jurisprudência robusta para o desenvolvimento do direito internacional. A referida corte invocou, reiteradamente, os seus julgados anteriores no intuito de colher subsídios para interpretar os casos a ela apresentados[44].

Na sistemática adotada pelo ESC, da mesma forma, os relatórios dos Painéis e do OA não têm caráter vinculante para decisões futuras, ou seja, assim como a CIJ, não se adotou a doutrina do *stare decisis*. Na prática, também como ocorre na CIJ, os Painéis e o OA fazem constantes remissões a relatórios passados, não apenas para a interpretação de regras da OMC, mas até mesmo para os Painéis criados no âmbito do GATT 1947.

Essas remissões são invocadas não como precedentes vinculantes, mas como guias de referência para a interpretação jurisprudencial. A intenção dos órgãos decisórios do OSC é proferir decisões coerentes, de modo a manter a previsibilidade e segurança jurídicas no sistema, além de buscar evitar que suas decisões sejam reformadas em caso de recurso de apelação.

Para alcançar esse objetivo, isto é, para que não haja jurisprudência divergente no sistema, os membros do OA realizam o que chamam de *changes of view*. A troca de opiniões entre os membros do OA ocorre em todos os casos, na medida em que, embora apenas três juízes sejam designados para cada apelação (grupo conhecido como "seção"), os sete discutem as decisões que serão tomadas. Os Membros da seção trocam ideias sobre todas as questões levantadas na apelação com seus colegas que não compõem aquela seção. Esse intercâmbio de opiniões põe em prática o princípio da colegialidade disposto no Artigo 4 dos Procedimentos de Trabalho do OA, que estabelece[45]:

> De acordo com os objetivos estabelecidos no parágrafo 1, a seção encarregada de julgar cada apelação deverá intercambiar opiniões com os outros Membros antes que a seção conclua o relatório de apelação para distribuição aos Membros da OMC (tradução livre).

Meredith Kolsky Lewis analisou estatisticamente os relatórios do OA e concluiu que menos do que 2% dos mesmos contêm opiniões divergentes[46].

Recentemente, em uma disputa envolvendo o México e os EUA, o OA fez dura crítica ao Painel, por entender que este havia se distanciado de decisões

43. Artigo 59 do Estatuto da CIJ: "A decisão da Corte só será obrigatória para as partes litigantes e a respeito do caso em questão" (tradução livre).
44. Amaral Júnior (2008, p. 150).
45. Cf. item 1.2.3.
46. Lewis (2006, p. 2).

anteriores[47]. Afirmou, no relatório, que a fim de garantir a previsibilidade e a segurança do sistema, previstas no Artigo 3:2 do ESC, era necessário que, exceção feita a "razões cogentes", os Painéis e o OA resolvessem as questões legais da mesma forma em casos subsequentes. Essa afirmação causou celeuma no OSC, e o representante dos EUA chegou a afirmar que o OA havia estabelecido definitivamente um sistema de direito comum na OMC, ao definir o *standard* a partir do qual a regra do precedente passaria a ser obrigatória: *absent cogent reason*[48].

Em nossa opinião, no entanto, o princípio do *stare decisis* vai muito além da preocupação com coerência, segurança e previsibilidade. A regra do precedente do direito comum tem alcance geral e definitivo sobre o significado de uma regra. Não foi esse, a nosso ver, o sentido e a posição do OA nesse caso. A consideração do precedente não necessariamente implica o princípio do *stare decisis*. Como ensina John Jackson, a regra do precedente tem diversos níveis, e o seu grau mais alto e restrito é o princípio do *stare decisis*[49].

---

47. O OA afirmou estar "deeply concerned about the Panel's decision to depart from well-established Appellate Body jurisprudence clarifying the interpretation of the same legal issues, as its approach has serious implications for the proper functioning of the WTO dispute settlement system" [*United States – Final Anti--Dumping Measures on Stainless Steel from Mexico (DS344)* (relatório do OA, par. 162)].
48. Cf. manifestação dos EUA na reunião do OSC: "[...] Report would appear to mean that Appellate Body reports should be treated as authoritative interpretations of the covered agreements – they were to be followed by panels regardless of whether a panel in a particular dispute agreed with those prior reports. In other words, panels were simply to abdicate their responsibility to conduct an objective assessment of the matters before them and should simply follow prior Appellate Body reports. This did a disservice to panels and the serious responsibility that the DSB assigned to them. What was more, WTO Members had made it clear – in fact, the DSU said it twice – that the findings of panels and the Appellate Body could not add to, or diminish the rights and obligations in the covered agreements. Perhaps unlike some other institutions, the WTO did not rely on adjudication to advance its objectives. However, this Appellate Body Report's approach, including its references to a 'coherent and predictable body of jurisprudence', *would appear to transform the WTO dispute settlement system into a common law system*" (WT/DSB/M/250, grifos nossos).
49. "Too often some observers and commentators ("publicists") have tended to discuss the use of precedent in judicial-making as involving a dichotomous choice. They talk about it in terms of whether there is the principle of *stare decisis*, or not. Like many dichotomous analyses, this is deeply flawed. Actually when one begins to examine the real world, and looks at comparisons between various

É o que ensina o Professor Alberto do Amaral Júnior:

> Transposto o princípio do uso do precedente para a OMC, o observador percebe sem dificuldade que os painéis e o Órgão de Apelação não se vinculam às decisões passadas, ainda que os fatos guardem entre si profunda similitude. *As manifestações dos painéis e do Órgão de Apelação, nos limites de uma controvérsia, não equivalem a decisões de alcance geral sobre o significado de uma regra, com poderes para irradiar efeitos que atinjam a interpretação de outras controvérsias. Os relatórios adotados não configuram práticas subseqüentes indicativas do sentido atribuído a um dispositivo particular.* Ainda que não vinculem diretamente os painéis, os relatórios do Órgão de Apelação têm peso incontestável nas decisões por ele proferidas. *Em geral, os painelistas resistem em se distanciar dos argumentos que prevaleceram em julgamentos passados, pois sabem que, a menos que haja fortes razões em sentido contrário, o relatório será revisto pelo Órgão de Apelação*[50] (grifos nossos).

Essa prática, entretanto, muitas vezes comentada por grandes nomes na matéria, dá margem ao entendimento sobre uma aparente influência do direito comum sobre o sistema. Vejamos o que diz o Professor Raj Bhala:

> A ideia apresentada na parte um é que a noção de que não existe *stare decisis* no sistema legal da OMC é um mito construído a partir de origens impuras relacionadas à duvidosa distinção entre precedentes vinculantes e não vinculantes. A ideia apresentada na parte dois é que, na prática, a doutrina *stare decisis* figura fortemente nas decisões do OA[51]. (tradução livre).

---

legal systems, it is quickly apparent that there are a number of different approaches to the underlying problem. That underlying problem is the question of how much influence a prior decision of a judicial body should have when considering new cases. Thus is seems clear that the word "precedent" has a broader application which, in some contexts, could include the phrase *stare decisis*, but in many other contexts, such as in international tribunals, or in continental European Law, does not mean *stare decisis*, but instead refers to a different form of utilization of prior cases in current cases considerations [...] a better approach to the word 'precedent' is to view it as a multi-layered concept, or at least as having a number of different approaches of different flavours. Perhaps the most strigent 'precedent' effect is *stare decisis*" (Jackson, 2006, p. 174).

50. Amaral Júnior (2008, p. 151).
51. De acordo com Raj Bhala, "the point made in Part One is that the idea that *stare decisis* does not operate in international trade law is a myth borne of impure origins and relying on a dubious distinction between 'binding' and 'non-binding' precedent. The point made in Part Two is that in a de facto sense, the doctrine of

E ainda[52]:

> A noção de que o Painel deve obrigatoriamente observar um precedente do Órgão de Apelação, em detrimento de sua própria avaliação objetiva dos acordos relevantes da OMC é inconsistente com o texto desses acordos, além de trazer um efeito negativo para as futuras negociações[53] (tradução livre).

A obrigação de recorrer às regras que foram estabelecidas pelos juízes, de respeitar os precedentes judiciários, é o correlato lógico de um sistema jurisprudencial, o que não é o caso do sistema de solução de controvérsias da OMC, no qual não existe essa obrigação, mas tão somente uma preocupação com a coerência decisória necessária para a credibilidade de seus órgãos decisórios.

Assim entendeu o Painel no caso *India - Patent Protection for Pharmaceutical and Agricultural Chemical Products (DS79)*[54] e também o OA que concluiu, no caso *Japan - Alcoholic Beverages II (DS8, DS10, DS11)*[55], que as decisões dos Painéis não constituem precedentes obrigatórios e devem ser

---

stare decisis resonates strongly throughout WTO Appellate Body reports" (Bhala, 2001, p. 849).

52. "In everyday practice, when dispensing advice to clients, drafting memos, and writing briefs and other litigation submissions, international trade lawyers treat Appellate Body decisions with great care. But, if in a de facto sense, *stare decisis* operates in Appellate Body jurisprudence, then how does that jurisprudence relate to the emerging body of opinions form dispute settlement tribunals under free trade agreements?" (Bhala, 2007, p. 192-196).
53. "The notion that a dispute settlement panel is obligated to follow Appellate Body precedent, rather than its own objective assessment of the relevant WTO agreements, is inconsistent with the text of those agreements and ultimately may have a chilling effect on future negotiations to further open markets and strengthen the global trading system. [...] a dispute settlement panel is obligated to follow the text of an agreement negotiated by the WTO members themselves, and not the 'jurisprudence' of the WTO Appellate Body" (Lester, 2008).
54. O painel, estabelecido para o caso *India - Patent Protection for Pharmaceutical and Agricultural Chemical Products (DS79)*, chegou à seguinte conclusão: "It can thus be concluded that panels are not bound by previous decisions of panels or the Appellate Body even if the subject-matter is the same" (relatório do Painel, par. 7.30).
55. No caso *Japan - Alcoholic Beverages II (DS8, DS10, DS11)*, o OA estabeleceu que: "We do not believe that the contracting parties, in deciding to adopt a panel report, intended that their decision would constitute a definitive interpretation of the relevant provisions of GATT 1947" (relatório do OA, p. 14).

consideradas isoladamente. O mesmo entendimento foi manifestado pelo OA no caso *United States - Subsidies on Upland Cotton (DS267)*:

> As conclusões de um Painel ou do Órgão de Apelação em uma disputa não vinculam outro Painel ou o Órgão de Apelação em outro caso[56] (tradução livre).

Ou seja, a ausência da regra do precedente no SSC é outro exemplo do reflexo da tradição do direito civil no sistema, como apontaram David Palmeter e Petros Mavroidis:

> Os relatórios adotados têm grande poder de persuasão e podem ser vistos como uma forma de precedentes não vinculantes, comparados ao papel assumido pela jurisprudência do direito civil contemporâneo em muitos países, dentre eles a França[57] (tradução livre).

Além desse exemplo, a análise de outras figuras jurídicas presentes no mecanismo ajudará no esclarecimento sobre o nível de influência do direito comum no sistema.

2.3.3 Manifestações de terceiros interessados (amicus curiae)

O termo *amicus curiae* remete ao latim e significa "amigo da corte"[58]. O *amicus curiae*, tal qual aplicado nos procedimentos de direito comum[59], consiste no posicionamento de qualquer indivíduo ou entidade que não é parte na controvérsia, mas tem interesse relevante sobre o tema em discussão[60]. No contexto do OSC, esse termo pode ser entendido como uma manifestação específica sobre o tema em análise na controvérsia, apresentada ao Painel ou ao OA por partes externas ao processo[61].

---

56. "The reasoning of a panel or the Appellate Body in one dispute is not binding on another panel or the Appellate Body in a separate dispute" [*United States - Subsidies on Upland Cotton (DS267)* (relatório do OA, par. 192)].
57. Palmeter e Mavroidis (2004, p. 56).
58. Black (1976).
59. Ainda que a noção de *amicus curiae* esteja associada atualmente à prática de sistemas de direito comum, diz-se que a sua origem está no Direito Romano, como esclareceu Alice Palmer (2007, p. 224-257).
60. Para aprofundar o estudo sobre *amicus curiae*, v. Sanchez (2004).
61. De acordo com Walter Goode, a expressão *amicus brief* significa "an opinion offered to the court by a disinterested party (called amicus curiae or friend of the court) in the hope that this would assist the judges in arriving at the best possible outcomes" (Goode, 2003, p 18).

Não há previsão expressa no ESC, mas a aceitação de relatório *amicus curiae* no OSC tem-se baseado no direito de busca à informação pelo Painel, conforme previsto no Artigo 13[62]. No caso *United States – Import Prohibition of Certain Shrimp and Shrimp Products (DS58)*, o OA apreciou essa questão. Durante os trabalhos nesse contencioso, o Painel recebera, sem haver solicitado, textos de posição de três diferentes organizações não governamentais (ONGs) e, na ocasião, recusou-se a levá-los em consideração, afirmando que nos termos do Artigo 13 do ESC, a iniciativa de buscar informações e selecionar as suas fontes deveria caber ao próprio Painel, que não poderia, portanto, considerar informações não solicitadas.

Na fase de apelação, o OA reverteu esse posicionamento, ao afirmar que o Artigo 13 não proíbe a recepção de relatório *amicus curiae* quando não solicitado, sendo a aceitação uma prerrogativa do Painel, que deve ser analisada caso a caso[63]. Essa decisão foi bastante criticada pelos países em desenvolvimento (PEDs), no sentido de que o OA, ao ter interpretado o Artigo 13 extensivamente, teria concedido às ONGs mais direitos à participação nas disputas do que as próprias terceiras partes teriam[64].

Atualmente, nos trabalhos de revisão do SSC, há demandas para reforma do Artigo 13, com o objetivo de permitir expressamente a apresentação de relatório *amicus curiae* e prever os procedimentos específicos para tanto[65].

---

62. Artigo 13 do ESC: "1. Todo grupo especial terá direito de recorrer à informação e ao assessoramento técnico de qualquer pessoa ou entidade que considere conveniente. Contudo, antes de procurar informação ou assessoramento técnico de pessoa ou entidade submetida à jurisdição de um Membro, o grupo especial deverá informar as autoridades de tal Membro. O Membro deverá dar resposta rápida e completa a toda solicitação de informação que um grupo especial considere necessária e pertinente. A informação confidencial fornecida não será divulgada sem autorização formal da pessoa, entidade ou autoridade que a proporcionou. 2. Os grupos especiais poderão buscar informação em qualquer fonte relevante e poderão consultar peritos para obter sua opinião sobre determinados aspectos de uma questão. Com relação a um aspecto concreto de uma questão de caráter científico ou técnico trazido à controvérsia por uma parte, o grupo especial poderá requerer um relatório escrito a um grupo consultivo de peritos. As normas para estabelecimento de tal grupo e seus procedimentos constam do Apêndice 4".
63. *United States – Import Prohibition of Certain Shrimp and Shrimp Products (DS58)* (relatório do OA, p. 30).
64. Para conferir a posição dos PEDs, recomenda-se a comparação das manifestações da Índia e da Tailândia com a do Japão na reunião do OSC de 6 de novembro de 1998 (WT/DSB/M/50).
65. Cf. a proposta dos EUA (TN/DS/W/13).

A demanda por uma regulamentação que consagre os mecanismos de participação de relatório *amicus curiae* no OSC tem-se originado, principalmente, dos EUA, onde o instituto é aplicado com grande ênfase.

Por outro lado, o Artigo 13 do ESC é citado algumas vezes como um exemplo de dispositivo que reflete maior aproximação ao sistema do direito civil, por estabelecer o direito de o Painel recorrer à informação e ao assessoramento técnico de qualquer pessoa ou entidade que considere conveniente e permitir que o Painel busque informações em qualquer fonte relevante. De acordo com alguns autores, a concessão de amplos poderes investigatórios a um juiz condiz com a tradição do direito civil.

De fato, uma das diferenças fundamentais entre o direito comum e o direito civil, relativamente à análise dos fatos feita por seus órgãos decisórios, reside no poder inquisitório dos juízes do direito civil. Nos países de direito comum, em função da impossibilidade de os juízes "buscarem a informação" sobre os fatos, é comum que os litigantes e até terceiros interessados apresentem informações relevantes. Aparentemente, a possibilidade de o Painel "buscar informações" está mais próxima do modelo inquisitorial do direito civil do que do modelo adversarial do direito comum[66].

Nos sistemas do direito civil existem procedimentos probatórios que permitem que uma parte obtenha informações de outra. Isso talvez explique por que se espera que as partes voluntariamente apresentem informações ao juiz, que, por sua vez, não buscará informações.

---

66. Assim preceitua Robert Howse: "one of the fundamental differences between the two main kinds of domestic legal system (civil and common law) concerning the powers inherent in an adjudicator's fact-finding role is whether these extend to the 'inquisitorial' function of seeking information nor brought to the attention of the adjudicator by the litigants, or through briefs of intervenors. In civil law systems, crudely speaking, such an inquisitorial role is generally assumed as a normal judicial power, whereas in most kinds of litigation it would not be seen as appropriate in the *common law* world. In the presence of such divergent understandings of the appropriateness of an adjudicator 'seeking' information, an explicit authorization was clearly appropriate given the choice of Member of the WTO to opt for the inquisitorial model" (Howse, 2001, p. 269). E ainda: "The central feature of the adversarial system is the almost total responsibility placed on the parties to the controversy for beginning suit, for shaping issues, and for producing evidence; the court almost takes no active part in these facets of the process [...]. By contrast, the judicial system in civil law countries employs the inquisitorial system. Under the inquisitorial model, the court conducts an active and independent inquiry into the merits of each case" (Frischtak, 2005, p. 958).

No entanto, a despeito das preocupações sobre o assunto[67], é importante observar que, conforme se verifica do exame das decisões[68], a aplicação do instituto *amicus curiae* no OSC difere daquela feita nos procedimentos do direito comum, nos quais a aceitação de relatórios *amicus curiae* é quase obrigatória. No OSC, não existe a obrigação de aceitar os textos de posições, mas sim uma discricionariedade de seus órgãos decisórios de levá-los ou não em consideração quando apresentados.

Assim se manifestou o OA no caso *United States – Imposition of Countervailing Duties on Certain Hot-Rolled Lead and Bismuth Carbon Steel Products Originating in the United Kingdom (DS138)*:

> O Órgão de Apelação não tem o dever legal de aceitar ou de considerar relatórios *amicus curiae* não solicitados e submetidos por indivíduos ou organizações que não são membros da OMC. O Órgão de Apelação tem somente o dever legal de considerar as manifestações dos Membros da OMC que são partes ou terceiras partes no caso[69] (tradução livre).

---

67. Cf., por exemplo, Mavroidis: "The *amici* saga provides a specific illustration: first came the truly innovative manner in which the AB interpreted the term *seek* appearing in Article 13 of the DSU in US-Shrimp; even assuming that the AB was right, one can legitimately wonder, how has the interpretation affected the course of events? Panels remained free to disregard unsolicited information: the AB provided an unwarranted interpretation of the term *seek* and, at the same time, it did not contribute to the solution of the issue either. Then came the AB initiative to allow for submission of amicus curiae brief in EC-Asbestos. The WTO Membership convened in a special session of the Council and, very few notable exceptions, by and large condemned the AB initiative. [...] This remains a specific case in which the overwhelming majority of the WTO Membership felt that the AB was overstepping its mandate" (Mavroidis, 2009).
68. Cf. o posicionamento do OA sobre o assunto nos seguintes casos: *Brazil – Measures Affecting Imports of Retreaded Tyres (DS332)*, "[t]he Appellate Body did not find it necessary to take the *amicus curiae* briefs into account" (relatório do OA, par. 7); e *European Communities – Export Subsidies on Sugar (DS265)* (relatório do OA, par. 9).
69. "The Appellate Body has no legal duty to accept or consider unsolicited amicus curiae briefs submitted by individuals or organizations, not Members of the WTO. The Appellate Body has a legal duty to accept and consider only submissions from WTO Members which are parties or third parties in a particular dispute" [*United States – Imposition of Countervailing Duties on Certain Hot-Rolled Lead and Bismuth Carbon Steel Products Originating in the United Kingdom (DS138)* (relatório do OA, par. 41)].

Neste caso, o OA entendeu que os documentos que lhe foram apresentados não eram pertinentes e úteis para a solução da disputa e, por tal razão, não os levou em consideração.

2.3.4 Reenvio (remand authority)

O reenvio é um procedimento comum no sistema de direito comum[70]. Trata-se da possibilidade de reenvio do processo à instância inferior para novo exame, quando necessário, observadas algumas condições. Na maioria dos sistemas derivados do direito civil, essa figura é desconhecida.

O ESC, justamente por reunir elementos tanto do direito comum quanto do direito civil, inclui nos procedimentos de apelação componentes dos dois sistemas, quais sejam: (a) o fato de a segunda instância rever estritamente questões de direito (direito comum); e (b) a impossibilidade de reenvio do processo para instância inferior (direito civil)[71].

O procedimento de apelação do OSC é disciplinado pelo Artigo 17 do ESC e pelos Procedimentos de Trabalho do OA. Nos termos dos parágrafos 6 e 12 do Artigo 17, apenas as questões de direito e interpretações legais feitas pelo Painel podem ser objeto de apelação. O OA, segundo o Artigo 17:13 pode reverter, modificar[72] ou manter as decisões e conclusões legais alcançadas pelo Painel.

O OA não tem, portanto, o poder de analisar e decidir sobre questões de fato. Assim, para que o OA possa exercer a sua função, o relatório do Painel

---

70. Como explica Joost Pauwelyn: "Crucially, given the original restriction of *common law* writs of errors to legal questions only, and the continuing focus of appeals on the law (rather than the facts), in most *common law* system appeals, the procedure of remand was maintained. In the United States, for example, 'any [...] court of appellate jurisdiction may affirm, modify, vacate, set aside or reverse any judgment, decree, or order of a court lawfully brought before it for review, and may remand the cause and direct entry of such appropriate judgment, decree, or order, or require such further proceeding to be had as may be just under the circumstances'. In other words, as much as remand in appeals in most civil law systems is of no use and unnecessary (the appellate court re-hears the full case anyhow), remand in appeals in most *common law* systems is crucial as without it the dispute could, in certain cases, not be resolved (the appellate court focuses on issues of law, not fact)" (Pauwelyn, 2007, p. 3).

71. "Put differently, the DSU is, from this perspective, a mixture of appellate procedures known in civil law (no remand for first time appeals) and appellate procedures prevalent in *common law* systems (review of the law, not the facts)" (Pauwelyn, 2007, p. 3).

72. Ocorre quando o OA mantém a conclusão final do Painel baseado em um diferente *reasoning*.

deve conter fatos não controversos suficientes para formar a base de análise da questão de direito que envolve os fatos.

Quando o relatório do Painel não contém fatos incontroversos suficientes para permitir o perfeito julgamento do caso, o OA não tem o poder de reenviar o processo ao Painel. Na ausência de tal poder, restam duas alternativas: eximir-se de solucionar a controvérsia; ou prosseguir e complementar a análise jurídica feita pelo Painel. A técnica de "complementação da análise jurídica" foi a resposta dada pelo OA para enfrentar o problema e não deixar a controvérsia sem solução. No caso *Australia - Measures Affecting Importation of Salmon (DS18)*, o OA observou:

> Em certas apelações, quando nós revertemos uma conclusão de um Painel sobre uma questão jurídica, nós podemos examinar e decidir uma questão que não foi objeto de exame específico por parte do Painel, a fim de complementar a análise jurídica e solucionar a controvérsia entre as partes[73] (tradução livre).

Na prática, o OA tem interpretado o Artigo 17:13 do ESC para "complementar a análise feita pelo Painel" e resolver a disputa[74]. A justificativa para o uso dessa solução criativa tem sido o dever de garantir uma solução positiva para a controvérsia[75].

A dificuldade apontada quanto à técnica da complementação da análise de fatos diz respeito à não possibilidade de revisão dessa decisão. Isso porque o julgamento dos fatos feito pelo Painel é baseado em uma ampla discussão de argumentos apresentados pelas partes, que, ainda assim, é passível de revisão. Já na instância superior, além de não haver um desenvolvimento exaustivo das questões relativas aos fatos, a decisão não poderá ser mais revista. Conforme

---

73. *Australia - Measures Affecting Importation of Salmon (DS18)* (relatório do OA, par. 117).
74. Casos em que o OA completou a análise: *United States - Standards for Reformulated and Conventional Gasoline (DS2), Australia - Measures Affecting Importation of Salmon (DS18), Canada - Certain Measures Concerning Periodicals (DS31), Brazil - Export Financing Programme for Aircraft (DS46), United States - Import Prohibition of Certain Shrimp and Shrimp Products (DS58), European Communities - Measures Affecting the Importation of Certain Poultry Products (DS69), Japan - Measures Affecting Agricultural Products (DS76), United States - Tax Treatment for "Foreign Sales Corporation" (DS108) e United States - Definitive Safeguard Measures on Imports of Wheat Gluten from the European Communities (DS166).*
75. Artigos 3:3 e 3:7 do ESC.

argumenta Mavroidis, nos casos em que o OA complementou a análise jurídica, as partes foram privadas do sistema judicial de duas instâncias[76].

Assim, há quem sustente que se houvesse um "Painel de Reenvio", nos moldes dos procedimentos do direito comum, as questões factuais seriam debatidas em um processo de duas etapas e não apenas em uma só fase. Essa proposta está na pauta do Comitê de Revisão[77] do ESC[78].

2.3.5 Ônus da prova (burden of proof)

O princípio do ônus da prova é tratado pelos diversos sistemas de direito. A maior diferença de aplicação reside na distinção entre os modelos decisórios conhecidos como inquisitorial e adversarial[79]. Nos sistemas derivados do direito comum, que adotam o modelo denominado adversarial, as partes têm função primordial na produção de provas[80]. Já nos sistemas de direito civil, inquisitorial, é o juiz que tem ação mais direta no que respeita ao controle e à produção de provas do processo[81].

No âmbito do OSC, o Artigo 13 do ESC confere ao Painel a possibilidade de "buscar informações", uma prática aparentemente mais próxima do

---

76. "In all cases in which the AB has completed the analysis, it has *ipso facto* deprived parties of their right to a two-stage adjudication, albeit it has thus facilitated the speedy resolution of the dispute" (Mavroidis, 2009, p. 178).
77. Em novembro de 2001, na Conferencia Ministerial de Doha, os Membros decidiram iniciar negociações para melhorar e esclarecer o ESC. Essas negociações ocorrem em reuniões extraordinárias do OSC, e são chamadas de Comitê de Revisão.
78. Para maiores detalhes sobre a matéria, cf. Bourgeois (2001) e Vermulst e Mavroidis (1999).
79. Cf. também item 2.3.3.
80. "It is possible to trade some of the confusion related to the application of the *prima facie* standard to differences between the *common law* and civil law systems. This is because each system has an innately different approach to the application of burden of proof. Moreover, when taking part in WTO Dispute Settlement, participants bring with them preconceived ideas from their own domestic system relating to the application of burden of proof. This further contributes to the confusion of burden of proof generally and its application within the WTO Dispute Settlement System specifically" (Pfitzer e Sabune, 2009, p. 8).
81. Nas palavras de Pfitzer e Sabune: "Differences in the way the burden of proof and the *prima facie* standard are defined in both *common law* and civil law jurisdiction can further contribute to this confusion [distinction between burden of proof and the presentation and evaluation of evidence" (Pfitzer e Sabune, 2009, p. 6).

modelo inquisitorial do direito civil do que do modelo adversarial do direito comum.

No entanto, embora tangencie a questão, o Artigo 13 não estabelece princípios específicos quanto à apresentação de provas pelas partes[82]. A metodologia para aplicação do princípio do ônus da prova nas disputas da OMC foi, portanto, desenvolvida pela jurisprudência. Assim explicou Jeff Waincymer:

> A OMC, assim como outras organizações internacionais, não desenvolveu substancialmente normas relativas à metodologia de provas, julgamento dos fatos e admissibilidade e valor das evidências. Tampouco esperaríamos que os negociadores dedicassem tempo significativo para debater essas noções de ônus, padrão e prova[83] (tradução livre).

O OA, no desenvolvimento da metodologia para aplicação do conceito, indicou que o princípio geral do ônus da prova deveria ser utilizado na OMC da forma como é normalmente aplicado na maioria dos sistemas de direito[84]:

> Vários tribunais internacionais, dentre os quais se a Corte Internacional de Justiça, têm, de forma geral e consistente, aceitado e aplicado a regra de que a parte que alega o fato, seja como demandante ou demandado, deve prová-lo. Do mesmo modo, o princípio geralmente aceito no direito civil, no direito comum e na maioria das jurisdições é que o ônus da prova recai sobre a parte, demandante ou demandada, que alega a violação ou a sua defesa (tradução livre).

Em síntese, a distribuição do ônus da prova consolidada na prática do OSC obedece às seguintes regras gerais: (a) o Membro que alega violação à

82. Como comentam Pfitzer e Sabune: "The burden of proof in dispute settlement has been referred to as 'the law's response to ignorance. It compensates for the many uncertainties of litigation, allowing the judicial system to reach determinate outcomes in the absence of relevant information" (Pfitzer e Sabune, 2009, p. 6).
83. Waincymer (2002, p. 549).
84. "It is, thus, hardly surprising that various international tribunals, including the International Court of Justice, have generally and consistently accepted and applied the rule that the party who asserts a fact, whether the claimant or the respondent, is responsible for providing proof thereof. Also, it is a generally accepted cannon of evidence in civil law, common law, and in fact, most jurisdictions, that the burden of proof rests upon the party, whether complaining or defending, who asserts the affirmative of a particular claim or defense" [*United States – Measures Affecting Imports of Woven Wool Shirts and Blouses from India (DS33)* (relatório do OA, p. 14)].

norma da OMC ou anulação de benefícios por parte de outro Membro deve prová-la; e (b) o Membro que nega ter praticado o ato em violação às normas da OMC ou argumente, em sua defesa, não ter causado qualquer anulação ou prejuízo alegado pela outra parte, ou que admita ter praticado o ato, não tendo este, no entanto, constituído violação às normas da OMC deve refutar as alegações de violação, de anulação ou prejuízo, ou demonstrando que o ato não foi praticado ou, se o foi, que não configura violação, anulação ou prejuízo, pois tem fundamento em norma contida em um ou mais acordos da OMC, o que justifica a medida de exceção[85].

Quanto à função do Painel, o entendimento consolidado pelo OA é o de que o seu direito de buscar informações, previsto no Artigo 13 do ESC, é discricionário, não se tratando, pois, de obrigação[86]. Esse entendimento revela justamente a particularidade do sistema decisório da OMC, que, ao tratar das provas, adota uma metodologia intermediária entre o modelo adversarial

85. "We consider that, as is the case in most legal proceedings, the initial burden of proof rests on the complaining party in the sense that it bears the burden of presenting a *prima facie* case of inconsistency with the SPS Agreement. It is, indeed, for the party that initiated the dispute settlement proceedings to put forward factual and legal arguments in order to substantiate its claim [...] Once such a *prima facie* case is made, however, we consider that, at least with respect to obligations imposed by the SPS Agreement that are relevant to this case, the burden of proof shifts to the responding party [...] The initial burden lies on the complaining party, which must establish a *prima facie* of proof, specifically: 1 it is for the complaining party to establish the violation it alleges; 2: it is for the party who asserts a fact to prove it; and 3: it is the party who invokes an exception or an affirmative defence who must prove that the conditions contained therein are met. (WT/DS26 e WT/DS48 – EC – Hormones). E, ainda: "The panel has applied the burden of proof correctly in this case... the United States put forward evidence and arguments that India's administrative instructions pertaining to mailbox applications were legally insufficient to prevail over the application of certain mandatory provisions of the Patent Act. India put forward rebuttal evidence and arguments. India misinterprets what the panel said about reasonable doubts. The panel did not require the United States merely to raise reasonable doubts before the burden shifted to India. Rather, after properly requiring the United States to establish a *prima facie* case and after hearing India's rebuttal evidence and arguments, the panel concluded that it had reasonable doubts that the administrative instructions would prevail over the mandatory provisions of the Patents Acts if a challenge were brought in a Indian court". [*India – Patent Protection for Pharmaceutical and Agricultural Chemical Products (DS50)* (relatório do OA)].

86. *Argentina – Measures Affecting Imports of Footwear, Textiles, Apparel and Other Items (DS56)* (relatório do OA, par. 84).

e o modelo inquisitorial mencionados acima[87]. Tomemos como exemplo o conceito de prova *prima facie*[88]. Esse conceito é interpretado pelo OA de maneira específica e distinta da interpretação do mesmo pelas cortes de direito civil e de direito comum. Conforme apontou o membro do OA, David Unterhalter:

> A aplicação do conceito de prova *prima facie* no sistema de solução de controvérsias da OMC tende a não seguir a interpretação convencional do mesmo conceito no direito civil ou no direito comum. Na verdade, o Órgão de Apelação tem utilizado o conceito de prova *prima facie* para estabelecer que a parte que deseja ganhar o caso deve satisfazer definitivamente o órgão decisor de que é capaz de sustentar o seu caso[89].

Ou seja, assim como faz com outros institutos, o OA aplica o ônus da prova segundo as necessidades específicas do SSC, e não exatamente como aplicam as cortes domésticas dos Membros da OMC[90].

---

87. Há quem afirme, entretanto, que o entendimento do OA sobre ônus da prova se aproxima da prática do direito civil: "Lawyers with a background in *common law* find this troubling because, contrary to what take place in most *common law* proceedings, Article 13 of the DSU authorizes a panel to *seek* information from any individual or body which it deems appropriate. This information may then by used to supplement that provided by the parties. In this respect, WTO panels follow the practice of courts in civil law system, as do most international tribunals. [...] Regardless of what the drafters of the DSU envisioned, the current practice of panel substantive meetings does not resemble *common law* practice which is more similar to civil law procedures than *common law* procedures" (Pfitzer e Sabune, 2009, p. 8).
88. Termo em latim que significa "à primeira aparência". Conceito normalmente utilizado em cortes dos sistemas de direito comum segundo o qual a parte deve apresentar provas suficientes logo no início da disputa para que o juiz possa dar continuidade ao caso.
89. "The Appellate Body's approach to the application of the *prima facie* standard in WTO Dispute Settlement tends not to follow the conventional approaches to the *prima facie* standard in either *common law* or civil law jurisdictions. In fact, the Appellate Body has utilized the concept of a *prima facie* case to cast the duty on the party who, in order to be successful, must finally satisfy the decision maker that it entitled to succeed in its complaint" (Unterhalter, 2008, p. 551).
90. "When considering the procedural structure of WTO dispute settlement, in particular the lack of direct interaction between the panel and the parties while the panel is making its determinations, the panel's application of a single burden of proof throughout the adjudication process is necessary and may be an initial step towards the clarification of what evidence is appropriate for the panel consider

Ante o exposto, cabe indagar, contudo, se o sistema misto existente na OMC teria realmente influência predominante do direito comum, como se costuma afirmar, bem como se a técnica interpretativa decorrente desse sistema proporcionaria maior legitimidade ao sistema multilateral de comércio, o que será examinado a seguir.

2.4 A aparente influência predominante do direito comum no sistema da OMC e a legitimidade proporcionada ao sistema multilateral de comércio

No presente item, será analisado o argumento desenvolvido por uma parte da doutrina de que há uma influência "predominante" do direito comum na OMC. Por meio desse exame, poder-se-á revelar se há, de fato, uma preponderância desse sistema jurídico no âmbito multilateral ou se essa predominância é apenas aparente, prevalecendo, assim, ou o outro sistema (direito civil) ou nenhum dos dois sistemas.

Além disso, será analisado de que forma os sistemas e os institutos jurídicos ora examinados influenciam a técnica interpretativa do OA e acarretam reflexos para a legitimidade do sistema multilateral de comércio.

2.4.1 A aparente influência predominante do direito comum

Conforme já mencionado, o sistema jurídico da OMC constitui-se em sistema misto e único, composto por elementos de direito civil e de direito comum. Uma questão interessante e crescentemente debatida é a influência do último sistema sobre os julgados dos órgãos decisórios da OMC.

Afirma-se que os EUA estão capacitados a moldar o sistema legal da OMC a seu favor ao longo do tempo, pois boa parte do Secretariado[91], que

---

the different phases of analysis. Further, with this explanation, it seems that the Appellate Body is indicating that a panel need not make distinctions between evidence, but consider all the evidence at one time. It is the Appellate Body's tendency to apply concepts with conventional applications in non-conventional ways directly leads to confusion" (Pfitzer e Sabune, 2009, p. 25).

91. O Secretariado da OMC tem a responsabilidade de auxiliar os Painéis, especialmente nos aspectos jurídicos, históricos e procedimentais dos assuntos em questão, e de fornecer suporte administrativo e técnico. Como instituição internacional, a OMC possui uma estrutura administrativa complexa que tem o apoio de um Secretariado, coordenado por um Diretor-Geral designado pela Conferência Ministerial e vários vice-diretores. O corpo técnico da OMC é composto por cerca de 500 funcionários. O Diretor-Geral e o Secretariado têm responsabilidades de caráter internacional, não devendo pedir nem receber instruções de qualquer governo ou outra autoridade externa à OMC (Thorstensen, 2001, p. 47).

sempre exerceu certa influência nas decisões dos Painéis e do OA, foi treinado pelo Professor John H. Jackson, da Universidade de Georgetown, nos EUA, que é internacionalmente conhecido. A suposta influência do direito comum na OMC comprometeria a legitimidade do mecanismo de SSC.

Em entrevista de ex-Membro do Secretariado do OA[92], escutamos que não há como negar a predominância de uma prática anglo-saxônica no dia a dia do SSC. Segundo o entrevistado, não há nenhuma pessoa do Secretariado que exerça alguma influência e tenha sido formada em países de direito civil, o que se reflete nas decisões do OA, pois é o próprio Secretariado que redige os documentos do caso[93].

Também nesse sentido, parte da doutrina sugere que o direito comum exerce influência predominante na formulação do sistema multilateral, nos seguintes termos:

> [...] a preferência pelo sistema regional também apresenta vantagens, e estas não se limitam apenas ao fortalecimento de um bloco capaz de beneficiar de maneira inconteste seus Estados parte, mas também devido à proximidade, redução de custos, além da utilização do mesmo sistema jurídico, qual seja o romano-germânico, em contraposição ao *Common law* utilizado na OMC[94].

E ainda:

> Deve-se ter em conta que as próprias feições do sistema, montadas que estão sobre condicionantes interpretativas que misturam traços do sistema anglo-saxônico e da *Common law* (até com uma prevalência, nos últimos tempos, em favor deste, em face da gradativa valorização dos precedentes) representam uma dificuldade a mais a ser superada pelos operadores jurídicos nacionais, razão pela qual um processo de educação (ou reeducação) é de extremada importância[95].

Renato Flôres Junior também comentou a influência do direito comum na OMC, nos seguintes termos:

> Ainda que constituindo um corpo jurídico híbrido, não muito suscetível a um enquadramento mais ortodoxo, a OMC – como, aliás, a maioria

92. Entrevista realizada em 17 de setembro de 2009, em Genebra, com Rafael Tiago Juk Benke.
93. Cf. também Capítulo 7, item 7.4.
94. Loureiro (2008).
95. Michels (2008).

dos sujeitos de Direito Internacional Público – está mais próxima do espírito do *Common Law* do que do Direito Romano. A formalização do Mecanismo de Solução de Controvérsias, como um "tribunal permanente de apelação", emitindo pareceres de modo regular, contribuíra para aumentar o viés *Common Law* [sic], despertando um quase inevitável desejo de incorporar as sucessivas interpretações[96].

O Professor Joost Pauwelyn, do Institut des Hautes Études Internationales de Genève, publicou artigo denominado "The limits of litigation: 'Americanization' and negotiation in the settlement of WTO disputes"[97], no qual examina em que medida o SSC da OMC é influenciado pelos sistema dos EUA, identificando três razões para tanto: (a) o peso e a influência dos EUA na negociação e na redação dos acordos da OMC, entre os quais se inclui o ESC; (b) o envolvimento dos EUA como parte demandante, damandada ou terceira parte na grande maioria dos casos submetidos à apreciação do SSC, o que oferece a esse país uma oportunidade de moldar o sistema; e (c) o fato de a maioria dos advogados que compõem o Secretariado e dos advogados que atuam representando os países do SSC terem se formado no país.

O autor expõe alguns traços do sistema que segundo ele refletem a influência dos EUA sobre o SSC. O primeiro é o que ele denomina de "legalização" do contencioso, por meio da qual houve substantivo aumento de procedimentos, questões processuais alegadas na disputa pelas partes e inúmeras páginas despendidas pelos Painéis e pelo OA sobre questões procedimentais.

Esse grande valor conferido à forma e ao processo, promovido por meio da adoção de medidas que promoveram o adensamento de juridicidade, realmente aproximou o mecanismo da OMC do modelo processual adotado no direito comum, com todas as suas garantias e complexidades. Por outro lado, entendemos ousado afirmar que esse traço isolado pode caracterizar a "americanização" do SSC, uma vez que outros sistemas de Direito e mesmo outros sistemas domésticos dos Membros também são bastante legalizados e com regras processuais detalhadamente definidas.

Outras características apontadas pelo autor são: a possibilidade de aceitação de relatórios *amicus curiae* e o valor dado ao precedente pelo OA. Para o autor, advogados dos EUA se sentem muito mais confortáveis em lidar com esses institutos do que advogados formados em outros sistemas.

Pela análise que fizemos no item 2.3, verificamos que a aplicação desses institutos (*amicus curiae* e *stare decisis*) na OMC é distinta daquele realizada em cortes de países que aplicam o direito comum, e que o fato de esses

96. Flôres Júnior (2007, p. 190).
97. Pauwelyn (2003).

institutos estarem presentes no dia a dia da OMC não faz que o SSC possa ser considerado americanizado. Mesmo a regra do precedente citada pelo autor não existe como regra na OMC; trata-se apenas de orientação para fins de manutenção de coerência das decisões.

O autor argumenta ainda que o SSC da OMC é um sistema adversarial, uma vez que são as partes que controlam todo o processo e podem desistir da disputa e entrar em acordo em qualquer etapa do processo. Vimos acima que o Artigo 13 do ESC confere ao Painel a possibilidade de "buscar informações", uma prática aparentemente mais próxima do modelo inquisitorial de sistemas de direito civil do que do modelo adversarial do direito comum. Assim, em nossa opinião, o fato de as partes terem o direito de desistir do processo e firmarem um acordo não faz que o SSC se torne integramente adversarial, mesmo porque em sistemas de direito civil as partes também podem desistir do processo e firmar acordo a qualquer momento.

É inegável que elementos de direito comum também integram o sistema jurídico da OMC e trazem reflexos à técnica interpretativa do OA. No entanto, pelas características apresentadas neste capítulo, fica nítida a influência dos dois grandes sistemas de direito no sistema jurídico da OMC. Não se deve cogitar uma preponderância por parte do direito comum. Isso porque a construção da própria regra do direito (*rule of law*) no sistema multilateral decorre do modelo europeu-continental, com a formulação de códigos de conduta – genéricos e abstratos – pelos Membros da OMC, consubstanciados nos acordos multilaterais e plurilaterais firmados ao final da Rodada Uruguai.

Nesse quesito, é fundamental destacar que a técnica interpretativa estabelecida pelo OA, baseada na utilização dos métodos previstos na Convenção de Viena, decorre do próprio comando da regra do Artigo 3:2 do ESC, que estipula que as disciplinas vigentes dos acordos abrangidos serão esclarecidas em conformidade com as normas correntes de interpretação do direito internacional público.

Além disso, a restrição ao *stare decisis*, com um limitado papel conferido à jurisprudência como fonte de direito, demonstra que, também nesse aspecto, o direito de origem inglesa não foi o principal modelo para a OMC. Essa afirmação é, ainda, complementada pela impossibilidade de reenvio do processo pelo OA para instância inferior, caso seja necessário elucidar novos aspectos fáticos insuficientemente discutidos em primeira instância. Desse modo, somente por desconhecimento ou equívoco é possível afirmar que a influência do direito comum é preponderante no sistema da OMC.

Por outro lado, é inegável que elementos de tal direito integram o sistema jurídico da OMC e trazem reflexos à técnica interpretativa do OA, como, por exemplo, a restrição da apelação a matéria exclusivamente de direito, a discussão sobre a utilização do padrão de revisão nas decisões dos Painéis e do OA e a permissão de relatórios *amicus curiae* nos procedimentos jurisdicionais perante o OSC.

Conforme anotaram Daniel Terris, Cesare Romano e Leigh Swigart:

> A divisão entre as tradições do direito comum e do direito civil se relaciona com o debate sobre direito processual: até que ponto um dado conjunto de regras é produto de um ou de outro sistema aos olhos dos juízes, que rapidamente fixam a atenção aos elementos que não lhes são familiares. Quando consideram o mesmo conjunto de regras, juízes de direito comum tendem a vê-las como direito civil, enquanto aqueles de direito civil tendem a vê-las como direito comum. No final, quanto mais emprestarem regras processuais dos dois sistemas, mais rápido as cortes estabelecerão um direito comum, verdadeiramente internacional[98] (tradução livre).

Ou seja, o sistema multilateral de comércio recebe influências diversas dos dois grandes sistemas de Direito, sendo, portanto, equivocada a afirmação de que predominam os elementos do sistema de direito comum. Cabe indagar, ainda, se esse sistema misto e único da OMC fornece os elementos necessários para a formulação de técnica interpretativa que confira legitimidade ao sistema multilateral de comércio.

2.4.2 O sistema misto da OMC e os requisitos de legitimidade

Ao permitir que os Membros participem do processo de elaboração dos tratados multilaterais, que serão a base fundamental para a regra de direito (*rule of law*) geral e abstrata e para os respectivos direitos e obrigações futuros, esse sistema jurídico indica um caráter democrático[99] e, com isso, permite a

---

98. "The divide between civil law and *common law* traditions affects debate over procedural law. How much a given set of rules is the product of one legal system or another is in the eyes of the beholders, who quickly fix their attention on elements that seem unfamiliar. When considering the same set of rules, judges from *common law* countries tend to see a lot of civil law, while those with civil law backgrounds tend to see a lot of common law. In the end the more that courts borrow procedural laws from one another, the faster a common, truly international procedure law will emerge" (Terris, Romano e Swigart, 2007, p. 111).

99. Para uma opinião contrária cf. Markus Krajewski (2001, p. 169). O autor questiona a legitimidade do sistema multilateral de comércio ao afirmar que parte das negociações dos acordos é realizada nas reuniões de *green rooms* em que parte dos Membros não participa das discussões. Para o autor, o sistema carece de elementos democráticos.

afirmação de que, nesse quesito, ele confere maior legitimidade ao sistema multilateral de comércio.

Além disso, os princípios que norteiam a interpretação e a aplicação dos acordos abrangidos nas decisões tomadas no âmbito do OSC consubstanciam uma metodologia interpretativa singular cuja finalidade primordial é assegurar a previsibilidade jurídica das regras multilaterais de comércio. A utilização dos métodos interpretativos previstos na Convenção de Viena está relacionada à própria regra do direito na OMC, na medida em que o Artigo 3:2 do ESC estabelece que as disciplinas vigentes dos acordos abrangidos serão esclarecidas em conformidade com as normas correntes de interpretação do direito internacional público.

Assim, essa característica traz maior coerência e previsibilidade a essas decisões, o que também acarreta maior legitimidade ao sistema. Alberto do Amaral Júnior também adota esse entendimento, ao destacar que:

> [...] a atitude do Órgão de Apelação de interpretar os acordos da OMC com base na Convenção de Viena fornece um guia não só para os painéis, mas para os Membros que procuram conduzir-se nos limites das obrigações contraídas.
> [...] O uso da Convenção de Viena pelo Órgão de Apelação contribui para promover a coerência entre as decisões do Órgão de Solução de Controvérsias e de outras instâncias jurisdicionais, sobretudo a Corte Internacional de Justiça. *Outra conseqüência associada a este expediente é o aumento da legitimidade e aceitação política das decisões do Órgão de Solução de Controvérsias, em nítido fortalecimento das funções que lhe foram atribuídas desde a criação da OMC*[100] (grifos nossos).

A limitação da apelação a matéria exclusivamente de direito impede que novas discussões sobre aspectos fáticos sejam iniciadas no OA, restringindo o seu campo de ação à exclusiva avaliação lógico-jurídica. Contudo, a adoção dessa regra em conjunto com a regra do direito do direito civil permite que a técnica adotada pelo OA, com a utilização dos critérios previstos na Convenção de Viena, resguarde os requisitos de previsibilidade e estabilidade em relação aos métodos de interpretação utilizados pelo OA, o que confere maior legitimidade ao sistema multilateral de comércio.

Cumpre destacar, ainda, que a não adoção do *stare decisis* no âmbito da OMC possibilita que a criação das regras multilaterais fique, preponderantemente, sob o controle dos Membros, uma vez que a jurisprudência passa a ter

100. Amaral Júnior (2008).

um papel não vinculativo para as relações jurídicas e consequentes contenciosos futuros. Considerando as dificuldades de revisão das regras da OMC, determinado dispositivo que fosse interpretado de forma inadequada ou imprópria pelo OA poderia acarretar enormes prejuízos – e, até mesmo, falta de credibilidade – ao sistema, caso a regra do precedente fosse obrigatória. Assim, a não adoção do *stare decisis* também acarreta maior legitimidade ao sistema multilateral de comércio.

Em relação ao padrão de revisão (*standard of review*), a sua aplicação de maneira abrangente às decisões do OA levaria à redução da previsibilidade de todo o sistema jurídico multilateral, pois as decisões domésticas dos diversos Membros da OMC passariam a fazer parte da análise do OA quando da solução da controvérsia, o que tornaria impossível maior grau de segurança jurídica nas matérias e questões em que fosse aplicado. Com isso, pode-se afirmar que a sua introdução de forma extensiva como técnica interpretativa do OA levaria à perda de legitimidade do sistema multilateral de comércio.

A admissão das manifestações de terceiros interessados é outro elemento que, embora acarrete bastante polêmica no contexto das relações multilaterais, poderia trazer benefícios para a solução de determinadas controvérsias internacionais, sobretudo aquelas que demandam análises técnicas mais específicas e geram maiores debates no âmbito privado dos Membros da OMC. Como o OA já decidiu que o relatório *amicus curiae* é permitido, mas não obrigatório, em cada caso o órgão decisório teria a opção de levar ou não em consideração as alegações de terceiros interessados, as quais, diga-se de passagem, poderiam levantar questões que auxiliariam na solução do caso. Nesse sentido, maior participação por meio de relatórios *amicus curiae* poderia conferir maior legitimidade ao sistema multilateral de comércio.

Por fim, cabe mencionar que os critérios que levam a prática decisória do OA a ser considerada uma prática mista acarretam maior grau de legitimidade de suas decisões, pois a técnica interpretativa do OA segue critérios objetivos que, por sua vez, observam as regras dos acordos negociados pelos Membros por consenso. Ou seja, ainda que exista influência de elementos do direito civil ou do direito comum nessa prática, podemos afirmar que não há uma tendência comprovada para um dos dois sistemas de direito em detrimento do outro, o que ocasionaria perda da parcela de legitimidade da técnica interpretativa do OA.

CAPÍTULO 3

Críticas à Técnica Interpretativa Adotada pelo OA

A técnica interpretativa do OA explicada no item 1.3 e baseada nos critérios da Convenção de Viena é frequentemente alvo de críticas. Neste capítulo serão examinadas as principais correntes críticas relativas à atuação do OA. Após essa análise, poderemos perquirir se o raciocínio e a metodologia utilizada pelo OA na interpretação dos acordos são legítimos e se trazem legitimidade para o sistema multilateral de comércio ou se, ao contrário, parte das críticas realmente procede.

Uma parte das críticas pode ser facilmente encontrada nas manifestações oficiais dos Membros da OMC nas reuniões do OSC. É possível encontrar nesses documentos oficiais da OMC manifestações de descontentamento com a metodologia aplicada na interpretação dos acordos[1]. Além das manifestações internas, existem as correntes críticas externas à organização, sendo duas as principais: aqueles que entendem que o SSC se tornou demasiadamente legalizado e que a OMC deveria tentar resgatar o caráter diplomático existente na era GATT; e aqueles que, ao contrário, entendem que o OA não fornece a resposta legal necessária ao lento processo de negociações da OMC e deveria, portanto, inovar e criar mais[2].

1. Como anotou Giorgio Sacerdoti: "The discussions that take place in the DSB when reports are being adopted represent an important opportunity for members to express their views, both about the specific outcome of the dispute and about the general systemic questions of interpretation and implementation. Arts. 16.4 and 17.4 of the DSU expressly recognize this right. Thanks to this immediate feedback, a kind of 'dialogue over distance' is established between the judicial organs and members, although criticism expressed does not affect the 'automatic adoption' of the reports" (Sacerdoti, 2006, p. 47).
2. Essas correntes não são exclusivas da OMC. Em praticamente todos os países debate-se a oposição entre o formalismo e o construtivismo. Como comentam Daniel Terris, Cesare Romano e Leigh Swigart: "General principles, however, leave ample room for maneuvering and ideological battles. To simplify grossly, at one end of the spectrum there is 'judicial activism', which results in, or does not exclude, some form of lawmaking role for the judiciary in interpreting law. At the other end lies 'judicial restraint', which explicity rejects a lawmaking role for judges. In the United States, the debate is notoriously lively, especially as concerns federal and state constitutions, but all countries experience variations of

Além dessas, existem as críticas não fundamentadas e que não merecem a nossa atenção. São aquelas dirigidas às decisões dos OA que não atendem aos interesses específicos de quem as faz e sobre as quais não nos debruçaremos neste trabalho. Como bem apontou James Bacchus, ex-Presidente do OA:

> Com respeito às críticas feitas ao Órgão de Apelação, nós devemos simplesmente verificar qual é a fonte. Um advogado que convenceu o seu governo a passar vários anos e ao seu cliente a gastar milhões de dólares em um caso perdido, pouco provavelmente, quando perde o caso, irá admitir que, desde o início, tratava-se de caso perdido. Esse advogado irá mais facilmente culpar quem julgou o caso de haver supostamente julgado além do seu mandato[3] (tradução livre).

3.1 Manifestações oficiais dos Membros no OSC

Em geral, as manifestações críticas dos Membros da OMC no OSC relativas à atuação do OA se referem a interpretações isoladas dos acordos realizadas em casos concretos. Como se verifica da análise dessas manifestações adiante, as críticas não seguem um padrão de coerência sobre como o OA deveria interpretar os acordos, mas diferem caso a caso, conforme os interesses dos Membros envolvidos. A percepção é de que as críticas são principalmente levantadas por países diretamente afetados pelas decisões. Isso porque, ao lado de críticas, verificam-se elogios e uma aceitação generalizada da atuação do OA.

Exceção é feita aos EUA, cujas críticas frequentes mencionam um suposto ativismo judicial por parte de Painéis e do OA, que interpretariam os

---

the same dilemma. In one corner of the ring are the strict formalists and constructivists, whose theories are known as 'textualism', 'originalism' or 'strict constructionism', emphasizing careful adherence to the text of laws as that text would have been understood by those who adopted. In the opposite corner are those embracing the theory of the 'living constitution', which claims that a statute is organic and must be read so as to keep it consistent with the prevailing values of society at the time the judgement is rendered" (Terris, Romano e Swigart, 2007, p. 103).

3. "With respect to some of these criticisms, we should simply consider the source. A lawyer who has convinced his country to spend several years, and who has convinced his client to spend several million dollars, in a losing case, is unlikely, when he loses, to admit that his was, from the beginning, a losing case. That lawyer is more likely to blame those who have judged the case for supposedly 'overreaching'" (Bacchus, 2005, p. 4).

acordos de forma extensiva, o que teria como consequência o aumento das obrigações dos Membros além do texto dos acordos multilaterais[4].

3.1.1 A polêmica em torno do zeroing

Uma das questões mais polêmicas debatida nas reuniões do OSC se refere à prática de *zeroing*[5]. O *zeroing* é uma metodologia de cálculo de margem de dumping utilizada principalmente pelos EUA. O dumping é uma prática de concorrência desleal internacional, pela qual um produto é vendido no mercado de exportação por um valor inferior ao preço do mesmo produto quando vendido no mercado interno. Quando há indícios de prática de dumping, de dano ou ameaça de dano à indústria nacional do país importador e, ainda, nexo de causalidade entre o dumping e o dano, as autoridades de comércio exterior desse país podem iniciar uma investigação antidumping, para apurar a existência de margem de dumping e aplicar direitos antidumping.

A investigação antidumping é disciplinada pelo AAD. O Artigo 2:4(2) do AAD estabelece que as autoridades investigadoras, no cálculo da margem de dumping, devem realizar uma "comparação justa" entre o preço praticado no mercado de exportação e o preço praticado no mercado interno, chamado de "valor normal"[6]. A prática de *zeroing*, utilizada principalmente pelas autoridades de comércio exterior dos EUA, consiste em excluir da média dos preços para determinação do valor normal aquelas operações cuja comparação com os preços de exportação resultariam em uma margem negativa de dumping (ou seja, preço praticado no mercado interno inferior ao preço praticado no mercado de exportação). Assim, quando essa margem é negativa, as autoridades a reduzem a zero, aumentando, como consequência, a possibilidade de apuração de margem de dumping positiva.

A maioria dos Membros da OMC, com exceção dos EUA, entende que a prática de *zeroing* não atende à regra do AAD de se realizar uma justa comparação entre o preço de exportação e o preço praticado no mercado

4. Sobre a posição dos EUA a respeito de decisões proferidas por cortes internacionais, é interessante a análise de Cesar Romano, Daniel Terris e Leigh Swigart sobre o que entendem ser a relação dos EUA com o direito internacional. Para os autores, há hostilidade histórica dos EUA contra cortes internacionais em geral (Terris, Romano e Swigart, 2007, p. 164).
5. Para maiores detalhes sobre zeroing, v. Horlick (2009).
6. Segundo o que consta do Artigo 2:4(2) do AAD, a comparação justa será efetuada entre o preço de exportação e o valor normal. Essa comparação deverá efetuar-se no mesmo nível de comércio, normalmente no nível *ex fabrica*, e considerando vendas realizadas tão simultaneamente quanto possível.

interno. Essa prática resulta, quase sempre, em direito antidumping aplicado sobre as importações dos produtos do país investigado, o que trás como consequência uma série de disputas diante do OSC.

A prática de *zeroing* foi considerada pelo OA como violação ao AAD pela primeira vez em 2001, no caso *European Communities - Anti-Dumping Duties on Imports of Cottons-Type Bed Linen from India (DS141)*[7]. Nesse caso, o OA interpretou o Artigo 2:4(2) do AAD e entendeu que este se refere à comparação de "todas" as transações, de modo que excluir as transações que reduzem a margem de dumping consistiria em violação ao acordo. Desde então, uma série de disputas envolvendo a mesma questão foi submetida à apreciação do OA, que tem mantido sempre a mesma posição.

A interpretação do Artigo 2:4(2) do AAD pelo OA incomoda os EUA, que não aceitam que a prática de *zeroing* seja uma violação e continuam a aplicá-la como metodologia em suas investigações antidumping. Com isso, cada vez que o OA se manifesta relativamente ao Artigo 2:4(2), os EUA o criticam na reunião seguinte do OSC. Argumentam os estadunidenses que não existe no AAD nenhum dispositivo que proíba expressamente a prática de zeroing e que, ao afirmar que é proibido, o OA estaria aumentando as obrigações ou diminuindo os direitos dos Membros, em desacordo, portanto, com o Artigo 3:2 do ESC.

Na manifestação dos EUA na reunião do OSC ocorrida em 20 de maio de 2008[8], o diplomata estadunidense afirmou que o OA, erroneamente, continua

---

7. *European Communities - Anti-Dumping Duties on Imports of Cotton-Type Bed Linen from India (DS141)* (relatório do OA).
8. "With respect to the first systemic level of concern, the United States simply noted that there were numerous flaws in the Appellate Body's reasoning in this latest report, including in particular its rejection of the fact that the Uruguay Round negotiators had not agreed to prohibit zeroing in assessment reviews. No common understanding had been reached on zeroing in the Uruguay Round because, despite extensive efforts by many participants, proposals to prohibit zeroing had been firmly opposed by many others, including several users of anti-dumping measures. However, if Members of the WTO had never agreed to ban zeroing, then the DSU did not empower the Appellate Body to create new obligations that imposed such a ban. The Appellate Body's approach ought to be of concern to every single WTO Member, any one of which may someday be called upon to defend its own laws and regulations, and every one of which would want to rely on the negotiated outcome of the Uruguay Round, the Doha Round, or other WTO negotiations - and not be held to rules found nowhere in those outcomes. The United States would not dwell on those points further at the present meeting. Instead, it had prepared a written statement that addressed the conti-

a rejeitar o fato de que os negociadores da Rodada Uruguai jamais acordaram em proibir a prática de *zeroing*. Em outra reunião, ocorrida em 11 de junho de 2009[9], em que se discutiu a implementação da decisão do OA em um caso de *zeroing*[10], os EUA voltaram a afirmar que a interpretação do Artigo 2:4(2) pelo OA foi equivocada. E assim, sucessivamente, em uma série de outras reuniões do OSC[11].

Reiteradamente, portanto, os EUA têm afirmado, nas reuniões do OSC, que não estão de acordo com as decisões do OA que refletem certo ativismo judicial[12].

Por outro lado, com exceção das manifestações dos EUA, não é possível identificar no OSC uma corrente crítica de outros Membros relativamente à técnica interpretativa do OA[13]. Muito pelo contrário, a análise das manifestações oficiais dos Membros demonstra uma aceitação generalizada das decisões do OA.

---

nuing and evolving flaws with the Appellate Body's analysis of zeroing. A copy of that statement would be available in the room after the meeting and would be circulated to all delegations" (WT/DSB/M/250).

9. "The United States recognized that there had been a number of disputes addressing the use of 'zeroing' in anti-dumping duty investigations and 'zeroing' in antidumping duty assessment proceedings. For reasons that the United States had previously discussed, the United States continued to believe that the reasoning relied upon the Appellate Body in its reports in these disputes was in error" (WT/DSB/M/269).
10. *United States - Laws, Regulations and Methodology for Calculating Dumping Margins (DS294).*
11. Para conferir outras manifestações, v. os documentos oficiais classificados sob a numeração "WT/DSB/M/*".
12. V., por exemplo, os comentários dos EUA sobre o caso *European Communities - Selected Customs Matters (DS315)* na minuta da reunião do OSC de 11 de dezembro de 2006 (WT/DSB/M/223).
13. Destacamos que parte da doutrina afirma o contrário. Vera Thorstensen, por exemplo, escreveu que alguns Membros da OMC argumentam que algumas decisões do OA podem ser consideradas controversas porque invadem o espaço de competência de negociadores. A autora analisa diversos casos considerados controversos pelos Membros (Thorstensen, 2007, p. 90-111). Na mesma linha, Vincent Tomkiewicz defende que: "Il existe une hostilité chronique de la part des États envers la juridiction dans le domaine économique et comercial. La pratique au sein de l'OMC a du reste révélé un formidable multiplicateur de cette méfiance traditionnelle des États à l'égard de la juridiction" (Tomkiewicz, 2005, p. 2). Com exceção dos EUA, não pudemos confirmar essa hostilidade por meio da análise das manifestações oficiais dos Membros nas reuniões do OSC.

3.1.2 Os elogios dos Membros

Por outro lado, quando a interpretação é favorável aos seus interesses, os EUA parecem elogiar a atuação do OA. Na reunião do OSC ocorrida em 6 de fevereiro de 2009[14], na discussão sobre a adoção do relatório do OA no caso *India – Additional and Extra-Additional Duties on Imports from the United States (DS360)*[15], os EUA votaram pela adoção do relatório e agradeceram a interpretação que o OA fez do Artigo II:1(b) do GATT, que estabelece a proibição de imposição pelos Membros de quaisquer "outros direitos e encargos" cobrados sobre as importações de itens tarifários consolidados[16].

O OA entendeu que a Índia violou o Artigo II:1(b), ao impor a cobrança de um encargo adicional às importações de bebidas alcoólicas quando originárias dos EUA. Afirmou o OA que a proibição de imposição do Artigo II:1(b) se refere a encargos de qualquer natureza, quando a tarifa ultrapassar o limite estabelecido nas listas de compromissos dos Membros. Essa interpretação do Artigo II:1(b), que inclui na proibição qualquer tipo de encargo, foi, por exemplo, considerada como uma interpretação extensiva pela parte demandada, a Índia[17]. Ou seja, a interpretação do OA nesse caso foi, ao mesmo tempo,

---

14. "The Appellate Body Report was a solid, well-reasoned report that had undone a number of troubling Panel findings. In particular, the Appellate Body had correctly overturned the Panel's finding that Article II: 1 b of the GATT 1994 only addressed ordinary customs duties or other duties or charges that inherently discriminated against imports. The Appellate Body had found that there was no textual or other basis for the Panel's finding and emphasized that Article II: 1 b covered ordinary customs duties or charges of any kind imposed on or in connection with importation" (WT/DSB/M/260).
15. *India – Additional and Extra-Additional Duties on Imports from the United States (DS360)* (relatório do OA).
16. Itens tarifários consolidados são aqueles itens constantes nas listas de compromissos anexadas ao GATT 1994.
17. "In response to request to 'complete the analysis' with respect to the United States' claims under Article II: 1 b, the Appellate Body had made the unusual finding in these paragraphs stating that it considered India's Additional Duty and extra-additional duty would not be justified under Article II: 2 a of GATT 1994 insofar as they resulted in the imposition of charges on imports in excess of the excise duties applied on like domestic products, and consequently this would render the AD and EAD inconsistent with Article II: 1 b to the extent that it resulted in the imposition of duties in excess of those set forth in India's Schedule of Concessions. India failed to understand the basis for this approach by the Appellate Body. If there was inadequate evidence to complete the analysis, as it was clear in this case, the Appellate Body should so conclude and, if it was no able to make findings, it may not issue advisory opinions".

elogiada pelos EUA, que a considerou correta, e criticada pela Índia, a parte afetada, que a condenou como reflexo do ativismo judicial do órgão.

Por outro lado, na reunião do OSC de 14 de novembro de 2008[18], na discussão sobre a adoção do relatório do OA no caso *United States, Canada - Continued Suspension of Concessions (DS320, DS321)*[19], a posição dos EUA seguiu a tendência costumeira de criticar o OA a respeito de um suposto ativismo judicial.

Nesse caso, o OA reverteu a decisão do Painel, que entendeu que os EUA e o Canadá violariam o Artigo 23:1 do ESC[20], por não haverem eliminado as medidas de suspensão das concessões tarifárias para a CE, impostas em razão do não adimplemento da última decisão do OA no caso *European Communities - Measures Concerning Meat and Meat Products (Hormones) (DS26, DS48)*[21]. O OA afirmou, nesse caso, que a mera declaração unilateral da CE no OSC informando haver implementado a decisão do próprio OA no caso não era motivo suficiente para o término imediato das suspensões aplicadas. Entendeu que, ainda que houvesse presunção de boa-fé do Membro na declaração no OSC, isso não seria motivo suficiente para demonstrar a implementação da decisão. Para que os EUA e o Canadá levantassem as medidas, entendeu o OA ser necessário o início de um novo procedimento no SSC.

Sobre a decisão do OA a respeito do procedimento pós-suspensão, os EUA fizeram duras críticas ao que entenderam ser uma "invenção" de regras do ESC, reforçando, portanto, a sua posição, que tem sido adotada ao longo do tempo sobre o que consideram ser ativismo judicial do OA[22].

18. V. minuta da reunião (WT/DSB/M/258).
19. *United States, Canada - Continued Suspension of Concessions (DS320, DS321).*
20. Artigo 23:1 do ESC: "Ao procurar reparar o não-cumprimento de obrigações ou outro tipo de anulação ou prejuízo de benefícios resultantes de acordos abrangidos ou um impedimento à obtenção de quaisquer dos objetivos de um acordo abrangido, os Membros deverão recorrer e acatar as normas e procedimentos do presente Entendimento".
21. Artigo 22:1 do ESC: "A compensação e a suspensão de concessões ou de outras obrigações são medidas temporárias disponíveis no caso de as recomendações e decisões não serem implementadas dentro de prazo razoável. No entanto, nem a compensação nem a suspensão de concessões ou de outras obrigações é preferível à total implementação de uma recomendação com o objetivo de adaptar uma medida a um acordo abrangido. A compensação é voluntária e, se concedida, deverá ser compatível com os acordos abrangidos".
22. "It was difficult to understand the Appellate Body's findings in this matter to be anything but a rule-making. That role, however, belonged to Members - not to panels or Appellate Body. Even aside from the lack of authority for these findings, the Appellate Body's rules posed numerous problems" (WT/DSB/M/258).

Desse modo, com exceção dos EUA, que têm uma posição clara a respeito da atuação do OA, não é possível identificar nas manifestações oficiais dos Membros do OSC uma posição crítica consolidada dos países a respeito de determinados aspectos da atuação do OA. Muito pelo contrário, verificam-se, na maioria das vezes, elogios e aceitação da técnica interpretativa adotada pelo OA. As críticas ocasionais parecem vir isoladas justamente por parte do Membro que foi negativamente afetado pela decisão cuja adoção do relatório está sendo discutida. Conforme comentou James Bacchus:

> Alguns Membros da OMC, ocasionalmente, criticam as decisões do Órgão de Apelação na reunião do OSC, no momento da adoção do relatório. No entanto, essas críticas são usuais e, previsivelmente, emanadas por aqueles cuja demanda não prevaleceu em determinada disputa e manifestadas basicamente por obrigação e por razões políticas e diplomáticas[23] (tradução livre).

Por exemplo, na mesma reunião do OSC de 14 de novembro de 2008[24], já mencionada acima, em que EUA, Equador e Canadá criticaram o OA na discussão sobre o caso *United States, Canada - Continued Suspension of Concessions (DS320, DS321)*, houve Membros que fizeram comentários elogiosos. A CE agradeceu aos membros do OA pela coragem de haver decidido as complexas questões do caso relativas ao procedimento de pós-retaliação, da forma como o fizeram. O Brasil, por seu turno, também elogiou a interpretação feita pelo OA no caso, por ter esclarecido algumas questões sistêmicas importantes. Do mesmo modo, Japão, Austrália, Chile e Noruega concordaram com a interpretação do OA relativa ao procedimento de pós-retaliação.

Sobre a polêmica questão do *zeroing*, também é possível encontrar manifestações de aceitação do entendimento do OA por parte da maioria dos Membros da OMC, com exceção dos EUA. Na reunião do OSC de 11 de junho de 2009[25], a CE afirmou que desde 2001 o OA vem mantendo uma linha coerente

---

23. "There are, occasionally, criticisms of some of the rulings of the Appellate Body by some Members of the WTO when the Appellate Body reports are adopted by the Members of the WTO in their guise as the Dispute Settlement Body. But these criticisms are usually, and predictably, voiced by those whose claims have not prevailed in a particular dispute, and those criticisms often are voiced largely for obligatory diplomatic and political reasons" (Bacchus, 2005, p. 3).
24. V. minuta da reunião (WT/DSB/M/258).
25. V. minuta da reunião (WT/DSB/M/269).

e consistente sobre a questão[26]. Noruega, China, Coreia e México acompanharam a CE nesses elogios.

A aceitação do método interpretativo do OA por parte dos Membros da OMC é observada por meio dessas declarações acima expostas e de diversas outras manifestações elogiosas no OSC. Na reunião do OSC de 12 de janeiro de 2009[27], na discussão sobre a adoção do relatório do OA sobre o caso *United States, Canada - Continued Suspension of Concessions (DS320, DS321)*, o Canadá, a CE e mesmo os EUA, embora não tenham concordado com apenas um ponto da análise do OA (sobre a autoridade para rever uma lei chinesa), concordaram e elogiaram o entendimento e a interpretação do OA no caso.

Além disso, a melhor evidência da aceitação geral dos Membros da OMC ao OA e às suas responsabilidades e funções são as atas das reuniões de negociação para revisão do ESC[28]. O Mandato de Doha, de 2001, estabeleceu que os Membros deveriam negociar aprimoramentos e esclarecimentos ao ESC até o final de maio de 2003. Esse prazo foi renovado, e até a conclusão deste trabalho não houve nenhum acordo final. A percepção dos Membros é que, embora o ESC possa ser aprimorado, ele funciona bem como está.

Os Membros poderiam nessas reuniões propor alterações ao OA às suas funções, responsabilidades e formato. No entanto, os Membros assumem que o OA tem cumprindo bem o seu mandato. As propostas relativas ao OA não prevêem diminuição de suas responsabilidades. Essa é de fato a maior evidência da aceitação geral dos Membros[29]. Assim, se por um lado os Membros da OMC não formam uma corrente crítica a respeito da atuação do OA, por outro, na doutrina e entre os observadores do OA e advogados, é possível identificar algumas posições bem definidas.

3.2 As críticas externas

Uma das correntes críticas à atuação do OA emerge notadamente de observadores estadunidenses e coincide com as manifestações oficiais dos EUA no OSC a respeito de um suposto ativismo judicial, por meio do qual a interpretação dada aos acordos seria extensiva, tendo como consequência o

26. "The Appellate Body had since maintained a consistent and coherent line on this issue and had confirmed, on several occasions, that 'zeroing' ran foul of fundamental obligations of the Anti-Dumping Agreement" (WT/DSB/M/269, p. 1).
27. V. minuta da reunião (WT/DSB/M/262).
28. As atas das reuniões de negociação para revisão do ESC possuem código "WT/TN/DS/*" e podem ser encontradas na base de dados <docsonline.wto.org>.
29. "Le Rapport Sutherland relève le degré élevé de satisfaction des membres de l'OMC à l'égard du système de règlement des différends" (Fabri, 2005, p. 18).

aumento das obrigações dos Membros além do texto dos acordos multilaterais[30]. Não é difícil encontrar artigos estadunidenses criticando o OA nesse sentido, como por exemplo, escreveu o professor da Loyola Law School Los Angeles, Jeffery Atik:

> Os Membros do Painel, assim como os juízes, estão isolados da política comum. O Órgão de Solução de Controvérsias da OMC exerce uma forma de supremacia judicial que é democraticamente suspeita, uma vez que não há controle legislativo sobre o ativismo exercido pelo Órgão de Solução de Controvérsias[31] (tradução livre).

A evolução do OA como tribunal cada vez mais legalizado é vista com reticênciaa e cautela por parte dos observadores da OMC, que advogam o retorno do SSC ao caráter diplomático da época do GATT. Em artigo publicado em 2009, Petros Mavroidis defende que a admiração original dos acadêmicos pelo OA está cedendo lugar ao ceticismo e a críticas crescentes. O autor afirma que as críticas, além de crescentes, são provenientes de escolas heterogêneas da academia internacional[32].

3.2.1 Ativismo judicial

Quando as decisões do OA são tomadas sobre casos sensíveis, em que as regras são pouco claras, o resultado são soluções controversas. Em vários desses casos, as decisões do OA são qualificadas como resultado de ativismo judicial. Os críticos do ativismo judicial argumentam que o OA não deveria interpretar o texto no caso em que sejam encontradas lacunas[33]. As lacunas

30. "In recent years, a few authors have accused the Appellate Body of exceeding the authority conferred to it and engaging in judicial legislation, especially in cases on dumping and safeguard measures" (Van den Bossche, 2005, p.1).
31. "Judicial lawmaking. Much WTO lawmaking occurs in the context of dispute resolution. Dispute panelists, like judges, are isolated from ordinary politics. The WTO Dispute Settlement Body enjoys a form of judicial supremacy that is democratically suspect, particularly since there is no legislative check on Dispute Settlement Body activism" (Atik, 2001, p. 169).
32. "The Record of the World Trade Organization (WTO) Appellate Body (AB) has provoked many discussions in the literature and among policy makers as well. At the risk of oversimplifying, it is probably fair to state that the original praise has been gradually substituted by skepticism, and eventually criticism. What is probably a cause of concern is that critics belong to heterogeneous schools of thought" (Mavroidis, 2009, p. 173).
33. Em sentido contrário apontou Debra Steger: "Not all WTO rules are models of textual clarity. Indeed, some of the language in the 500 pages or so of the text of

deveriam somente ser preenchidas pelos governos nas negociações dos acordos. Algumas decisões apontadas como exemplos do ativismo judicial são aquelas em que o OA estaria supostamente excedendo a sua autoridade por não levar em consideração algumas decisões políticas dos Membros consideradas legítimas.

A comunidade acadêmica dos estudiosos do direito internacional já produziu extensa bibliografia sobre essa tensão. Frieder Roessler[34], Diretor Executivo do Centro de Assessoria Legal em Assuntos da OMC (ACWL)[35], e Jagdish Bhagwati[36], economista indiano, Professor da Universidade de Columbia, são alguns exemplos daqueles que entendem que o OA deve dar maior deferência ao processo político de negociações da OMC. Nas palavras de Bhagwati:

> Eu concordo com a opinião de Frieder Roessler que os painéis e o Órgão de Apelação deveriam dar maior deferência ao processo político em vez de estabelecer regras sobre questões controvertidas[37] (tradução livre).

Na mesma linha, Claude Barfield, ex-assessor do Departamento de Comércio dos EUA, afirmou em seu livro intitulado *Free trade, sovereignty, democracy: the future of the World Trade Organization*, que a OMC estaria perto de perder autoridade e legitimidade, uma vez que os seus órgãos decisórios não proferem as decisões que os Membros da organização entendem como legítimas[38].

As mesmas críticas emergem do Congresso dos EUA no sentido de que o OA não tem respeitado decisões administrativas do governo, ao criar regras

---

the WTO Agreements is deliberately vague, reflecting a lack of agreement among the negotiators. Such vagueness is not necessarily a problem: it may leave room for a rule to evolve flexibility through interpretation and application by a process of clarification recognized as legitimate by those to whom the rules are addressed" (Steger, 2005, p. 211).

34. Roessler (2000).
35. Em inglês, Advisory Centre on WTO Law.
36. Bhagwati (2001).
37. "I have some sympathy for Frieder Roessler's view that the dispute settlement panels and the appellate court must defer somewhat more to the political process instead of making law in controversial matters" (Bhagwati, 2001, p. 50).
38. "WTO is overextended and in danger of losing authority and legitimacy as the arbiter of trade disputes among the world's major trading nations the highly judicialized dispute settlement system is stretched beyond its capacity to deliver decisions that WTO member states will accept as legitimate" (Barfield, 2001, p. 5).

além daquilo que seria de sua competência[39]. Alan Wolff, proeminente advogado estadunidense da indústria do aço, escreveu em 2001 que os Painéis e o OA têm o costume de declarar que os acordos abrangidos são ambíguos justamente para poder preencher a lacuna existente e criar a regra[40]. Por outro lado, ao ser diretamente questionado por e-mail sobre a sua opinião a respeito do OA, Alan Wolff não confirmou a posição publicada em seu artigo; ao contrário, defendeu que o OA deveria ser ainda mais legalizado.

Em resposta a um e-mail enviado em 18 de setembro de 2009, no qual perguntamos a sua opinião a respeito da atuação e do desempenho do OA, respondeu:

> O Órgão de Apelação tem uma tarefa difícil. É um órgão judicial envolvido em um sistema que, por natureza, possui ambiguidades e no qual a diplomacia exerce papel fundamental. O Órgão de Apelação não deveria criar regras em áreas sobre as quais as partes não assumiram compromissos. Ao mesmo tempo, o Órgão de Apelação não deveria ser excessivamente tímido ao desafiar as medidas dos Membros que ultrapassam a linha da conduta violadora. Desse modo, eu diria que o Órgão de Apelação deveria ser mais legalizado e não menos. O fundamento das decisões deveria ser mais rigoroso. Talvez seja um erro o Órgão de Apelação estar localizado em Genebra, uma cidade conhecida pelas negociações. Em suma, acredito que o sistema tem tido um desempenho melhor do que o esperado, porém com algumas decisões falhas[41] (tradução livre).

39. "Congress finds that WTO panels and the Appellate Body have ignored their obligation to afford an appropriate level of deference to the technical expertise, factual findings, and permissible legal interpretations of national investigating authorities in antidumping, countervailing duty, and safeguards cases." (Relatório do Senado americano sobre Bipartisan Trade Promotion Authority Act of 2002, p. 107-139).
40. "At the same time, it should not be excessively timid about challenging measures that cross the line into WTO-violative conduct. So I would say that it needs to be more judicial, not less" (Wolff, 2001, p. 2-10).
41. O e-mail enviado em 18 de setembro de 2009 (Apêndice B) perguntava: "Do you believe that the AB has become too legalized and judicialized and that WTO should seek to regain the diplomatic ethos existed in the GATT era or rather do you believe that the slow legislative branch of the WTO – stemming from consensus decision making – needs certain measure of activism?" A resposta no original foi: "The Appellate Body has a difficult assignment. It is a judicial body imbedded in a system which by its nature has ambiguities, in which diplomacy plays a key role. It should not make law in areas where parties could not agree to be bound. At the same time, it should not be excessively timid about challenging

John Greenwald, outro proeminente e respeitado advogado americano, declarou em conferência na Universidade de Georgetown em 2002 que o SSC tem exercido muito mais política do que a tarefa que lhe corresponde de interpretar os acordos. Em sua opinião, a interpretação restritiva somente é usada pelo OA quando é conveniente para o seu interesse político. Quando o texto do acordo não vai de encontro à sua vontade, isso não acontece[42].

Terence Stewart, mais um reputado advogado americano que advogou para uma das empresas beneficiadas pelos subsídios americanos concedidos por um programa estabelecido pela Emenda Byrd[43], já fez inúmeras críticas ao ao, normalmente condenando um suposto ativismo judicial. Em resposta a e--mail enviado em 23 de setembro de 2009, em que perguntamos a sua opinião sobre o OA, Terence Stewart respondeu:

> Em resposta à sua pergunta, a minha resposta final é que, evidentemente, são os Membros da OMC que devem decidir a respeito da atuação do Órgão de Apelação, e eles parecem, no momento, satisfeitos com o sistema, apesar de alguns problemas pontuais. Eu tenho pessoalmente um problema de ordem sistêmica com o caminho que o Órgão de Apelação tem tomado, pois o seu método interpretativo leva os Membros da OMC

---

measures that cross the line into WTO-violative conduct. So I would say that it needs to be more judicial, not less. The reasoning should be more rigorous. Perhaps it was a mistake to have it located in Geneva, a town noted for negotiations. At the same time, WTO members make a mistake in putting differences that can only be settled by negotiation into a judicial framework. I keep hoping for the major trading countries to reach a state of maturity that seems to elude them at critical moments. On the whole the system has performed far better than any had a right to anticipate, with some seriously flawed decisions". Cf. Apêndice B.

42. Os argumentos apresentados na conferência foram consolidados por Greenwald (2003). No original: "As I read the cases, the language of the relevant WTO agreements has been strictly interpreted where a strict interpretation has served a panel's or the Appellate Body's trade policy preference. But where the agreements contains language that, fairly read, allows a WTO Member discretion to interpret the relevant agreement in a way that offends a panel's or the Appellate Body's policy sensibilities, both have been happy to read the offending language our of the agreement. And where the relevant agreement is silent on a point, panels and the Appellate Body have had no qualms about filling the gap in a way that promotes their favored policy" (Greenwald, 2003, p. 1).
43. A Emenda Byrd foi considerada pelo OA como medida não conforme ao acordo sobre subsídios da OMC. Para mais detalhes sobre esse caso, v. *United States — Continued Dumping and Subsidy Offset Act of 2000 (DS234)* (relatório do OA).

a não negociarem algumas regras por acreditarem que estas podem ser resolvidas por meio do sistema de solução de controvérsias. Isso tem sido repetido por várias delegações, privadamente, na última década. Isso significa dizer que os Membros da OMC optam por um sistema em que os direitos e obrigações são determinados por sete membros apontados para o Órgão de Apelação em vez de negociados por consenso. Nesse contexto, se olharmos as negociações de Doha, verificaremos que a maioria dos países declara que os Membros não podem aceitar que os direitos e obrigações multilaterais sejam definidos pelo Órgão de Apelação (o que normalmente ocorre quando este órgão preenche as lacunas dos acordos)[44] (tradução livre).

Ernst-Ulrich Petersmann tem a mesma percepção de Terence Stewart no sentido de que com o caminho que OA tem seguido leva os Membros da OMC a não negociarem algumas regras por acreditarem que estas podem ser resolvidas por meio do SSC[45]. Ocasionalmente, as críticas podem não se

---

44. "In response to your question, the ultimate answer is, of course, for WTO member nations to decide and they seem at the moment generally content with the system despite problems in particular cases for particular countries. Systemically, I have a problem with the direction of the AB process as it leads countries to opt not to negotiate on issues in the belief they can get a better outcome through dispute settlement than they could achieve through negotiation. This has been said privately by many delegations over the last decade. This suggests that members are opting for a system where rights and obligations are determined by seven AB appointees rather than through the consensus of members. Similarly, if you look at the Doha negotiations, most countries are taking the position that countries can't seek through negotiation clarification of rights/obligations decided by the AB (usually where the AB has filled gaps in the existing texts) – a fairly extraordinary position, again saying that the AB can not only decide rights and obligations that are not clear from documents but also countries that wish to seek clarification through subsequent negotiations will find it very hard if not impossible to modify. All judicial/review systems have the potential for wrong decisions. In nation states, other arms of government can seek a rebalancing where decisions are problematic. In the WTO, to date, such rebalancing has not been possible and, for many, fiercely resisted to protect individual case victories despite the implications for the overall system" (Apêndice B).

45. "The potential synergies between political trade governance and WTO dispute settlement proceedings have transformed the old 'GATT bicycle' into a 'WTO tricycle': trade negotiations at national and intergovernmental levels are increasingly influenced by the *strategic use* of WTO dispute settlement proceedings, aimed at clarifying WTO rules and improving bargaining positions at home and

referir exatamente ao ativismo judicial, ou à falta deste, mas são raras. Petros Mavroidis, por exemplo, costuma afirmar que o OA não tem um método interpretativo claramente definido. Em reposta a e-mail enviado em 18 de setembro de 2009, em que perguntamos a sua opinião sobre o ao, o Professor Mavroidis respondeu:

> Eu não sei qual seria o limite apropriado para a legalização. Acredito que quando você resolve solucionar conflitos por meio de negociação, a barganha de poder se torna importante e opera em detrimento dos Membros mais fracos. Acredito que qualquer órgão adjudicatário deveria ser imune a esse tipo de pensamento. Assim, em princípio, eu sou contra a negociação de conflitos quando as partes envolvidas são assimétricas. No entanto, o meu maior problema com o OA é a ausência de método quando se decide um caso[46] (tradução livre).

Ao lado das críticas de um suposto ativismo judicial[47], há aqueles que entendem justamente o contrário, ou seja, que a técnica interpretativa do OA representa um excesso de formalismo e que o OA deve dar uma resposta legal ao lento processo legislativo da OMC, sendo mais criativo e menos formalista[48].

---

in the WTO. In view of the slow and unstable momentum of a tricycle, WTO governance needs to be transformed into a more stable, and more dynamic, 'four wheeled vehicle', by empowering the WTO Director-General to act as guardian of the world trading system and to initiate 'collective interest proposals' for further developing WTO law and policies" (Petersmann, 2006, p. 87).

46. "I do not what is the benchmark for appropriate judicialization to start with. I believe that when you move to negotiated settlements bargaining power becomes important and hence operates to the detriment of smaller players. I believe that any adjudicating body should be immune from entertaining any similar thoughts. Hence in principle I am against negotiated settlements when players are asymmetric. But my big problem with the AB is the absence of methodology when it decides a case. This is what I have been trying to explain in the papers I have done and you have kindly read" (Apêndice B).
47. Para análise sintética dos casos controversos que deram ensejo às críticas sobre ativismo judicial, v. Thorstensen (2007, p. 98 et seq.); e ainda Mavroidis (2009, p. 178 e ss).
48. É o caso do Professor John Jackson: "one could argue that when the drafts person have consciously left a gap or ambiguity, if they know that there is a juridical as part of the institutional frameword they have, in essence, 'delegated' to that body the resolution of disputes about such interpretation when they arise" (Jackson, 2006, p. 184).

3.2.2 *Ativismo consentido*

Uma questão crítica na interpretação de tratados é a figura denominada *gap-filing* ou "preenchimento de lacunas". Em alguns casos, existem realmente lacunas no tratado, ou seja, o acordo é omisso com relação a algumas questões. Em outros casos, o acordo não é omisso, mas o texto da norma é ambíguo o suficiente para ser interpretado de diversas maneiras. A razão pela qual existem essas ambiguidades é definida por alguns como "ambiguidade construtiva"[49]. Ou seja, os negociadores dos tratados têm consciência de que, às vezes, é necessário deixar lacunas no acordo ou mesmo ambiguidades, a fim de obter um consenso. Essas lacunas criam um problema conceitual para o OA, pois existem pontos de vista opostos sobre como as lacunas devem ser tratadas.

O assunto é extremamente polêmico na OMC. Para alguns, o preenchimento de lacunas e a interpretação das ambiguidades seriam de competência exclusiva dos Membros. O fato de o OA preencher essas lacunas e interpretar as ambiguidades para dar uma solução positiva para as disputas, ainda que em observância ao Artigo 3:7 do ESC[50], constituiria medida de ativismo judicial. As opiniões, portanto, são opostas: existem aqueles que entendem que o OA deve preencher essas lacunas e aqueles que entendem justamente o contrário.

Em entrevista realizada em setembro de 2009 com Victor do Prado, membro do Secretariado da OMC, fomos informados sobre uma nova teoria em debate nos corredores da OMC sobre ativismo consentido. Argumenta-se

---

49. Jackson (2006, p. 183). V. também nota 16 do Capítulo 1.
50. Artigo 3:7 do ESC: "Antes de apresentar uma reclamação, os Membros avaliarão a utilidade de atuar com base nos presentes procedimentos. *O objetivo do mecanismo de solução de controvérsias é garantir uma solução positiva para as controvérsias.* Deverá ser sempre dada preferência à solução mutuamente aceitável para as partes em controvérsia e que esteja em conformidade com os acordos abrangidos. Na impossibilidade de uma solução mutuamente acordada, o primeiro objetivo do mecanismo de solução de controvérsias será geralmente o de conseguir a supressão das medidas de que se trata, caso se verifique que estas são incompatíveis com as disposições de qualquer dos acordos abrangidos. Não se deverá recorrer à compensação a não ser nos casos em que não seja factível a supressão imediata das medidas incompatíveis com o acordo abrangido e como solução provisória até a supressão dessas medidas. O último recurso previsto no presente Entendimento para o Membro que invoque os procedimentos de solução de controvérsias é a possibilidade de suspender, de maneira discriminatória contra o outro Membro, a aplicação de concessões ou o cumprimento de outras obrigações no âmbito dos acordos abrangidos, caso o OSC autorize a adoção de tais medidas" (grifos nossos).

que o lento processo legislativo da OMC leva necessariamente ao ativismo judicial por parte do OA, consentido tacitamente pelos Membros. Segundo essa teoria, o OA deveria ser ainda mais ativista, apegando-se menos ao formalismo e sendo mais construtivista, principalmente no que se refere ao esclarecimento das regras e ao preenchimento das lacunas existentes nos acordos.

Raj Bhala, professor da Universidade do Kansas, afirmou em resposta a e-mail, que é mais justo que, dado o lento processo legal da OMC, um órgão adjucatário robusto exista para se alcançar justiça[51].

O Grupo Consultor do Diretor-Geral, em seu relatório de 2004 sobre o futuro da OMC, também defendeu certa medida de ativismo judicial:

> Outro tipo de críticas se refere ao preenchimento de lacunas, que não seria apropriado à função do sistema de solução de controvérsias. Toda instituição jurídica tem pelo menos uma mínima medida de ativismo entre as suas responsabilidades para poder superar as ambiguidades dos acordos. Por outro lado, também poderia ser argumentado que as obrigações e os direitos dos Membros somente poderiam decorrer do processo de negociação e não de procedimentos jurídicos. Nos últimos anos, os Membros têm negociado muito pouco. A Rodada de Doha, esperançosamente, irá eventualmente corrigir o desequilíbrio entre a necessidade de ativismo e qualquer tendência em direção à criatividade na aplicação da lei por meio do sistema de solução de controvérsias[52] (tradução livre).

Thomas Cottier também é partidário do ativismo consentido. Em 2006 afirmou:

---

51. "I stand by what I wrote in the articles, and also in the new (3rd) edition of my textbook, International Trade Law: Interdisciplinary Theory and Practice (LexisNexis, 3rd ed., 2008). I am not in favor of more politics and less legalization. That is a recipe that favors the rich over the poor, the strong over the weak. Thus, as you rightly say, it is more fair and just that, given the slow legislative branch of the WTO, a robust adjudicatory function exist" (v. Apêndice B).
52. "Another criticism is that gap-filling is not an appropriate role for the dispute settlement system. This view is itself open to criticism since every juridical institution has at least some measure of gap-filling responsibilities as part of its efforts to resolve ambiguities. On the other hand, it can also reasonably be argued that WTO obligations should generally be the product of negotiations among Members, not juridical proceedings. In recent years, Members have successfully negotiated very little: the Doha Round, it is to be profoundly hoped, will eventually correct the imbalance between law-making and any tendency towards creative law enforcement through the dispute settlement system" (Relatório de Panitchpakdi, 2004, p. 55).

> O sistema seria beneficiado se os Membros da OMC entendessem e reconhecessem que a operação do sistema de solução de controvérsias demanda certa medida de autonomia e administração da sua própria operação. Enquanto o processo de negociação continuar a se basear na regra do consenso na OMC, o ativismo judicial será necessário[53] (tradução livre).

Poderíamos escrever mais de 300 páginas transcrevendo os críticos do OA, mas usaríamos mais de 400 para relatar os elogios ao seu desempenho. Para escrever o presente capítulo, a análise dos críticos do OA nos levou a leitura de diversos textos elogiosos a sua prática interpretativa.

3.2.3 Os elogios da doutrina

De maneira geral, nos pareceu que os observadores externos, assim como os Membros da OMC no OSC, estão satisfeitos com a atuação do OA[54]. De fato, apesar das correntes críticas estudadas acima, a maioria dos observadores do trabalho do OA diz estar satisfeita. Robert Howse, por exemplo, afirma:

> Os sete anos de solução de controvérsias judiciais da OMC têm sido um sucesso, a despeito de todas as críticas e objeções ao sistema[55] (tradução livre).

A opinião de Howse é acompanhada de muitas outras na comunidade do comércio internacional[56]. Donald McRae, por exemplo, desafiou os críticos do ativismo judicial ao sugerir que estes questionam e caracterizam como sendo ativista qualquer interpretação com a qual não estejam de acordo[57]. O contraste

---

53. "The system would benefit if WTO Members would understand and recognize that the operation of a judicial dispute settlement system entails a certain amount of autonomy in the management of its operation. [...] As long as decision making in the WTO continues to operate under the consensus rules, an appropriate doctrine of judicial law making in procedural matters is required" (Cottier, 2006, p. 262).
54. Como anota Mavroidis (2009, p. 178): "The AB has been predominantly faithful servant of its mandate".
55. Cf. Howse (2003, p. 130). Para opinião contrária aos críticos do ativismo judicial, v. Steinberg (2004).
56. "Que ses décisions ne soient pas à l'abri des critiques n'empêche pas que la continuité et la cohérence de la jurisprudence de l'Organe d'appel sont incontestables" (Fabri, 2005, p. 13).
57. "An interpretation of the treaty that you don't agree with [is] law-making but an interpretation you do agree with is 'treaty interpretation'" (McRae, 2006, p. 234).

entre interpretação e ativismo judicial também foi descrito como ilusório por parte da doutrina[58], que devolve as críticas às afirmações sobre ativismo judicial. Afirma-se que os críticos do ativismo judicial normalmente possuem interesses específicos no caso[59] e que ignoram o fato de o OA ser composto por juízes que sabem muito bem a diferença entre interpretar e criar regras[60].

Isabelle Van Damme, especialista que recentemente publicou uma tese sobre o OA, caracterizou as críticas do ativismo judicial como um discurso limitado que ignora outros critérios sobre interpretação de tratados[61].

O quadro constante do Apêndice A do presente trabalho compila algumas das opiniões diversas sobre o ativismo judicial e desempenho geral do OA e informa a fonte de obtenção da informação. Da análise do referido quadro se depreende que, entre os especialistas consultados, mais da metade entende ser a técnica interpretativa do OA adequada ao sistema multilateral de comércio[62].

Assim, considerando o conceito de legitimidade proposto no primeiro capítulo do presente trabalho, segundo o qual a técnica interpretativa do OA é legítima se (a) observar as regras de interpretação estabelecidas pelos próprios Membros da OMC, (b) atender às necessidades específicas do sistema multilateral de comércio (segurança e previsibilidade) e (c) ter aceitabilidade e consenso entre os Membros da OMC, podemos afirmar, com base no acima exposto, que o item (c) do nosso conceito estaria preenchido.

3.3 Uma possível resposta às críticas

A função do OA é interpretar os Acordos da OMC. Os Membros definiram essa função ao negociarem o ESC na Rodada Uruguai. O ESC foi assinado por todos os Membros da OMC e é obrigatório, portanto, para todos eles. São os Membros da OMC, por meio do ESC - e não do OA - quem governa os trabalhos do mecanismo de solução de controvérsias da OMC. Isso inclui obviamente a parte que requer a interpretação dos acordos abrangidos.

---

58. Howse (2003, p.12-13).
59. "Dès qu'une décision déplaît, il y a une tendance à considérer que le juge est allé au-delà de ce qu'on attendait de lui" (Fabri, 2005, p. 20).
60. "Substantive criticisms of judicial activism often ignore the maxim that the judge is supposed to know how to determine what the law is" (Ehlermann, 2003, p. 177).
61. "Ultimately, the zeroing jurisprudence illustrates how gap-filling is a matter of perspective. The discourse of judicial overreaching and gap-filling is perhaps too limited. It fails to acknowledge that the Appellate Body's condemnation of zeroing could result from an effective interpretation of article 2 of the Antidumping Agreement" (Van Damme, 2009, p. 124).
62. Peter Van den Bossche (2005, p. 325) confirma esse número.

O Artigo 3:2 do ESC estabelece que o SSC é um elemento central para promover segurança e previsibilidade ao sistema multilateral de comércio. O ESC também estabelece que o objetivo do mecanismo de solução de controvérsias é assegurar uma solução positiva para a disputa[63]. Além disso, o ESC determina que o SSC deve preservar os direitos e obrigações dos Membros negociados por meio dos acordos e esclarecer as disposições dos tratados de acordo com as normas costumeiras de interpretação do direito internacional público[64].

Desse modo, quando um conflito sobre as regras dos acordos abrangidos é submetido à apreciação do OA, esse órgão tem no máximo 90 dias, nos termos do ESC, para analisar todas as questões legais levadas à apelação[65]. O mandato que os Membros da OMC outorgaram por meio do ESC ao OA foi, portanto, para cumprir a sua função de interpretar os acordos da OMC de acordo com as regras costumeiras de interpretação do direito internacional público[66].

A Convenção de Viena tem sido utilizada como a materialização das regras consuetudinárias de interpretação de tratados internacionais, mesmo quando envolve Membros que não são partes da referida convenção, como é o caso dos EUA[67]. Essa prática, além de nunca ter sido contestada por qualquer Membro da OMC, fornece um guia e contribui para promover a coerência entre as decisões. Desde o primeiro caso submetido à sua apreciação, o OA entendeu que o Artigo 31 da Convenção de Viena havia alcançado o *status* de regra costumeira de interpretação do direito internacional[68].

O Artigo 31:1 da Convenção de Viena estabelece que um tratado deve ser interpretado de boa-fé, de acordo com o significado ordinário das palavras em seu contexto e à luz do objeto e propósito do tratado. Essa regra de interpretação sugere um critério de interpretação baseado principalmente no texto. O OA entendeu, assim como também entendeu a CIJ[69], que a função interpretativa deve acima de tudo estar baseada no texto. Assim, a função do OA, como foi definida pelos Membros da OMC, consiste em auxiliá-los a encontrar o significado dos termos estabelecidos nos acordos abrangidos.

63. Artigos 3:7 e 17:12 do ESC.
64. Artigo 3:2 do ESC.
65. Artigo 17:6, 17:12 e 17:13 do ESC.
66. Cf. também Capítulo 1, item 1.2.2.
67. O Brasil, por exemplo, apenas ratificou a Convenção de Viena em 2009.
68. *United States – Standards for Reformulated and Conventional Gasoline (DS2)* (relatório do OA, par. 17).
69. Cf. Capítulo 4, item 4.2.

O OA não pode, assim como sugere parte das críticas, se submeter aos aspectos políticos da OMC. O ESC recorda que o OA somente está autorizado a apreciar questões legais. Além disso, as regras de conduta da OMC obrigam o OA a ser independente e imparcial ao analisar as questões legais que lhe são submetidas[70]. Isso significa que o OA não está autorizado a tomar nenhuma decisão política.

Parte dos críticos sugere que o OA deve utilizar com mais frequência a interpretação teleológica[71] e ser mais criativo e menos formalista. Conforme analisaremos no Capítulo 4 adiante, a interpretação teleológica não é o critério mais adequado para o cumprimento do mandato do OA.

Assim, para cumprir as suas responsabilidades junto aos Membros da OMC, sobra ao OA o texto dos acordos e o mandato específico dos Membros de utilizar a interpretação segundo as regras da Convenção de Viena. Os Membros da OMC não deram ao OA nenhum poder discricionário para utilizar outro método interpretativo senão aquele referido no Artigo 3:2 do ESC. As críticas sobre ativismo judicial parecem ignorar o fato de que o OA exerce suas atividades sempre limitado a um mandato específico.

Por outro lado, o OA não pode deixar de analisar nenhuma questão legal que lhe é submetida à apreciação[72]. Ou seja, o OA não pode deixar de julgar quando o acordo é ambíguo ou quando existam lacunas. Não há referência no ESC que autorize o OA a não julgar um caso quando o texto não é claro e específico. Muito pelo contrário, a sua obrigação é encontrar uma solução positiva para a disputa[73]. Não se pode afastar a função judicial do OA, sob pena de colocar em risco todo o sistema de regras da OMC.

Desse modo, os críticos do ativismo judicial deixam de observar as regras do ESC, onde não há referência qualquer a "deferência política" ou "discricionariedade para deixar de julgar um caso". Mesmo assim, conforme analisaremos mais adiante, a experiência dos últimos quase 15 anos aponta para uma interpretação restritiva dos acordos.

Com relação àqueles que entendem que o OA deveria agir *mais* e não *menos* e dar uma resposta legal ao lento processo legislativo da OMC, é

70. Artigos II e III:2 das Regras de Conduta da OMC.
71. A interpretação teleológica é aquela que não é baseada no texto e sim no contexto, no objeto e no propósito do tratado. Como comentou Gabrielle Marceau sobre a interpretação dos acordos da OMC: "The reference to the 'context', and to some extent 'the object and purpose of the treaty', as well, bring to mind the so-called 'teleological' method of interpretation" (Marceau, 2006, p. 327).
72. Artigo 17:12 do ESC.
73. Artigo 3:7 do ESC.

imperativo, novamente, referir-se ao ESC. Os membros da OMC, ao negociar os acordos da Rodada Uruguai, colocaram toda a sua confiança nas regras escritas. Os Membros, ao definirem a função do SSC, estabeleceram por meio do ESC que os Painéis e o OA deveriam fazer valer os exatos termos das regras escritas. Isso porque somente as regras que foram acordadas por consenso podem garantir o equilíbrio das relações comerciais internacionais cautelosamente negociadas pelos Membros na Rodada Uruguai.

Assim, a função do OA não pode e não deve ser a de criar regras, e sim ater-se a interpretar o significado exato do texto que foi negociado por consenso pelos Membros da OMC.

O apego dos membros do OA pelo significado ordinário do texto, embora pareça exagerado[74], é necessário para o cumprimento do mandato de interpretar as regras que foram deixadas por escrito. Os Membros da OMC confiaram nas regras quando negociaram os acordos da Rodada Uruguai, e o que ficou das negociações foi deixado no texto. Para cumprir esse propósito, o OA faz uso frequente de dicionários nos três idiomas oficiais da OMC: inglês, francês e espanhol. Essa prática procura delimitar a margem de interpretação a ser realizada, por meio da utilização de critérios objetivos para a definição do conteúdo das palavras adotadas.

Alguns críticos do formalismo sugerem que o OA transformou o dicionário *Shorter Oxford English Dictionary* em parte dos acordos abrangidos. No entanto, o próprio OA definiu os limites da utilização dos dicionários em dois diferentes casos[75]. Além disso, entende o OA que não há lugar mais objetivo para procurar o significado ordinário de uma palavra do que em um dicionário[76].

---

74. Cf. as 37 páginas de discussão do OA sobre o significado da expressão e/ou no caso *United States - Definitive Safeguard Measures on Imports of Circular Welded Carbon Quality Line Pipe from Korea (DS202)* (relatório do OA, par. 140-177).
75. *United States - Continued Dumping and Subsidy Offset Act of 2000 (Byrd Amendment) (DS217)* (relatório do OA, par. 248): "dictionaries are important guides to, not dispositive statement of, definitions of words appearing in agreements and legal documents". V., também, *United States - Final Counteracting Duty Determination with Respect to Certain Softwood Lumber from Canada (DS257)* (relatório do OA, par. 58-59).
76. Como comenta um observador: "The indeterminacy of the text leads to a different understanding of the meaning and realm of the words used by the provisions of the covered agreement and forces negotiations among AB Members regarding what meaning and scope of the applicable provisions will have the imprint of the AB as a whole" (Alvarez-Jimenez, 2009, p. 9).

Assim, o recurso ao dicionário é apenas uma etapa da técnica interpretativa do OA. Para cumprir o seu mandato, outorgado pelos Membros da OMC, o OA se refere ao texto e, quando o texto não é claro o suficiente ou porque determinado termo possui mais do que um significado, o OA entende necessário utilizar os outros critérios de interpretação da Convenção de Viena, para esclarecer o significado ordinário do texto, em seu contexto e à luz do propósito e objeto do Tratado.

O risco sistêmico de outros métodos interpretativos está justamente no fato de o ESC estabelecer que o SSC não pode aumentar nem reduzir os direitos negociados nos acordos. Quanto mais o OA se desviar do texto, maiores os riscos de criação de regras além daquelas que foram negociadas pelos Membros.

Conforme verificamos na análise feita acima, quando um Membro da OMC alega ativismo judicial, o outro, na mesma disputa, elogia a atuação do OA por ter interpretado corretamente o texto do acordo. O que para um Membro parece uma interpretação controversa, para outro se trata de justiça. Ou seja, uma função que atende às necessidades de 153 Membros não pode ser exercida sem que existam críticas[1]. Por fim, não podemos deixar de observar que as duas correntes críticas têm algo em comum: não se atêm aos exatos termos e orientações do ESC.

1. "Le Rapport Sutherland relève le degré élevé de satisfaction des membres de l'OMC à l'égard du système de règlement des différends. [...] Les membres de l'OMC n'hésitent pas à introduire des plaintes (plus de 335 à date). La proportion des affaires donnant lieu à un 'jugement' s'établit aux alentours d'un tiers (plus de 85 jugements définitifs auxquels s'ajoutent les procédures en cours), ce qui pourrait accréditer l'idée que le règlement amiable, 'toujours préférable' selon le Memorandum, fonctionne plutôt bien mais aussi que les Membres n'hésitent pas à pousser les procédures. Cette attitude n'est d'ailleurs pas l'apanage des 'gros joueurs' que sont les principales puissances commerciales, même si elles sont particulièrement présentes. Les pays en développement sont également des utilisateurs croissants, ou du moins certains d'entre eux. *Cela n'expose que davantage le juge à des critiques*, telles que le soupçon de se faire trop politique, en accaparant un pouvoir normatif qui ne lui appartient pas, ou l'incitation à se faire plus déférent, mais aussi à des attentes, telles que la cohérence non seulement juridique mais aussi économique et politique" (Fabri, 2005, p. 20, grifos nossos).

CAPÍTULO 4

O Método Interpretativo de Outras Cortes Internacionais

A análise que pretendemos realizar neste capítulo é de como se dá a interpretação dos tratados por outras cortes internacionais. Não pretendemos, neste trabalho, esgotar o estudo sobre a interpretação de tratados, já detalhadamente abordado em outros trabalhos específicos[2]. Temos a expectativa de, tão somente, e com o objetivo de indagar se a técnica interpretativa do OA é legítima e adequada para garantir o cumprimento dos acordos da OMC, compará-la com o método interpretativo utilizado em outras cortes internacionais.

Para simplificar a comparação, tomaremos como referência apenas duas outras cortes, além do OA: a CEDH e a CIJ.

4.1 Interpretação de tratados pela CEDH

A Convenção Europeia de Direitos Humanos (doravante, Convenção), ao contrário do ESC, não estabelece em seu texto nenhuma diretriz específica de como a CEDH deve proceder durante o processo de interpretação. No entanto, não há dúvidas de que a Corte se utiliza das regras de interpretação da Convenção de Viena, embora nem sempre a ela se refira explicitamente[3].

No denominado caso *Golder*[4], a CEDH justificou a aplicação da Convenção de Viena ao caso, embora esta ainda não estivesse em vigor:

> A Corte entende, assim como faz o Governo e a Comissão, que deve observar os Artigos 31 e 32 da Convenção de Viena, de 23 de Maio de 1969. Essa Convenção ainda não entrou em vigor e estabelece, em seu Artigo 4, que não é retroativa, no entanto seus Artigos 31 e 32 enunciam a essência dos princípios gerais de direito internacional aceitos, aos quais essa Corte já se referiu em outras ocasiões[5] (tradução livre).

---

2. Para aprofundar esse assunto, v. Fitzmaurice e Lowe (1996), Van Damme (2009) e McRae (2007).
3. Ost (1992).
4. *Golder v. United Kingdom* (1975).
5. "The Court is prepared to consider, as do the Government and the Commission, that it should be guided by Articles 31 to 33 of the Vienna Convention of 23 may 1969 on the Law of Treaties. That Convention has not yet entered into force and

Ou seja, não somente a CEDH confirmou nesse caso a aplicação da Convenção de Viena como também endossou os seus Artigos 31 e 32 como as regras relevantes de interpretação do direito internacional público costumeiro. No que se refere à hierarquia dos vários elementos de interpretação previstos no Artigo 31, assim como também já afirmou o OA, a CEDH esclareceu no mesmo *Golder Case*, que o Artigo 31 estabelece uma regra geral, sendo o processo de interpretação um processo único, uma combinação singular e integrada que coloca no mesmo nível todos os elementos de interpretação previstos no Artigo 31[6]. A CEDH afirmou não dar, portanto, prioridade ao significado ordinário do texto, do contexto ou do objeto.

Por outro lado, embora a CEDH não tenha indicado claramente como deve ser o processo interpretativo, alguns observadores identificaram dois métodos específicos utilizados com frequência por essa Corte: (a) a interpretação evolutiva (*living instrument approach*), método que leva em consideração a evolução e as mudanças de condições ocorridas ao longo do tempo; e (ii) a interpretação prática e efetiva.

O método da interpretação evolutiva foi descrito pelo juiz Wildhaber como o princípio pelo qual a Convenção deve ser interpretada de acordo com as condições atuais[7]. Esse método teve sua gênese no caso caso *Tyrer*[8] e, embora sujeito a críticas, a CEDH o mantém desde então. No caso *Loizidou v. Turkey*, a Corte aplicou o método da interpretação evolutiva tanto para as questões substantivas quando para as questões procedimentais[9]. Esse método permitiu à CEDH expandir o conceito de tortura de acordo com as mudanças de condições ocorridas ao longo do tempo.

---

it specifies, at Article 4, that it will not be retroactive, but its Articles 31 to 33 enunciate in essence generally accepted principles of international law to which the Court has already referred on occasion" (*Golder v. United Kingdom*).

6. "In the way in which it is presented in the 'general rule' in Article 31 of the Vienna Convention, the process of interpretation of a treaty is a unity, a single combined operation, closed integrated, places on the same footing the various elements enumerated in the four paragraphs of the Article" (*Golder v. United Kingdom*, par. 30).
7. Wildhaber (2004, p. 84).
8. *Tyrer v. United Kingdom* (1978).
9. "The Convention is a living instrument which must be interpreted in the light of present-day conditions is firmly rooted in the Court's case-law. Such approach, in the Court's view, is not confined to the substantive provisions of the Convention, but also applies to those provisions, such as Articles 25 and 46. [...] It follows that these provisions cannot be interpreted solely in accordance with the intentions of their authors as expressed more than forty years ago" (1995, par. 71).

Outra técnica interpretativa utilizada com frequência pela CEDH é a interpretação prática e efetiva (princípio da efetividade), que consiste na interpretação da Convenção por meio da qual os direitos e liberdades fundamentais do reclamante na disputa lhe sejam garantidos de maneira prática e efetiva. Ou seja, os Estados não devem permanecer passivos, mais sim tomar as providências necessárias para que os seus cidadãos usufruam dos direitos e liberdades que lhe são garantidos pela Convenção.

Percebe-se, assim, que o método interpretativo utilizado pela CEDH não é um método que prioriza o sentido literal do texto da Convenção, mas sim a intenção dos negociadores do acordo em estabelecer um regime de proteção aos direitos humanos, uma técnica interpretativa, portanto, teleológica, segundo a qual a Convenção não deve ser interpretada num vácuo e sim de acordo com o caráter especial de um tratado de direitos humanos.

4.2 Interpretação de tratados pela CIJ

Estabelecida pela Carta da Organização das Nações Unidas (ONU) como o principal órgão judiciário da organização, a CIJ é regulada por Estatuto anexo à Carta da ONU, na forma de seu Artigo 92. Composta de 15 membros eleitos pela Assembleia Geral e pelo Conselho de Segurança para mandato de 9 anos, com direito a reeleição, a Corte tem sede na cidade da Haia e sua competência abrange todas as questões submetidas pelos Estados, bem como todos os assuntos especialmente previstos na Carta da ONU ou em tratados e convenções em vigor. A jurisdição da Corte é obrigatória no caso de o Estado declarar o reconhecimento dessa obrigatoriedade (59 membros reconhecem a jurisdição obrigatória). A Corte decide as controvérsias de acordo com o direito internacional.

No que se refere à técnica interpretativa, é possível verificar uma aproximação da técnica interpretativa do OA à técnica utilizada na CIJ, onde também o texto é o elemento fundamental do processo interpretativo. Na apreciação de uma disputa territorial havida entre a Líbia e o Chade em 1994, a CIJ estabeleceu com clareza o seu método interpretativo ao afirmar que a interpretação deve se basear acima de tudo no texto do tratado[10]. Ou seja, também a CIJ considera que as normas correntes de interpretação do direito

10. "Interpretation must be based above all upon the text of the treaty" [Disputa Territorial (Líbia v. Chade) (decisão de 3 de fevereiro de 1994, p. 6); e Delimitação Marítima na região situada entre a Groenlândia e Jan Mayen (Dinamarca v. Noruega) (decisão de 14 de junho de 1993, p. 6)].

internacional público são materializadas nos Artigos 31 e 32 da Convenção de Viena[11].

A primazia ao significado ordinário do texto também é notada na maneira como a CIJ utiliza os outros elementos de interpretação do Artigo 31. O recurso ao contexto dos termos de um tratado é feito para situar o instrumento submetido à apreciação da Corte e para confirmar o seu texto[12]. Mesmo a prática subsequente, que é parte do contexto, de acordo com o Artigo 31:3(b), é usada para confirmar a interpretação obtida por meio do texto[13]. A premissa da CIJ, portanto, é que o texto é a expressão autêntica da intenção das partes[14].

4.3 Interpretação de tratados pelo OA

Conforme detalhadamente explicado no primeiro capítulo deste trabalho, no qual expusemos a técnica interpretativa do OA, o Artigo 3:2 do ESC estabelece que o SSC da OMC deverá ser utilizado para esclarecer as disposições vigentes nos acordos abrangidos em conformidade com as normas correntes de interpretação do direito internacional público. O OA, desde o seu primeiro caso, *United States - Standards for Reformulated and Conventional Gasoline (DS2)*, entendeu, assim como a CEDH e a CIJ, que as regras costumeiras de direito internacional público sobre interpretação estavam consolidadas na Convenção de Viena.

O OA teve, portanto, o mesmo entendimento que a CEDH e a CIJ sobre quais seriam os critérios de interpretação do direito internacional público. Além disso, o OA afirmou que o processo de interpretação dos acordos da OMC é um processo de direito internacional público, e que os acordos não poderiam ser interpretados isoladamente do restante do direito internacional[15].

No entanto, percebe-se uma diferença marcante entre o método interpretativo da CEDH e aquele do OA e da CIJ. Tanto a CIJ quanto o OA

---

11. Canal de Corfu (Reino Unido v. Albânia) (decisão de 9 de abril de 1949, p. 24).
12. Saara Ocidental (opinião consultiva de 16 de outubro de 1975, p. 40); e Delimitação Marítima e questões territoriais (Qatar v. Bahrein) (decisão de 15 de fevereiro de 1995, p. 119).
13. Delimitação Marítima na região situada entre a Groenlândia e Jan Mayen (Dinamarca v. Noruega) (decisão de 14 de junho de 1993, p. 51).
14. Disputa transfronteiriça, insular e marítima (El Salvador v. Honduras) (decisão de 11 de setembro de 1992, p. 586).
15. "The agreements are not to be interpreted in clinical isolation from public international law" [*United States - Standards for Reformulated and Conventional Gasoline (DS2)* (relatório do OA, par. 17)].

procuram não realizar uma interpretação teleológica, preferindo priorizar como ponto de partida o Artigo 31:1 da Convenção de Viena - sentido ordinário do texto. Somente depois dessa primeira etapa é que o OA e a CIJ, se necessário, utilizam outros critérios da Convenção de Viena, como o objeto e o propósito do tratado, embora ambas as cortes já tenham afirmado que os critérios da Convenção de Viena não seguem uma hierarquia:

> O intérprete de um tratado deve ler todas as disposições aplicáveis, de forma a dar significado a todas elas harmoniosamente. E uma leitura adequada desse "pacote inseparável de direitos e disciplinas" deve, dessa forma, ser aquela que dê significado a todas as disposições relevantes desses dois acordos vinculantes[16] (tradução livre).

Além do contexto, do objeto e do propósito[17], o OA e a CIJ, embora em raras ocasiões, também já recorreram a outros critérios de interpretação, como, por exemplo, a interpretação evolutiva. No caso *United States - Import Prohibition of Certain Shrimp and Shrimp Products (DS58),* o OA entendeu que o texto do Artigo XX(g) do GATT, que se refere à conservação de recursos naturais exauríveis, inclui também a conservação de recursos naturais renováveis e afirmou:

> O texto do Artigo XX (g), "recursos naturais exauríveis" foi negociado há mais de cinquenta anos. Essas palavras devem ser lidas por um intérprete de acordo com as preocupações contemporâneas da comunidade das nações a respeito da proteção e da conservação do meio ambiente (tradução livre)[18].

---

16. "Yet a treaty interpreter must read all applicable provisions of a treaty in a way that gives meaning to all of them harmoniously" [*Argentina - Safeguard Measures on Imports of Footwear (DS121)* (relatório do OA, par. 81)]. Esse mesmo princípio da efetividade, que segundo o OA decorre da própria regra do artigo 31:1 da Convenção de Viena (*ut res magis valeat quam pereat*) foi utilizado também nos casos *Korea - Definitive Safeguard Measure on Imports of Certain Dairy Products (DS98)* (relatório do OA, par. 81) e *Japan - Alcoholic Beverages II (DS8, DS10, DS11)* (relatório do OA, par. 45).
17. Para detalhes da técnica interpretativa do OA, cf. Capítulo 1, item 1.3.
18. "From the perspective embodied in the preamble of the WTO Agreement, we note that the generic term 'natural resources' in Article XX (g) is not 'static' in its content or reference but is rather 'by definition, evolutionary' [...] Given the recent acknowledgement by the international community of the importance of concerted bilateral or multilateral action to protect living natural resources, and recalling the explicit recognition by WTO Members of the objective of sustainable

A utilização do princípio evolutivo deu margem a uma avalanche de críticas e, desde então, o OA não o tem usado com frequência.

Em vários aspectos, a técnica interpretativa do OA, da CEDH e da CIJ possui similaridades. Todas elas consideram durante o processo interpretativo o Artigo 31:1 da Convenção de Viena. Todas elas entendem que o processo de interpretação de um tratado não pode estar isolado do contexto do direito internacional público. A diferença fundamental está no fato de o OA e a CIJ priorizarem o sentido literal do texto que está sendo apreciado, enquanto a CEDH dá preferência à interpretação teleológica. No entanto, embora siga uma tendência, o método de cada uma dessas cortes não é monolítico. Tanto a CEDH já interpretou segundo o sentido ordinário do texto (*Golder Case*) quanto o OA e a CIJ já se referiram ao objeto e propósito do tratado[19].

Conforme já argumentamos anteriormente, ao lado da preferência por uma interpretação literal dos acordos da OMC, a prática até agora acumulada demonstra uma preocupação do OA em eliminar qualquer interpretação extensiva desses acordos. Essa preocupação tem fundamento normativo, já que o ESC recorda que as recomendações sobre as controvérsias submetidas não podem aumentar nem diminuir direitos e obrigações dos Membros da OMC[20]. Nessa linha se manifestou o ex-membro do OA, James Bacchus[21]:

> Eu poderia afirmar que uma análise cuidadosa de nossas decisões levaria à conclusão de que, ao cumprir a nossa obrigação com os acordos da OMC, nós temos reiteradamente demonstrado certa restrição interpretativa (tradução livre).

---

development in the preamble of the WTO agreement, we believe it is too late in the day to suppose that Article XX (g) of GATT 1994 may be read as referring only to the conservation of exhaustible mineral or other non-living natural resources" [*United States – Import Prohibition of Certain Shrimp and Shrimp Products (DS58)* (relatório do OA, par. 128-132)].

19. *United States – Import Prohibition of Certain Shrimp and Shrimp Products (DS58)* (relatório do OA); e Delimitação Marítima na região situada entre a Groenlândia e Jan Mayen (Dinamarca v. Noruega) (decisão de 14 de junho de 1993, p. 51).
20. Artigo 19:2 do ESC.
21. "Even so, I would maintain that a careful reading of four rulings would lead most fair minded observers to conclude that, while fulfilling our responsibilities under the WTO treaty, we have consistently shown a great measure of restraint. Our approach always has been one, if you will, of 'quasi-judicial' restraint [...] Some may say that some of our rulings may have added to the obligations of Members of the WTO treaty. I would disagree" (Bacchus, 2002, p. 1033).

Essa é a razão pela qual, desde a constituição do OA, houve grande preocupação por parte de seus membros em cumprir fielmente esse mandato. Somente a correta observância dos limites desse mandato pelo OA, a instância jurisdicional máxima da OMC, pode garantir a segurança e a estabilidade necessárias para a construção de confiança nas relações entre os Membros. Isso porque as regras aplicadas são exatamente aquelas negociadas e definidas pelos Membros da OMC e às quais eles previamente aderiram.

Assim, a maneira como os membros do OA decidiram as primeiras disputas levadas à apelação foi consequência do modo como eles interpretaram essas normas de aplicação dos acordos abrangidos no ESC. É possível verificar, no caso *European Communities - Measures Concerning Meat and Meat Products (Hormones) (DS26, DS48)*, aquela que eles julgavam ser a maneira correta de interpretar. Na ocasião, o OA afirmou:

> [...] nós não podemos levianamente presumir que Estados soberanos pretenderam impor-se obrigação mais onerosa, em vez da menos gravosa, exigindo conformidade de obediência com tais padrões, paradigmas e recomendações. Para permitir tal presunção e dar margem a tão ampla interpretação, a linguagem e os termos do tratado a serem empregados deveriam ser muito mais específicos e instigantes do que aqueles do Artigo 3 do Acordo SPS[22] (tradução livre).

Nesse relatório é possível encontrar uma primeira referência à interpretação dos acordos abrangidos, em que o OA afirmou que se deveria ler o texto levando em conta que os Estados soberanos nunca escolheriam a obrigação mais onerosa; ao contrário, presumiu-se que eles prefeririam a menos gravosa, sempre que viessem a assinar um tratado internacional. Essa necessidade se traduz na prática interpretativa restritiva, uma vez que cada artigo negociado corresponde à renúncia de parte da soberania de cada Membro e, como tal, não pode ser interpretado extensivamente[23].

---

22. "[...] cannot lightly assume that WTO Members assume that sovereign states intended to impose upon themselves the more onerous, rather than the less burdensome, obligations by mandating conformity or compliance with such standards, guidelines and recommendations. To sustain such an assumption and to warrant such a far-reaching interpretation, treaty language far more specific and compelling than that found in Article 3 of the SPS Agreement would be necessary" [*European Communities - Measures Concerning Meat and Meat Products (Hormones) (DS26, DS48)* (relatório do OA, par.165)].
23. Essa interpretação restritiva se reflete na aplicação do princípio *in dubio mitius*, segundo o qual: "Restrictive interpretation means that the treaty language

Tendo isso em mente, os Membros do OA estabeleceram que a interpretação deveria ser o mais literal possível, para que não se aumentasse o alcance do que fora dito e intencionado pelos negociadores durante a Rodada Uruguai[24].

Esse traço que distingue a técnica interpretativa do OA e da CIJ daquela da CEDH também pode ser explicado pela natureza dos tratados que essas cortes são chamadas a interpretar. Essa diferença pode explicar a preocupação do OA e da CIJ em interpretar segundo o sentido literal do texto.

A Convenção de Viena não descreve como deve ser o processo interpretativo de um tratado, apenas indica quais são os elementos a serem tomados em consideração. Nesse sentido, as técnicas do OA, da CIJ e da CEDH, embora distintas, são legítimas[25], pois atendem às necessidades e particularidades dos tratados específicos que interpretam.

Como explicado no primeiro capítulo deste trabalho, o conceito de legitimidade vai além do mandato da Convenção de Viena. A técnica interpretativa deve responder às necessidades e características especiais do tratado que está sendo interpretado. Não há dúvidas de que a Convenção Europeia de Direitos Humanos leva à fácil identificação de seu objeto e propósito, que é a proteção e promoção dos direitos humanos. Os acordos da OMC, por seu turno, não levam à fácil identificação de seu objeto e propósito, pois estes podem variar segundo o acordo que está sendo interpretado ou mesmo segundo

---

should not be interpreted so as to limit state sovereignty or a State's personal and territorial supremacy" (McNair, 1961, p. 466). E ainda: "if the language on the existence and scope on an obligation is unclear, restrictive interpretation supports the proposition that no obligation or only a minimal scope for the rule should be found to apply. The application of the principle essentially results in a interpretation in deference to the sovereignty of one specific signatory, the party assuming an obligation. The principle is supposed to protect sovereignty of the parties to a treaty" (Lauterpacht, 1949, p. 58).

24. A interpretação literal e restritiva da intenção dos negociadores dos acordos leva forçosamente à análise pormenorizada de cada palavra, e é por isso que o OA muitas vezes lançou mão de dicionários para compreender o preciso significado de cada expressão. Assegurar a letra dos acordos negociados forma a base de orientação para o início do ato interpretativo do OA. Por essa razão, o cuidado especial na determinação prévia do sentido das palavras. Os dicionários mais usados para a determinação do sentido do texto escrito são: dicionário da Royal Academia, para o espanhol; Robert, para o francês; e Oxford, para o inglês.

25. "Rather than mandating a specific approach to interpretation, the Vienna Convention provides a framework for the interpretation of treaties. As a result, both the approach of the ECHR and the approach of the Appellate Body can be seen as legitimate approaches to interpretation" (McRae, 2007, p. 1419).

as partes que negociaram o acordo. Ainda que os acordos da OMC tratem do livre comércio, eles refletem uma mistura de liberalização e restrições, que são inerentes ao equilíbrio alcançado entre os Membros.

Assim, a identificação do objeto e do propósito dos acordos da OMC, como a promoção do livre comércio, seria uma reflexão simplista e distorcida do que os acordos representam na realidade[26]. Jeff Waincymer destacou a dificuldade da utilização dos elementos finalísticos no texto convencional durante a interpretação dos princípios que regem o sistema multilateral de comércio, já que a finalidade pode variar em cada disposição estabelecida no âmbito da regulamentação do sistema. Para ele, até o princípio da não discriminação, que é o princípio mais importante do sistema multilateral de comércio, deveria ser visto com muita cautela, pois mesmo nesse caso existiriam diversas exceções que comprometeriam a determinação da finalidade no âmbito das disciplinas da OMC[27].

Assim, a interpretação teleológica, que leva em consideração o objeto e o propósito do tratado, parece não se adequar perfeitamente aos acordos da OMC, pois o objeto e o propósito podem variar segundo o acordo ou mesmo segundo as partes que assinaram o acordo. O método interpretativo teleológico, no caso da OMC, pode não resultar na segurança e na previsibilidade

---

26. "Embracing the fiction that WTO provisions are uniformly intended to advance liberalization would contradict the more nuanced view that their purposes are mixed" (Steinberg, 2004, p. 262). No mesmo sentido a opinião do ex-Membro do OA James Bacchus: "Contrary to some popular misconceptions, the WTO treaty is *not* a free trade agreement. It does not *mandate* free trade. The WTO treaty is an international agreement for freeing trade and for preventing discrimination. Because the WTO is not a free trade agreement, the job of the WTO is not to ensure free trade. Nor is that the job of the Appellate Body of the WTO. The job of the Appellate Body is to assist the Members of the WTO in clarifying and upholding the rules on which they themselves have agreed as an overall framework for securing freer trade within a system that also recognizes and respects other vital national international needs and goals" (Bacchus, 2004, p. 20).
27. "Some principles, even if agreed, would be hard to define and apply. For example, the most favored nation or non-discrimination principle could either be seen as a core purpose or merely as an anti-avoidance device to stop a historical agreement being undermined by a later one. The non-discrimination norm is also difficult to apply in a purposive manner. There are numerous exceptions with the WTO provisions. Not all GATT/WTO rules are non-discriminatory. Even apart from the obvious exceptions in relation to developing country and free trade areas, anti-dumping and countervailing duty laws are discriminatory in the sense that they are applied to certain exporters or certain countries alone" (Waincymer, 2002, p. 442).

pretendidas pelos Membros. Por essa razão, a preferência pela interpretação literal parece ter sido estabelecida pelos Membros do OA justamente para responder às necessidades específicas dos acordos da OMC, cujo objeto e propósito podem variar.

Claus-Dieter Ehlermann, antigo membro do OA, argumentou nessa linha, em 2003:

> É arriscado definir o objeto e o propósito que as partes buscam quando esse propósito não está expresso no próprio acordo, especialmente considerando que cada Membro da OMC pode eventualmente ter diferentes objetivos e propósitos[28] (tradução livre).

Esse também foi o entendimento do OA no caso *United States - Import Prohibition of Certain Shrimp and Shrimp Products (DS58)*, quando reconheceu que a maioria dos tratados não possui um único e exclusivo propósito e objetivo, mas sim uma variedade de objetos conflitantes entre si[29].

A preferência pela interpretação textual em detrimento da interpretação teleológica é explicada pelo ex-membro do OA Julio Lacarte-Muró, nos seguintes termos:

> Uma questão pertinente que foi levantada é se porventura o Órgão de Apelação deveria levar mais em conta o objeto e o objetivo do acordo ou ainda se deveria considerar questões políticas na interpretação dele, especialmente quando o dispositivo é redigido em linguagem comum. O objeto e o objetivo de todo acordo estão na Convenção de Viena e devem ser analisados sempre que necessário. Entretanto, essa não é a intenção dos negociadores encontrada nos texto do próprio dispositivo. Inúmeros negociadores de mais de 100 países com interesses conflitantes e objetivos diferentes finalizaram o acordo da Rodada Uruguai. Certamente, todos tinham intenções diferentes. O único lugar em que uma intenção foi aceita por todos é no texto acordado[30].

---

28. "It is risky to ascertain the object and purpose that the parties pursued if the object is not expressed in the treaty itself, especially since each party may have different objects and purposes in mind" (Ehlermann, 2003, p. 2-10).
29. "Most treaties have no single, undiluted object and purpose but rather a variety of different, and possibly conflicting objects and purposes" [*United States - Import Prohibition of Certain Shrimp and Shrimp Products (DS58)* (relatório do OA, par. 17)].
30. Lacarte-Muró (2007, p. 38).

Esse comentário reflete a percepção dos membros do OA sobre a necessidade de estabilidade e previsibilidade do sistema multilateral de comércio – elementos que a interpretação baseada principalmente no texto parece promover. Percebe-se, na prática interpretativa do ao, uma preocupação constante com a observância das regras do ESC. Ou seja, há cautela sempre expressa nas decisões com o cumprimento fiel ao mandato[31].

31. Isabelle Van Damme (2009) e John Jackson (2006) são alguns dos autores que defendem a tese de que o OA tem evoluído ao longo dos últimos anos como corte e, como tal, tem se distanciado do formalismo característico e interpretado os acordos com mais criatividade, segundo outros critérios de interpretação, como, por exemplo, *lex posteriori* e *lex speciali*. V. aprofundamento da questão no Capítulo 6 do presente trabalho.

CAPÍTULO 5

Conclusão

O SSC foi objeto de importantes transformações realizadas ao longo dos anos, sobretudo ao final da Rodada Uruguai, quando um sistema *power-oriented* foi conferindo lugar a um sistema *rule-oriented*. A implementação da regra do direito na OMC se deu por meio dos novos mecanismos previstos no ESC. Essas modificações promoveram maior institucionalização do SSC no âmbito multilateral, possibilitando a consagração de um mecanismo jurisdicional baseado em regras jurídicas.

O adensamento de juridicidade promovido pelo ESC foi uma medida de construção de confiança entre os Membros da OMC que, ao tutelar a segurança e a previsibilidade do sistema multilateral de comércio, reforçou o caráter de consenso e adesão ao referido regime internacional por parte da maior parte dos países.

A legitimidade do sistema multilateral de comércio está relacionada ao estabelecimento de um sistema fundado nas regras do Direito, de um sistema que comporte segurança, previsibilidade, equilíbrio entre os Membros e que seja menos suscetível às influências e aos condicionamentos do poder.

Não seria possível, contudo, assegurar esses direitos e obrigações dos Membros, se não fosse, ao mesmo tempo, estabelecido um órgão decisório específico e com poderes para interpretar, de forma definitiva, as regras (nem sempre precisas) dos acordos em vigor.

Esse órgão fundamental é o OA, que tem por finalidade precípua assegurar os direitos e obrigações estabelecidos pelos Membros quando da negociação dos diversos acordos abrangidos. Para isso, o método de interpretação dos acordos é fundamental, já que, fosse esse composto de critérios subjetivos e constantemente variáveis, não traria a previsibilidade e a segurança jurídicas desejadas pelos Membros da OMC.

Estudamos na primeira parte deste trabalho a técnica interpretativa estabelecida pelo OA, notadamente a aplicação das regras de interpretação estabelecidas pelos Artigos 31 e 32 da Convenção de Viena. Para compreender os demais fundamentos dessa técnica, examinamos os impactos dos grandes sistemas de Direito (direito civil e direito comum) para a regulamentação do sistema multilateral de comércio e para as próprias decisões do OA, bem como para a interpretação de alguns institutos jurídicos específicos.

Essa análise nos permitiu verificar que, embora as decisões do OA sofram influência de ambos os grandes sistemas jurídicos contemporâneos, o método interpretativo é misto e atende a necessidades específicas do sistema multilateral de comércio.

Os critérios que levam a prática decisória do OA a ser considerada uma prática mista levam a maior grau de legitimidade de suas decisões, pois a técnica interpretativa do OA segue critérios objetivos, que, por sua vez, observam as regras do ESC, negociado pelos Membros por consenso. Ou seja, ainda que exista influência de elementos do direito civil ou do direito comum nessa prática, verificamos que não há uma tendência comprovada para um dos dois sistemas de direito em detrimento do outro, o que levaria a uma perda da parcela de legitimidade da técnica interpretativa do OA.

Analisamos também as críticas apresentadas ao OA e verificamos que, embora existam, não são suficientes para limitar o caráter de legitimidade das decisões e da técnica interpretativa desse órgão. De maneira geral, pareceu-nos que os observadores externos, assim como os próprios Membros da OMC, por meio de suas manifestações no OSC, estão satisfeitos com a atuação do OA, apesar das correntes críticas analisadas.

Assim, considerando o conceito de legitimidade proposto no primeiro capítulo, segundo o qual a técnica interpretativa do OA é legítima se (a) observar as regras de interpretação estabelecidas pelos Membros da OMC, (b) atender às necessidades específicas do sistema multilateral de comércio (segurança e previsibilidade) e (c) tiver aceitabilidade e for objeto de consenso entre os Membros da OMC, podemos afirmar, com base na primeira parte do presente trabalho, que os itens (a) e (c) do nosso conceito são observados. Restar-nos-ia assim analisar se a técnica interpretativa do OA efetivamente promove segurança e previsibilidade ao sistema multilateral de comércio.

Segunda Parte

O Método Interpretativo do OA da OMC como Elemento de Legitimidade do Sistema Multilateral de Comércio

A hipótese do presente trabalho supõe que a técnica interpretativa do OA é legítima e que, além disso, ela reforça a legitimidade do sistema multilateral de comércio. Conforme definimos no primeiro capítulo, segundo o nosso conceito de legitimidade, a técnica interpretativa do OA será legítima se (a) observar as regras de interpretação estabelecidas pelos próprios Membros da OMC, (b) atender às necessidades específicas do sistema multilateral de comércio (segurança e previsibilidade) e (c) for aceita consensualmente entre os Membros da OMC.

Demonstramos nos capítulos anteriores que a técnica interpretativa do OA (a) observa as regras de interpretação estabelecidas pelos Membros da OMC no ESC e (c) é majoritariamente aceita pelos Membros da OMC. Resta-nos averiguar se essa técnica atende as necessidades específicas do sistema multilateral de comércio relativas à manutenção da segurança e da previsibilidade. Este, aliás, é o ponto fundamental da legitimidade do próprio sistema multilateral de comércio. Isso porque, conforme mencionamos reiteradamente neste trabalho, a legitimidade do sistema multilateral de comércio está fundamentalmente apoiada na confiança que os Membros da OMC depositam nas regras negociadas por consenso e firmadas na Rodada Uruguai.

A manutenção do equilíbrio de forças nas relações comerciais internacionais dos Membros da OMC depende dessas regras. A técnica interpretativa do OA somente reforçará a legitimidade do sistema multilateral de comércio se garantir a segurança e a previsibilidade do sistema por meio da correta aplicação das regras[1].

---

1. Como comentou Giorgio Sacerdoti: "The first new feature of the WTO dispute settlement system concerns the very function of the mechanism, which was previously not even spelled out. The aim went beyond that of ensuring the resolution of a few occasional disputes; it became the goal of safeguarding 'a central element in providing security and predictability to the multilateral trading system' (Article 3:2 of the DSU). This function explains the evolution towards the legalization or 'jurisdictionalization' of the dispute settlement system that, in

Observamos que a técnica interpretativa do OA não é mecânica. O método interpretativo do OA é um exercício de raciocínio composto de diversos elementos e realizado por seres humanos[2]. Não podemos supor ser suficiente que o OA simplesmente siga as regras da Convenção de Viena, passo a passo, e alcance o resultado e a solução para o caso concreto. Se assim fosse, bastaria que os Membros da OMC rodassem os dados e as informações de sua disputa em um programa de computador e imprimissem o resultado. A interpretação de um tratado vai além da técnica, envolve um raciocínio e, em última análise, uma escolha. Trata-se de hermenêutica jurídica.

Conforme comentou certo juiz da CIJ:

> A interpretação do direito internacional não pode se limitar às tecnicidades. Assim como a música não existe se o pianista aplicar apenas a técnica, o Direito tampouco existirá se o intérprete se limitar à técnica. O juiz é um ator social, e os valores são sempre levados em consideração na decisão[3] (tradução livre).

Como o próprio OA afirmou no caso *Canada – Certain Measures Concerning Periodicals (DS31),* uma inevitável margem de discricionariedade é necessária[4].

Na segunda parte do presente trabalho, estudaremos essa técnica/arte de raciocínio. Analisaremos como os elementos exteriores à técnica mecânica fazem parte da interpretação. Indagaremos se a interpretação, do modo como é operada pelo OA, é capaz de garantir a previsibilidade e a segurança almejadas pelos Membros da OMC e, portanto, de reforçar a legitimidade do sistema multilateral de comércio.

Os elementos exteriores à matemática dos critérios da Convenção de Viena envolvem o confronto de "juízes" de nacionalidades distintas que ocorre no Órgão de Apelação e o papel do Secretariado nas decisões desse órgão. Esse confronto nos levou também a considerar o peso da denominada "cultura jurídica" na prática interpretativa e o perfil cultural de seus Membros.

---

turn, is the mirror of the qualitative leap taken between the GATT and the WTO" (Sacerdoti, 2006, p. 36).

2. Como aponta Vincent Tomkiewicz: « La référence systématique à la Convention de Vienne apporte le témoignage d'un rituel qui joue incontestablement sur la légitimité de la décision, on n'oubliera pas non plus que la démarche juridictionelle ne peut être réduite à un schéma mécanique d'application d'une règle" (Tomkiewicz, 2005, p. 4).
3. Anotações feitas da palestra proferida por Bennouna (2009).
4. "[A]n unavoidable element of individual discretionary judgement applies" [*Canada – Certain Measures Concerning Periodicals (DS31)* (relatório do OA, par. 466)].

CAPÍTULO 6

A Arte da Interpretação Jurídica

Não temos, no presente capítulo, a pretensão de esgotar as diversas teorias destinadas ao estudo da interpretação e hermenêutica jurídicas. O objetivo do presente é tratar do assunto de forma limitada tão somente para introduzir a noção de interpretação jurídica como uma forma de raciocínio e defini-la dentro do escopo de nosso estudo[5]. A nossa intenção é demonstrar que o OA, no exercício de suas funções, exerce uma técnica que não é e não pode ser mecânica, mas que envolve um raciocínio e, em última análise, uma escolha. Para tanto, trataremos inicialmente da evolução das teorias sobre interpretação jurídica, desde o desafio proposto por Kelsen sobre a impossibilidade de se criar uma teoria científica da interpretação, até chegarmos à teoria hermenêutica contemporânea, segundo a qual a interpretação é ciência, desde que fundamentada.

6.1 A evolução das teorias sobre interpretação jurídica a partir do século XIX

Muito embora o desenvolvimento de técnicas interpretativas do Direito seja bastante antigo, é relativamente recente a consciência de que a hermenêutica é um objeto teórico, ou seja, de que a interpretação como ciência exige, mais do que meras técnicas, um método.

Essa consciência nos conduz a encarar o século XIX como o período em que a interpretação deixa de ser apenas uma questão de técnica para constituir um problema teórico. Após 1814, percebe-se na obra de Savigny que a hermenêutica deixa de ser mera enumeração de técnicas, para referir-se ao fundamento de uma teoria da interpretação. Surge então o problema de explicar o critério (metódico) da interpretação[6].

A resposta ao problema envolvia a determinação do fator responsável pelo sentido da lei, que oscilava entre um fator subjetivo – o pensamento

---

5. A interpretação é um dos assuntos mais estudados pela comunidade jurídica. Para tratar de interpretação, de maneira geral, outra tese de doutorado seria necessária. A interpretação comparada a uma obra de arte é analisada por uma série de grandes pensadores. Para maiores detalhes, v. Rousseau (1970, p. 291) e ainda Visscher (1958, p. 390), segundo o qual, "il y a un art de l'interprétation des traités".
6. Para aprofundar o estudo sobre hermenêutica jurídica no século XIX, v. Ferraz Junior (2007).

do legislador – e outro objetivo – o "espírito do povo" –, ponto nuclear para entender o desenvolvimento da ciência jurídica como teoria da interpretação.

Tercio Sampaio de Ferraz Jr. resume a polêmica entre as correntes subjetivistas e objetivistas da seguinte forma[7].

Os objetivistas contestam os subjetivistas: (a) pelo argumento da vontade, afirmando que uma "vontade" do legislador é mera ficção, pois o legislador raramente é uma pessoa física identificável; (b) pelo argumento da forma, pois só as manifestações normativas trazidas na forma exigida pelo ordenamento têm força para obrigar, sendo, em consequência, aquilo que se chama legislador, no fundo, apenas uma competência legal; (c) pelo argumento da confiança, segundo o qual o intérprete tem de emprestar confiança à palavra da norma como tal, a qual deve, em princípio, ser inteligível por si; e (d) pelo argumento da integração, pelo qual só a concepção que leve em conta os fatores subjetivos em sua contínua mutação social explica a complementação e até mesmo a criação do direito pela jurisprudência.

Os subjetivistas contestam, por sua vez, dizendo que: (a) o recurso à técnica histórica de interpretação, aos documentos e às discussões preliminares dos responsáveis pela positivação da norma é imprescindível, do que recorre a impossibilidade de ignorar o legislador originário; (b) os fatores (objetivos) que eventualmente determinariam a chamada vontade objetiva da lei (*voluntas legis)* também estão sujeitos a dúvidas interpretativas – com isso, os objetivistas criariam, no fundo, um curioso subjetivismo que põe a vontade do intérprete acima da vontade do legislador, tornando-se aquele não apenas "mais sábio" que o legislador, mas também "mais sábio" que a própria norma legislada; e (c) seguir-se-ia um desvirtuamento na captação do direito em termos de segurança e de certeza, pois ficaríamos à mercê da opinião do intérprete[8].

---

7. A prática interpretativa do OA parece se aproximar da escola objetivista, mas não seria correto fazer essa afirmação de forma categórica. A escola predominante nas decisões do OA parece ter o texto como foco da interpretação, mas sem ignorar o valor do contexto, o histórico da negociação, a intenção das partes e o objeto do tratado. A escola subjetivista parece priorizar a vontade das partes, que pode ser encontrada no histórico das negociações. Essa última escola, que defende um método mais flexível de interpretação, não parece ser dominante na prática interpretativa do OA. Para aprofundar o estudo sobre as escolas interpretativas e a prática interpretativa de cortes internacionais, v. Fitzmaurice (1952, p. 28), Bos (1980, p 135) e Jacobs (1969, p 318).
8. Ferraz Junior (2007, p. 268).

A polêmica, como se vê, pelas forças de seus argumentos não se resolve. Reconhecer o método que deve prevalecer como pressuposto científico é o que Tercio Sampaio Ferraz Jr. intitula "desafio kelseniano"[1].

6.2 O desafio kelseniano

Kelsen propõe o desafio de saber se é possível uma teoria científica da interpretação. Para o autor, a interpretação somente pode ser jurídico-científica se respeitar o limite da lógica formal[2].

A interpretação autêntica, portanto, seria aquela estabelecida por aqueles que têm competência para tanto dentro do sistema jurídico. Kelsen, metaforicamente, trata de uma moldura que enquadra as várias interpretações autênticas possíveis de uma norma. A moldura seria o limite da normatividade[3]. Qualquer método interpretativo não jurisdicionalizado não é científico. Para ser legal, o sistema normativo deve prever esse método.

Como explica Alberto do Amaral Júnior:

> Kelsen assinala que a interpretação, entendida como o ato de estabelecer por via cognoscitiva o sentido do objeto a interpretar, deve contentar-se com a fixação da moldura que representa o direito a ser interpretado e com o conhecimento das possibilidades que ela oferece. Acredita que a interpretação de uma lei não conduz a uma única solução correta, mas a várias soluções de igual valor, mesmo que apenas uma delas se torne direito positivo no momento em que o tribunal aplica a norma. Dizer que uma sentença judicial se funda na lei significa, simplesmente, que ela é uma das normas individuais passíveis de serem produzidas dentro da moldura da norma geral[4].

Kelsen denuncia, portanto, os limites da interpretação, mas não funda uma teoria interpretativa para solucionar o problema. Para tentar lidar com

---

1. Ferraz Junior (2007, p. 262).
2. Kelsen (2006, p. 263).
3. Trazendo a teoria kelseniana para o contexto do presente estudo, teríamos que a interpretação autêntica dos tratados da OMC seria aquela realizada pela Conferência Ministerial e pelo Conselho Geral, nos termos do art. 9:2 do Acordo Constitutivo da OMC. A interpretação dos acordos feita pelos órgãos decisórios da OMC, embora sirva como diretriz para os Membros, somente vincula as partes na disputa. Qualquer interpretação evocada pelo OA em um caso particular pode ser substituída por uma interpretação definitiva estabelecida por esses órgãos. Tal interpretação pode ser adotada por maioria de três quartos dos Membros.
4. Amaral Júnior (2008, p.157).

esse desafio, vários autores desenvolveram teorias. Bobbio, por exemplo, trabalhou dentro das lógicas dedutíveis, da interpretação com fundamentação[5]. Uma determinada interpretação se afirmaria quando passasse pelo teste dos critérios, pressupostos da racionalidade.

A teoria tridimensional do direito, de Miguel Reale, também lida com o desafio, ao afirmar que não existe direito sem interpretação. Fato, valor e norma são uma unicidade. A realização do direito se dá por meio dos modelos hermenêuticos. Para Reale, a experiência do direito inclui uma relação entre os modelos jurídicos e os modelos hermenêuticos. O direito, enquanto experiência, realização, não separa a hermenêutica do objeto. O direito se realiza pela hermenêutica[6]. É hoje um postulado universal da ciência jurídica a tese de que não há norma sem interpretação.

E, assim, o estudo da hermenêutica passou a deixar de lado o princípio da pureza de Kelsen e passou a conceber o processo interpretativo como uma técnica racional argumentativa que pode diferir da lógica formal[7].

6.3 A hermenêutica jurídica contemporânea

O jurista contemporâneo argumenta, convence, persuade por meio de uma racionalidade que pode não ser lógica, pode não ser formal, mas deve ter sentido. O sentido da norma passa pela argumentação. A busca pela objetividade que se colocava no século XIX não mais se discute, em razão da evolução ocorrida na teoria da hermenêutica até chegar à teoria da argumentação. Houve, de fato, uma transformação da velha hermenêutica, tal como concebida no século XIX.

O método jurídico interpretativo de que tratamos neste trabalho corresponde à hermenêutica jurídica contemporânea. Não há, na prática do OA, uma regra matemática de interpretação, e sim um estilo, uma tendência que, em última instância, se consubstancia em técnica reiterada de prioritariamente aplicar o critério da interpretação textual previsto no Artigo 31:1 da Convenção de Viena. As decisões do OA são sempre fundamentadas e argumentadas, sendo que a busca pelo sentido das regras atende às particularidades do sistema multilateral de comércio – segurança e previsibilidade.

A interpretação jurídica contemporânea envolve, portanto, um raciocínio na busca pelo sentido da norma. Esse raciocínio sofre influência de elementos externos ao puro texto da lei e à aplicação de critérios matemáticos. É nesse sentido que a cultura jurídica do intérprete está presente na prática interpretativa.

---

5. Bobbio (1989).
6. Reale (1992, p. 15).
7. Para aprofundamento do assunto, v. Alexy (2001).

CAPÍTULO 7

O Perfil Cultural dos Juízes do OA

Uma potência econômica mundial determina-se tanto a conquistar mercados para seus produtos como a servir a sua própria cultura. A exportação de sua cultura, de maneira natural, abre o caminho para a das mercadorias. A promoção de uma cultura tem um propósito político e econômico evidente, e seu domínio tem uma importância considerável no aumento da competitividade de um país em suas relações comerciais internacionais. O mesmo fenômeno ocorre com o Direito, que faz parte da chamada cultura jurídica. Obtém-se a supremacia de uma cultura jurídica por meio da difusão e prevalência de regras de Direito e práticas jurídicas a elas relacionadas.

Observamos no Capítulo 2 (item 2.4), que o SSC sofre influência dos dois grandes sistemas de direito contemporâneo, mas não se confunde com nenhum deles. Verificamos que a prática judicial da OMC tem uma cultura jurídica que lhe é própria e atende às necessidades específicas do sistema multilateral de comércio. Na técnica interpretativa do OA, portanto, convergem diversas culturas jurídicas para a formação de um método uno.

Isso porque o OA é composto por pessoas formadas em diferentes culturas jurídicas, que, embora não exerçam as suas funções em representação aos seus países de origem, não têm como afastar a influência de suas culturas jurídicas no ato interpretativo[8]. A imparcialidade, implícita ao exercício de suas funções, difere da neutralidade. O OA é imparcial, mas não é neutro, uma vez que cada juiz carrega consigo a sua bagagem jurídica tradicional. É por essa razão que a composição do OA deve observar não somente critérios geográficos, mas também a representatividade dos principais sistemas jurídicos do mundo[9]. Assim entendeu o Painel no caso *Mexico – Measures Affecting Telecommunications Services (DS204):*

8. Como comenta Isabelle Van Damme: "The personality and life experiences of an adjudicator can play a greater role in interpretation than his or her *common law* or civil law background or nationality" (Van Damme, 2009, p. 7).
9. Essa exigência, embora observada, não está explícita nos acordos da OMC, que apenas se referem à representatividade dos Membros da OMC (o artigo 17.3 do ESC estabelece que a composição do Órgão de Apelação deverá ser "largamente representativa da composição da OMC"). Na CIJ, por exemplo, a exigência de representatividade dos principais sistemas legais do mundo é explícita no artigo 9 do seu Estatuto.

> As formações diversas dos Membros do Painel e o auxílio prestado pelo Secretariado, nos termos do Artigo 17.1 do ESC, asseguraram que esse painel tivesse pleno conhecimento da complexidade legal e técnica da regulamentação dos serviços de telecomunicações[10] (tradução livre).

A noção de cultura jurídica tem, portanto, relação direta com a prática interpretativa. O estudo sobre essa relação é importante na medida em que dimensiona as dificuldades enfrentadas pelo OA durante o processo interpretativo.

Assim anotou Luiz Olavo Baptista, ex-Presidente do OA, sobre a interpretação dos acordos da OMC:

> Dessa maneira, vamos encontrar, ao mesmo tempo, a convergência na criação de regras comuns, e subsistência de vários modos de ver o Direito e interpretá-lo, advindas de culturas diferentes que redundam em modos específicos de ler o texto jurídico, de interpretá-lo, de aplicá-lo e de avaliar as suas conseqüências[11].

Para o desenvolvimento deste capítulo, utilizaremos o conceito de cultura jurídica desenvolvido por Evandro Menezes de Carvalho[12], como sendo um conjunto de saberes jurídicos no qual os juristas foram formados e dentro do qual eles evoluem. Trataremos primeiramente da relação entre cultura jurídica e idioma.

7.1 Idioma adotado

A causa de muitos problemas interpretativos repousa no fato de que as normas jurídicas disciplinam as condutas humanas por meio de signos linguísticos que ora se baseiam no sentido corrente das palavras, ora privilegiam o significado normativo[13]. Tercio Sampaio Ferraz Jr. explica que o legislador usa vocábulos da linguagem cotidiana, mas frequentemente lhes atribui um sentido técnico, apropriado à obtenção da disciplina almejada. Cita o seguinte exemplo:

---

10. "The diverse backgrounds of panelists, and the assistance granted by the Secretariat pursuant to Article 27.1 of the DSU, have ensured that this Panel was fully aware of the legal and technical complexity of the regulation of telecommunications services" [*Mexico – Measures Affecting Telecommunications Services (DS204)* (relatório do Painel, par. 7.2)].
11. Baptista (2006, p. 14).
12. Carvalho (2006, p. 20).
13. Ferraz Junior (2007, p. 256).

O Código Civil Brasileiro de 2002, em seu art. 1.591, ao estabelecer as relações de parentesco, fala de *parentes* em linha reta como as pessoas que estão umas para as outras numa relação de ascendentes e descentes. No art. 1.592, fala de *parentes* em linha colateral como as pessoas que provêm, até o quarto grau, de um só tronco, sem descenderem uma da outra. Observa-se, de início, que o uso comum da palavra *parente* não coincide com o legal[14].

Alberto do Amaral Júnior acrescenta outro exemplo: na prescrição "seduzir mulher honesta, a pena será de X anos", a palavra "honesta" tem sentido indefinido, conotando várias significações. As definições conotativas esclarecem o sentido de um termo conforme a intenção com que ele é empregado[15]. Cultura e língua são, portanto, duas dimensões interdependentes.

A OMC possui três idiomas oficiais: o inglês, o francês e o espanhol. Os documentos oficiais do SSC são redigidos em inglês e posteriormente traduzidos para os demais idiomas oficiais. Nas discussões do OA o idioma adotado também é o inglês[16]. Essa é uma das razões do debate discutido no Capítulo 2, item 2.4, sobre o peso e o grau de influência da cultura jurídica dos EUA no direito da OMC[17]. No entanto, a realidade é que a convergência de diferentes idiomas dos sete juízes de nacionalidades distintas leva à necessidade da determinação prévia do significado ordinário da palavra empregada na norma durante o processo interpretativo.

É por essa razão que o OA é tão cauteloso na determinação prévia do sentido das palavras empregadas nos acordos abrangidos[18]. Para o OA,

---

14. Ferraz Junior (2007, p. 262).
15. Amaral Junior (2008, p. 167).
16. O OA afirmou que, em virtude do artigo 33:1 da Convenção de Viena, as versões francesa, inglesa e espanhola dos acordos possuem o mesmo valor. Cf. *European Communities - Measures Affecting Asbestos and Asbestos-Containing Products (DS135)* (relatório do OA, par. 91, nota 62).
17. Conforme anotaram Daniel Terris, Cesare Romano e Leigh Swigart: "Many judges point out that those who have English as a native language find themselves in an advantageous position in relation to their peers. Only native speakers have the full range of lexicon and usage that allows them to express complex legal ideas with the greatest subtlety and skill. Linguistic is always an advantage for someone who speaks his own language, especially in law" (Terris, Romano e Swigart, 2007, p. 73).
18. Conforme anotou Luiz Olavo Baptista: "[...] a redação do acordo pode ser atrapalhada ou ajudada pelo fato de que as pessoas que elaboram o texto estão a pensar em sua própria língua e traduzem seus pensamentos para a língua de trabalho. São poucas as pessoas capazes de ter o processo mental complexo e pensar

as palavras utilizadas no dispositivo legal que se analisa oferecem a base para uma interpretação que deve conferir sentido e efeito à norma[19]. A utilização do critério interpretativo baseado no texto, previsto no Artigo 31:1 da Convenção de Viena faz que o texto escrito forme a base de orientação para o início do raciocínio interpretativo. A manifestação do OA a respeito da definição de "produto similar" no caso *European Communities – Measures Affecting Asbestos and Asbestos-Containing Products (DS135)* ilustra esse método:

> Esse significado sugere que produtos "similares" são produtos que compartilham um número de características ou qualidades idênticas ou similares. A referência a "similar" como sinônimo de "like" também ocorre na versão em francês do artigo III:4, "produits similaires", e na versão espanhol, "productos similares", que, assim como a versão em inglês, são versões autênticas[20] (tradução livre).

No mesmo sentido foi a entrevista concedida por Julio Lacarte-Muró, ex--Membro do OA, a Evandro Menezes de Carvalho em maio de 2004:

> O texto, e creio que essa é sempre a posição de meus colegas, é a única coisa que se consignou. A única coisa que me serve é o que deixaram escrito[21].

Ou seja, ao observar o Artigo 3:2 do ESC e interpretar os acordos da OMC segundo os critérios de interpretação da Convenção de Viena, o OA elegeu como ponto de partida o critério estabelecido pelo Artigo 31:1 o método interpretativo que dá primazia ao texto. Para determinar o significado desse texto, os relatórios do OA costumam conter páginas e páginas

---

exclusivamente na língua do trabalho, esquecendo-se do pensar próprio de sua língua nativa. Ao fazer uma tradução, perde-se a precisão, aporta-se um conteúdo semântico que pode não ser o visado pelo autor" (Baptista, 2006, p. 21).

19. Cf. Capítulo 1, item 1.3, e Capítulo 4, item 4.3.3.
20. "This meaning suggests that 'like' products are products that share a number of identical or similar characteristics or qualities. The reference to 'similar' as a synonym of 'like' also echoes the language of the French version of Article III:4, '*produits similaires*', and the Spanish version, 'productos similares', which, together with the English version, are equally authentic" [*European Communities – Measures Affecting Asbestos and Asbestos-Containing Products (DS135)* (relatório do OA, par. 91-92)].
21. Carvalho (2006, p. 224).

relativas ao sentido da palavra[22], o que dá margem a críticas relativas a um suposto formalismo exagerado e interpretação dicionarizada[23].

Por outro lado, conforme comenta Luiz Olavo Baptista:

> A chave da interpretação não está no uso do dicionário. Embora seja claro que as palavras possuem um significado único e comum para que se possa prosseguir, há um outro passo que é fundamental para a interpretação. Este é o de descobrir o significado que a palavra tem *dentro do contexto* em que ela está presente, isto é, o que ela tem na frase, naquele artigo, naquele capítulo daquele tratado[24].

Ocorre que, como mencionamos anteriormente, o método interpretativo contemporâneo supõe que a decisão seja fundamentada, construída, argumentada. Conforme preceitua Tercio Sampaio Ferraz Jr., o ato de criar o direito supõe a tomada de consciência de que o direito não é essencialmente dado, mas uma construção elaborada no interior da cultura humana[25]. É por essa razão, em nossa opinião, que o OA dispensa inúmeras páginas para explicitar o raciocínio adotado na determinação do sentido das palavras, que podem ter significados diversos, mesmo quando um único idioma é utilizado. A convergência de diversos idiomas e culturas jurídicas entre os intérpretes no OA pode dificultar ainda mais a determinação do sentido das palavras da regra a ser interpretada.

Tomemos como exemplo o princípio de direito internacional denominado *estoppel*. Etimologicamente, a maioria dos autores se refere à sua origem como sendo do francês antigo, *estoupail*, que poderia ser entendido, em

---

22. Cf. as 37 páginas de discussão do OA sobre o significado da expressão e/ou no caso *United States - Definitive Safeguard Measures on Imports of Circular Welded Carbon Quality Line Pipe from Korea (DS202)* (relatório do OA, p. 140-177).
23. Conforme anotou Giorgio Sacerdoti: "The Appellate Body's approach to interpretation differs from that followed by many other international courts in its painstaking attention to the terms of the treaty provisions and in the methodical and explicit recourse to the interpretative criteria laid down in Articles 31 and 32 of the Vienna Convention, such as the insistence on textual and contextual interpretation. This methodological approach has been criticized as being excessively narrow. The cautious approach of the Appellate Body, as well as its reluctance to engage in innovative or teleological interpretations may be partially explained by the compulsory character of its jurisdiction and exclusivity" (Sacerdoti, 2006, p. 46).
24. Baptista (2006, p. 21).
25. Ferraz Junior (2007, p. 223).

tradução livre, como impedimento ou proibição. Genericamente, o *estoppel* pode ser considerado um impedimento pelo qual alguém se encontra proibido de alegar alguma coisa que tenha anteriormente negado na realidade ou por implicação na sua atividade ou de negar alguma coisa que tenha, da mesma forma, afirmado anteriormente. Esse princípio de proibição de comportamentos contraditórios é comum em diferentes sistemas jurídicos.

Nos sistemas de direito civil o princípio ganhou forma no adágio *nemo potest venire contra factum proprium*, fórmula criada pelos glosadores com base na casuística romana, que originou a doutrina dos atos próprios, por meio da qual a ninguém é dado contrariar seus próprios atos. Já no direito comum, o instituto do *estoppel* tratou da proibição do comportamento contraditório em suas mais diversas formas e tipos[26]. Ou seja, as variações desse princípio residem nas particularidades do sistema jurídico no qual é aplicado. Ao mesmo conceito podem ser atribuídos diversos sentidos técnicos, apropriados à obtenção da necessidade almejada. Somente nos EUA, existem três variações do *estoppel*[27].

Na criação e formação do direito da OMC, o processo não é diferente. A técnica interpretativa do OA deve atender às necessidades específicas do sistema multilateral de comércio, ou seja, de preservação da previsibilidade e da segurança jurídicas dos acordos abrangidos. Assim, a adstrição ao texto da norma é fundamental em um ambiente no qual a cultura preponderante se manifesta pela necessidade de preservação da previsibilidade jurídica[28].

Por outro lado, como já mencionamos nos capítulos anteriores a interpretação não é um gesto mecânico. Não basta ater-se ao texto como uma máquina. A experiência de vida de cada um pode determinar a interpretação do significado de cada palavra[29]. Assim, uma margem mínima de subjetividade, exterior à técnica do critério textual, sempre ocorrerá na interpretação jurídica.

---

26. Lilla (2008, p. 10).
27. *Collateral, judicial* e *equitable estoppel.*
28. O OA tratou do *estoppel* uma única vez, no caso *European Communities – Export Subsidies on Sugar (DS265)*, concluindo que não está claro se o princípio do *estoppel* é aplicável no contexto dos procedimentos de solução de controvérsias da OMC, e que sua aplicação poderia inibir o direito dos Membros da OMC de iniciar uma disputa perante o OSC. O OA também concluiu que, mesmo que se admitisse, a título de argumentação, que o princípio do *estoppel* é aplicável na OMC, sua utilização seria limitada aos parâmetros estabelecidos no Artigo 3.10 do ESC (Lilla, 2008).
29. Como o próprio OA afirmou: "an unavoidable element of individual discretionary judgement applies" [*Canada – Certain Measures Concerning Periodicals (DS31)* (relatório do OA, par. 466)].

Essa tarefa é realizada no OA por sete pessoas que interpretam os acordos da OMC seguindo fielmente os critérios da Convenção de Viena e o seu mandato, estipulado pelo Artigo 3:2 com a intenção de garantir a segurança e a previsibilidade do sistema multilateral de comércio. Mas, ainda assim, interpretam à sua maneira, e a forma de raciocinar e de ver o mundo, evidentemente, sofre influência da experiência de vida de cada um.

Assim testemunhou o ex-Presidente do OA Luiz Olavo Baptista:

> Essa consolidação provém de duas coisas: primeiro, evidentemente, na elaboração do pensamento e na busca da solução, cada um [dos membros do OA] recorreu às suas categorias familiares, isto é, cada qual examinou a questão a partir da sua história intelectual e de vida. As experiências, as leituras, os estudos, os hábitos de trabalho, o ambiente em cada um trabalhou, a reflexão jurídica a que se habituou, o método de interpretação que aprendeu a empregar ao longo da vida serão utilizados; ao mesmo tempo, cada colega está partindo do mesmo raciocínio, partindo de sua história e usando métodos próprios e diferentes. É como se todos os Membros fossem convergindo para o mesmo lugar[30].

No mesmo sentido o diplomata brasileiro responsável pelos contenciosos na Missão Diplomática do Brasil em Genebra:

> Temos consciência de que a interpretação não é um ato mecânico e que, evidentemente, o raciocínio e a perspectiva de cada juiz sobre cada caso influenciam a decisão (critério subjetivo). Por essa razão, é importante que o Órgão de Apelação seja composto de pessoas com diferentes experiências de vida. Por exemplo, uma pessoa que nasceu e foi criada durante toda a vida na Dinamarca, dificilmente será capaz de compreender as complexidades da realidade brasileira[31].

Ou seja, a técnica interpretativa que segue os critérios objetivos da Convenção de Viena e dá primazia ao texto traz como resultado a previsibilidade e a segurança jurídica almejada pelos Membros da OMC. No entanto, não há que se falar em interpretação sem que haja um mínimo de subjetividade[32]. É por essa razão que entendemos importante analisar, ainda que brevemente, um pouco do perfil e da experiência de vida de alguns dos integrantes OA, que são pessoas de nacionalidades distintas, idiomas distintos, experiências

30. Baptista (2006, p. 19).
31. Trecho de entrevista ocorrida na Missão Diplomática do Brasil, em Genebra, em setembro de 2009.
32. V. também o Capítulo 6, item 6.3, sobre hermenêutica contemporânea.

profissionais distintas, formação cultural, política e social distintas, mas que, ainda assim, dividem uma responsabilidade em comum: cumprir a sua função dentro das necessidades e dos parâmetros da OMC[33].

Poderíamos supor inadequada para uma tese jurídica a análise da experiência de vida de cada dos juízes que compõe o OA[34]. Por outro lado, considerando o aspecto característico de uma corte internacional de ser composta por indivíduos com experiências culturais tão distintas e que devem, no caso da OMC, alcançar um consenso na decisão, entendemos ser fundamental a análise que se segue. Conforme testemunha o ex-Membro do OA Luiz Olavo Baptista:

> A composição do Órgão de Apelação, além do mais, deve ser representativa, em linhas gerais, da composição da própria OMC, do que resulta que cada um de seus integrantes vem com experiências e panorama cultural bastante distintos. Foi assim que os Estados Membros decidiram proceder para minimizar a margem de erros causada por idiossincrasias pessoais, pela falibilidade humana, ou deficiências dos conhecimentos prático-profissionais ou decorrentes do viés cultural e nacional de cada um. Daí resulta que a decisão, coletiva, representa a amálgama de culturas, experiências, modos de ver o direito que só podem encontrar seu equilíbrio e foco no interior dos acordos de Marrakesh[35].

7.2 A experiência de vida da primeira geração de Membros do OA

O OA é formado por sete Membros nomeados para mandatos de quatro anos renováveis. O Artigo 17:3 do ESC estabelece que o OA deve ser composto

33. Na obra intitulada *The international judge* os autores analisam o perfil dos homens e mulheres que servem como juízes em cortes internacionais e defendem que: "The judges hail from many countries, reflecting different linguistic, professional, social, and political background. They have been educated in different legal traditions, and sit on courts with widely varying jurisdictions and missions. Despite these apparent differences, there appears to exist a remarkable sense of commonality and shared purpose in respect of what it means to deliver justice in the context of an institution that serves an international purpose, across national boundaries and, sometimes, across continents too" (Terris, Romano e Swigart, 2007, p. 16).
34. Nesse aspecto, é importante ressaltar que não há histórico de voto dissidente na OMC que nos permita realizar a análise de votos de cada juiz e inferir como determinada experiência se vê refletida no voto. Os votos são anônimos, o que limita a análise jurídica pretendida.
35. Baptista (2004, p. 276).

por pessoas de reconhecida competência, com experiência comprovada em Direito, comércio internacional e nos assuntos tratados pelos acordos abrangidos em geral. Tais pessoas não deverão ter vínculos com nenhum governo. A composição do OA deve ser largamente representativa da composição da OMC.

Os sete integrantes do OA são, portanto, originários de sete nacionalidades e tradições jurídicas distintas. Pablo Bentes, Membro do Secretariado do OA, observou durante os anos de exercício nessa função, haver três gerações distintas de Membros do OA[36]. Os sete primeiros integrantes formam a "primeira geração": Julio Lacarté-Muro (Uruguai), Claus-Dieter Ehlermann (Alemanha), Florentino Feliciano (Filipinas), Said El-Naggar (Egito), Mitsuo Matsushita (Japão), Christopher Beeby (Nova Zelândia) e James Bacchus (EUA).

Os sucessores dos sete primeiro integrantes formam a chamada "segunda geração": Georges Abi-Saab (Egito), A. V. Ganesan (Índia), Yasuhei Taniguchi (Japão), Luiz Olavo Baptista (Brasil), John Lockhart (Austrália), Giorgio Sacerdoti (Itália) e Merit Janow (EUA).

E, finalmente, os integrantes da terceira e atual geração: Lilia R. Bautista (Filipinas), Ricardo Ramírez-Hernadez (México)[37], Jennifer Hillman (EUA), Shotaro Oshima (Japão), Giorgio Sacerdoti (Itália), David Unterhalter (África do Sul) e Yuejiao Zhang (China).

O presente capítulo tem por objetivo descrever[38] o perfil da primeira geração de Membros do OA. A escolha da primeira geração se dá em razão de terem sido essas as pessoas que estabeleceram, em um primeiro momento, a técnica interpretativa que seria posteriormente consolidada pela segunda geração. Em seguida, analisaremos como se deu a integração da segunda geração na prática estabelecida pelos seus antecessores e, finalmente, verificaremos como tem atuado a terceira geração e qual o papel do Secretariado nesse processo.

A análise do perfil dos juízes da primeira geração tomou como base o testemunho de James Bacchus, que por oito anos exerceu o cargo de Presidente

36. Informação obtida em entrevista realizada em setembro de 2009, em Genebra. Pablo Bentes entende que cada geração do OA tem um estilo interpretativo distinto e que especialmente a terceira geração tem usado com mais frequência princípios interpretativos do direito internacional público não codificados na Convenção de Viena.

37. Ricardo Ramírez-Hernandez concorreu à vaga de Luiz Olavo Baptista junto com a Ministra Ellen Gracie (STF).

38. Anotamos que apenas descreveremos o perfil cultural de cada membro, pois não temos a pretensão de realizar uma análise sociológica desse perfil. O nosso objetivo é tão somente ilustrar como se dá a composição do OA.

do OA[39] e a obra de Daniel Terris, Cesare Romano e Leigh Swigart sobre o juiz internacional[40].

7.2.1 Julio Lacarté-Muro

Julio Lacarté-Muro nasceu em 1918 no Uruguai, atuou no comércio internacional por mais de 50 anos e sempre foi considerado um dos maiores especialistas do mundo no sistema multilateral de comércio. Filho de diplomata, também se tornou diplomata após concluir seus estudos em Economia e Direito. Ao final da Segunda Guerra, embora ainda jovem, já era diplomata e representava seu país na solidificação da ONU. Participou da elaboração do GATT na Conferência de Havana, em 1947[41]. Junto com outros diplomatas, tentou sem sucesso estabelecer a OIC. Na sequência, foi nomeado o primeiro Secretário Geral do GATT, em Genebra. Ao longo dos anos, esteve sempre presente, representando o seu país ou não, nas oito rodadas de negociações do GATT.

A oitava rodada (Rodada Uruguai) pode ser considerada em alguns aspectos como o legado de Julio Lacarté-Muro, pois segundo testemunhos foi ele quem convenceu os outros ministros a realizar a conferência em Punta Del Este. Além disso, foi ele quem, na qualidade de Presidente do grupo de solução de controvérsias e outras questões institucionais, mais contribuiu para a assinatura do ESC. Em seguida, quase como consequência lógica, ele foi escolhido para fazer parte do OA. Era tido entre os seus colegas como o primeiro e último recurso nas deliberações.

7.2.2 Said El-Naggar

Said El-Naggar nasceu no Egito em 1920, em uma pequena cidade localizada a 60 quilômetros de Alexandria. Filho de um comerciante de algodão e de uma senhora analfabeta, Said ficou órfão de pai ainda pequeno. Graduou-se pela Universidade do Cairo. Em seguida, estudou economia em Londres na London School of Economics (LSE), onde se familiarizou com a ideia do livre mercado. De volta ao Egito, em 1950, tornou-se professor de economia, ensinando a teoria do livre comércio. Em 1952 houve um golpe militar no Egito e Gamal Abdel-Nasser tomou o poder. Seu governo autoritário se alinhava com as ideias da então União das Repúblicas Socialistas Soviéticas (URSS) e sua política para o Egito era denominada de "Socialismo Árabe". Said foi

39. Bacchus (2004).
40. Terris, Romano e Swigart (2007).
41. Para maiores detalhes sobre o histórico do GATT, v. item 1.1.1.

então instruído por esse governo a ensinar o Socialismo Árabe, mas se recusou a fazê-lo. Continuou a dar aulas sobre o livre comércio e passou a ser monitorado pelo governo, até que certo dia, em 1965, foi preso. Ao sair da prisão, algumas horas depois, foi informado de que se voltasse a dar aulas sobre o livre mercado, desapareceria. Nesse dia, Said decidiu deixar o Egito.

Como advogado e economista, ocupou posições na Conferência das Nações Unidas sobre Comércio e Desenvolvimento (UNCTAD) e no Banco Mundial. Somente em 1970, quando Nasser faleceu, foi que Said retornou ao Egito para fundar uma ONG de apoio à liberdade e ao livre comércio, denominada o Novo Fórum Cívico. Após alguns anos, foi nomeado pelo seu país para servir ao OA da OMC. Segundo o testemunho de James Bacchus, Said levou ao OA a mesma paixão pela excelência e pela liberdade que caracterizou a sua carreira. Como economista, exigia a precisão na fundamentação das decisões. Sugeria gráficos e fórmulas matemáticas para atingir a perfeição na argumentação.

7.2.3 Mitsuo Matsushita

Mitsuo Matsushita nasceu no Japão em uma família que é parte de uma minoria religiosa japonesa, os episcopais. Como membro de uma minoria, Mitsuo, segundo Bacchus, era o mais tolerante e o mais consciente das necessidades alheias entres os integrantes do OA. Isso porque durante anos os episcopais foram perseguidos, torturados e mortos no Japão. Mesmo sendo parte de um pequeno grupo, que representa menos de 1% da população, Mitsuo foi nomeado pelo Japão para servir ao OA, o que denota o seu imenso prestígio no país.

Mitsuo levou ao OA sua experiência japonesa, mas também levou a sua experiência nos EUA, onde chegou em 1956 sem falar uma única palavra de inglês e, anos depois, se formou em Direito. Voltou ao Japão onde trabalhou e contribuiu para academia com produções intelectuais sobre o livre comércio e a livre competição. Foi consultor do governo japonês em matérias econômicas.

7.2.4 Florentino Feliciano

Nascido nas Filipinas em 1928, Florentino Feliciano tinha 13 anos quando as forças militares japonesas ocuparam a capital das Filipinas, Manila, e fecharam a escola católica na qual estudava. Florentino continuou os seus estudos em casa, lendo os livros que seu pai havia trazido da Universidade de Chicago. Tratava-se de vasta biblioteca que compreendia ciência, filosofia, história e literatura. A obra que mais o impressionou entre os livros da biblioteca de seu pai foi a obra de Aristóteles. A partir de então, Florentino passou a se autodenominar "aristotélico", porque entendia que o seu modo de ser era também aristotélico: observação, classificação, definição, causa, propósito, conexão e, principalmente, lógica. Florentino estudou direito nos EUA, na Universidade de Yale, e foi discípulo do professor Myres McDougal, que defendia a tese de que o papel do juiz é necessariamente um papel de decisão humana.

De volta às Filipinas, Florentino se tornou um dos advogados mais proeminentes em toda a Ásia. Nessa época, as Filipinas eram presididas por Ferdinand Marcos, que havia abandonado a democracia e estabelecido um regime corrupto e repressivo em 1972. Marcos convidou Florentino duas vezes para a Suprema Corte das Filipinas, mas Florentino recusou por entender que Marcos não observava a regra do direito. Quando Marcos foi expulso do poder, Carazon Aquino, o novo e democrático Presidente, nomeou Florentino para a Suprema Corte do país. Florentino serviu na Suprema Corte até 1995, quando foi nomeado membro do OA.

De todos os membros do OA na época, Florentino era o único que havia sido juiz anteriormente e, segundo o testemunho de James Bacchus, costumava ensinar aos outros membros do OA a maneira aristotélica de interpretar um acordo, aplicando sempre a lógica formal na argumentação das decisões.

7.2.5 Claus-Dieter Ehlermann

Nascido na Alemanha em 1931, em uma cidade perto de Hamburgo, Claus tinha 8 anos quando os nazistas invadiram a Polônia, em 1939, e apenas 12 anos quando os aliados, em 1943, bombardearam Hamburgo. A pequena cidade de Claus não foi atingida, de modo que ele não presenciou de perto as consequências daquela semana de bombardeios. No entanto, as histórias de vidas perdidas chegaram aos seus ouvidos, e Claus passou toda a sua vida apoiando a ideia de uma Europa unificada e pacífica onde não houvesse guerra. Após a assinatura do Tratado de Roma, em 1957, Claus foi para Bruxelas, onde serviu por 10 anos na Diretoria Jurídica da Comissão Europeia. Ao longo dos anos, Claus se tornou um dos maiores especialistas em direito comunitário europeu e um ativista do Mercado Comum. Quando se aposentou da Comissão Europeia, em 1995, foi nomeado Membro do OA, para cujo âmbito levou a sua experiência obtida na formulação de uma série de instituições da CE.

Para Claus, a construção de uma instituição é uma tarefa humana que envolve em parte uma conduta individual daqueles que têm um objetivo comum. A instituição, para Claus, é uma criação coletiva de seres humanos. Nesse sentido, entendia que a função do OA é tarefa que envolve um aspecto pessoal e individual com vistas a um objetivo comum, que é o reforço da OMC como instituição.

7.2.6 Christopher Beeby

Nascido na Nova Zelândia em 1935, Christopher Beeby estudou em seu país até terminar os estudos secundários. Em seguida, cursou direito na LSE onde, assim como Said El-Naggar, se encantou pela teoria econômica da democracia e do livre comércio. De volta à Nova Zelândia, se tornou diplomata especializado em questões legais e econômicas.

Ao longo de sua carreira como diplomata, Christopher Beeby representou seu país em importantes missões internacionais, tendo sido nomeado embaixador da Nova Zelândia no Irã, no Paquistão e na França, onde também exerceu a função de embaixador de seu país na Organização para a Cooperação e o Desenvolvimento Econômico (OCDE). Além disso, representou seu país em diversas reuniões e negociações do antigo GATT. Aposentou-se em 1995, mesmo ano em que foi nomeado Membro do OA. Era um dos maiores conhecedores dos acordos da OMC entre os seus colegas. Faleceu em 2000, em razão de um ataque cardíaco, durante um processo de apelação na OMC.

7.2.7 James Bacchus

Nascido em Nashville, nos EUA, James Bacchus foi criado na Flórida. Estudou história na Universidade de Vanderbilt, em Nashville. Voltou à Flórida em 1974, onde trabalhou com o então Governador Reubin Askew. Quando o Governador Askew recebeu um convite para integrar o gabinete do Presidente Jimmy Carter em Washington, Bacchus o acompanhou. Askew se tornou então Secretário de Comércio dos EUA, e Bacchus passou a integrar também a equipe do USTR. Quando Ronald Regan assumiu o poder, James Bacchus, democrata, foi demitido do USTR.

Dez anos depois, foi eleito para o primeiro dos dois mandatos que exerceu como deputado do estado da Flórida no Congresso dos EUA. Em 1994, por razões familiares, deixou o Congresso. Algumas semanas depois, foi nomeado pelos EUA Membro do OA.

7.3 A segunda e a terceira gerações de Membros do OA

A primeira geração de Membros do OA iniciou a consolidação de um método que passaria a ser a técnica interpretativa característica desse órgão. Neste capítulo, não analisaremos o perfil de cada Membro das demais gerações, mas dirigiremos o nosso estudo à integração desses novos Membros à técnica interpretativa proposta pela primeira geração.

Desde as primeiras decisões proferidas pela primeira geração de Membros do OA, a técnica interpretativa baseada nas regras gerais de interpretação da Convenção de Viena já era observada[42]. A consolidação de um método singular e coerente começou a aparecer logo nas primeiras decisões, o que gerou certa expectativa nos Membros da OMC sobre qual era o método interpretativo utilizado pelo OA[43]. Uma ilustração dessa expectativa foi o caso *European Communities - Measures Affecting the Importation of Certain Poultry Products (DS69)*[44], no qual o Brasil argumentou que a aplicação das regras costumeiras de interpretação estabelecidas pela Convenção de Viena excluía a aplicação dos demais princípios de interpretação do direito internacional público.

A utilização de outros princípios de direito internacional público na OMC é assunto de extenso debate[45]. Parte da doutrina discute se a Convenção de Viena ainda é o instrumento mais adequado para tratar da interpretação dos tratados[46]. Além disso, a relação dos acordos da OMC com o direito

---

42. *United States - Standards for Reformulated and Conventional Gasoline (DS2)* (relatório do OA, p. 18).
43. *Japan - Alcoholic Beverages II (DS8, DS10, DS11)* (relatório do OA, p. 19). Nesse caso, o OA citou a integralidade dos Artigos 31 e 32 e expôs de maneira pedagógica o seu método interpretativo. A partir de então, o método interpretativo passou a ser verificado em todos os casos, por exemplo: *European Communities - Regime for the Importation, Sale and Distribution of Bananas (DS27)* (relatório do OA, p. 77); *India - Patent Protection for Pharmaceutical and Agricultural Chemical Products (DS50)* (relatório do OA, par. 45); *European Communities - Measures Concerning Meat and Meat Products (Hormones) (DS26, DS48)* (relatório do OA, par. 104); *United States - Import Prohibition of Certain Shrimp and Shrimp Products (DS58)* (relatório do OA, par. 114); *Guatemala - Antidumping Investigation Regarding Portland Cement from Mexico (DS60)* (relatório do OA, par. 70); *European Communities - Customs Classification of Certain Computer Equipment (DS62, DS67, DS68)* (relatório do OA, par. 84); *European Communities - Measures Affecting the Importation of Certain Poultry Products (DS69)* (relatório do OA, par. 82); *e Korea - Definitive Safeguard Measure on Imports of Certain Dairy Products (DS98)* (relatório do OA, par. 80).
44. *European Communities - Measures Affecting the Importation of Certain Poultry Products (DS69)* (relatório do OA, par. 57).
45. Cf. Capítulo 8 sobre jurisdição e lei aplicável no SSC.
46. "Some question whether the Vienna Convention principles on interpretation are still adequate to interpret new forms or categories of treaty. [...] The qualification of Articles 31 to 33 of the Vienna Convention as binding 'rules' does not seem satisfactory for norms that govern interpretation" (Van Damme, 2009, p. 32). E ainda: "The following section looks beyond the principles contained in the framework of the WTO agreements themselves to consider the extent to which principles drawn from broader international law may be relevant to WTO

internacional público em geral suscita o debate a respeito da utilização de outros princípios de direito internacional público, além daqueles previstos pela Convenção de Viena, na interpretação dos acordos abrangidos[47]. Não pretendemos ser exaustivos nessa análise, tema de outros trabalhos específicos[48], mas indicaremos a posição do OA a respeito da questão.

No caso *United States - Standards for Reformulated and Conventional Gasoline (DS2)*, o OA afirmou que o processo de interpretação dos acordos da OMC é um processo de direito internacional público e que os acordos não poderiam ser interpretados isoladamente do restante do direito internacional[49]. Por outro lado, a prioridade do OA sempre foi a Convenção de Viena, ou seja, em havendo conflito de normas interpretativas, as regras de interpretação da Convenção de Viena devem prevalecer. A segunda geração de Membros do OA se manifestou no sentido de que esse órgão deve decidir como interpretar os acordos da OMC, desde que os princípios costumeiros de direito internacional público sejam respeitados. No caso *European Communities - Conditions for the Granting of Tariff Preferences to Developing Countries (DS246)*, o OA explicou:

> De acordo com o princípio *jura novit curia*, não é responsabilidade das Comunidades Européias nos indicar quais os princípios legais a serem aplicados[50] (tradução livre).

A segunda geração de membros do OA, portanto, não apenas adotou a técnica interpretativa que dá prioridade à Convenção de Viena, estabelecida pelos seus antecessores, mas também ajudou a consolidá-la. A análise das decisões proferidas durante o período do mandato da primeira e da segunda geração do OA demonstra a utilização reiterada do mesmo método

---

disputes. This involves an analysis of whether the WTO is an institution within the scope of public international law and the extent to chich public international law applies in the WTO" (Mitchell, 2007, p. 16).

47. Para aprofundar o estudo sobre essa relação, v. Amaral Júnior (2008); Marceau (1999) e Mitchell (2007).
48. Para análise do debate sobre a OMC como sistema *self-contained*, v. Pauwelyn (2002), Amaral Júnior (2008) e Kuyper (1994).
49. "The agreements are not to be interpreted in clinical isolation from public international law" [*United States - Standards for Reformulated and Conventional Gasoline (DS2)* (relatório do OA, par. 17)].
50. "Consistent with the principle of jura novit curia, it is not the responsibility of the European Communities to provide us with legal interpretation to be given" [*European Communities - Conditions for the Granting of Tariff Preferences to Developing Countries (DS246)* (relatório do OA, par. 105)].

interpretativo[51]. Foi o que testemunhou o Membro da segunda geração Georges Abi-Saab:

> Aqui no Órgão de Apelação, a política interpretativa é restritiva e insiste pesadamente que nós devemos permanecer muito próximos ao texto, mesmo às palavras dos acordos, e não aumentar nem diminuir os direitos e obrigações das partes e nem mesmo preencher as lacunas[52] (tradução livre).

A integração da segunda geração no método interpretativo estabelecido pela primeira geração pode ser explicada por vários fatores: o papel do Secretariado na prática diária do OA, o fato de James Bacchus ter continuado por mais quatro anos durante o mandato dos Membros da segunda geração e pela lógica própria que impera no órgão[53]. A continuidade da jurisprudência a despeito da modificação da composição do OA demonstra essa lógica. Como comentaram Ruiz Fabri e Howse[54], o OA é guiado por uma lógica que passa as próprias pessoas.

Justamente em razão dessa coerência observada entre as decisões da primeira e da segunda gerações é que se pode falar em "jurisprudência" do OA, ainda que não se aplique na OMC a regra do precedente. Essa lógica pode ser explicada por aquela que parece ser a escolha fundamental operada pelos Membros do OA: o equilíbrio do sistema multilateral de comércio.

---

51. *Canada - Measures Affecting the Importation of Milk and the Exportation of Dairy Products (DS/103)* (relatório do OA, par. 42); *Argentina - Safeguard Measures on Imports of Footwear (DS121)* (relatório do OA, par. 81); *e European Communities - Customs Classification of Frozen Boneless Chicken Cuts (DS269)* (relatório do OA, par. 189). *E ainda: United States - Definitive Safeguard Measures on Imports of Circular Welded Carbon Quality Line Pipe from Korea (DS202)* (relatório do OA, par. 159); *e United States - Continued Dumping and Subsidy Offset Act of 2000 (Byrd Amendment) (DS217)* (relatório do OA, par. 276).
52. "Here at the Appellate Body, the judicial policy of interpretation is strict constructionist, insisting heavily that we must remain very close to the text, even the words, of the agreements, and not add to or diminish from the rights and obligations of the contracting parties, not fill any gaps, et cetera. [...] The International Court of Justice is where I feel most at home" (Terris, Romano e Swigart, 2007, p. 139).
53. Embora possamos traçar três gerações distintas de membros do OA, é importante observar que alguns dos juízes exerceram dois mandatos, fazendo parte, portanto, de duas gerações, caso de James Bacchus, Luiz Olavo Baptista e Georges Abi-Saab.
54. Fabri (2005) e Howse (2006, p. 14).

Conforme verificamos nos vários testemunhos inseridos ao longo deste trabalho, os membros do OA têm consciência do sistema no qual o mecanismo de solução de controvérsias funciona[55]. Existe entre os membros essa perspectiva sistêmica, que às vezes aparece explicitamente: a preocupação dos Membros do OA é a manutenção do equilíbrio do sistema. Georges Abi-Saab, ex-Presidente do OA, comentou sobre essa lógica característica:

> Uma vez estabelecidas, as instituições atuam segundo uma dinâmica própria, de acordo com um código genético legal[56] (tradução livre).

O equilíbrio das relações comerciais multilaterais somente pode ser resguardado por meio da manutenção e aplicação das regras negociadas pelos Membros da OMC, por consenso. É por essa razão que a lógica do OA se atém à estrita observância das regras de interpretação contidas no Artigo 3:2 do ESC e, além disso, dá prioridade ao texto que entende ser o elemento mais próximo da intenção dos negociadores. Foi o que comentou Robert Howse:

> A ideia dos acordos da OMC como um corpo de regras negociadas cuidadosamente para alcançar um equilíbrio entre direitos e obrigações dos Membros tem sido crucial para a interpretação do Órgão de Apelação, principalmente em questões sensíveis[57] (tradução livre).

Essa preocupação sistêmica aparece explícita no caso *United States - Standards for Reformulated and Conventional Gasoline (DS2)*, no qual o OA enfatizou a necessidade de manutenção do equilíbrio do sistema multilateral de comércio[58].

---

55. Cf. testemunho de Julio Lacarte-Muró no item 7.2.1.
56. "Once established, institutions evolve according to their inner dynamics [...] evolves according to a legal genetic code towards greater judicialization" (Abi--Saab, 2006, p. 456).
57. "The idea of the WTO treaties as carefully negotiates *balances* of rights and obligations has been crucial to the Appellate Body's interpretative approach in a range of very sensitive cases" (Howse, 2006).
58. "Turning then to the chapeau of Article XX, we consider that it embodies the recognition on the part of WTO Members of the need to maintain a *balance of rights and obligations* between the right of a Member to invoke one or another of the exceptions of Article XX, specified in paragraphs (a) to (j), on the one had, and the substantive rights of the other Members under GATT 1994, on the other hand. [...] The same concept may be expressed from a slightly different angle of vision, thus, balance must be struck between the right of a Member to invoke an exception under Article XX and the duty of that same Member to respect the treaty rights of the other Members. [...] The task of interpreting and applying the

A Convenção de Viena se tornou, portanto, também para a segunda geração de Membros do OA, a primeira referência em matéria de interpretação. Além disso, a Convenção de Viena se tornou prioritária, já que alguns princípios de interpretação com ela incompatíveis nunca foram aplicados. O princípio da "expectativa legítima"[59], por exemplo, invocado para esclarecer a interpretação de concessões tarifárias no caso *India - Patent Protection for Pharmaceutical and Agricultural Chemical Products (DS50)* e usado pelo Painel do caso *European Communities - Customs Classification of Certain Computer Equipment (DS62, DS67, DS68),* foi rejeitado pelo OA em ambos os casos[60]. O mesmo aconteceu com o princípio da "estrita interpretação das exceções" no caso *European Communities - Measures Concerning Meat and Meat Products (Hormones) (DS26, DS48)*[61], em que o OA considerou que o

---

chapeau is hence, essentially the delicate one of locating and marking out a *line of equilibrium* between the right of a Member to invoke an exception under Article XX and the rights of the other Members under varying substantive provisions. [...] The location of the *line of equilibrium*, as expressed in the chapeau, is not fixed and unchanging, the line moves as the kind and the shape of the measures at the stale vary as the kind and the shape of the measures at stake vary and as the facts making up specific cases differ" [*United States - Standards for Reformulated and Conventional Gasoline (DS2)* (relatório do OA, par. 156-159, grifos nossos).

59. Esse princípio é normalmente usado pela doutrina para justificar a aplicação do princípio da boa-fé. Além disso, esse princípio é invocado junto com outros princípios gerais de direito internacional como estoppel e abuso de direito (Cameron e Gray, 2001, p. 248-298).
60. *European Communities - Customs Classification of Certain Computer Equipment (DS62, DS67, DS68)* (relatório do OA). Cf *India - Patent Protection for Pharmaceutical and Agricultural Chemical Products (DS50)* (relatório do OA, par. 45), "the legitimate expectations of the parties to a treaty are reflected in the language of the treaty itself". V., também, *India — Quantitative Restrictions on Imports of Agricultural, Textile and Industrial Products (DS90)* (relatório do OA, par. 94); e *United States - Definitive Safeguard Measures on Imports of Circular Welded Carbon Quality Line Pipe from Korea (DS202)* (relatório do OA, par. 250).
61. "It appears that the Panel has misconceived the relationship between Articles 3.1, 3.2 and 3, a relationship discussed below, which is qualitatively different from the relationship between, for instance, Articles I or III and XX of the GATT 1994. Article 3.1 of the SPS Agreement simply excludes from its scope of application the kinds of situation covered by Article 3.3 of that Agreement, that is, where a Member has projected itself a higher level of sanitary protection than would be achieved be a measure based on an international standard... The general rule in

simples fato de qualificar uma disposição do acordo de "exceção" não justifica uma interpretação estrita dessa disposição como exceção, de modo a justificar a não aplicação da regra geral de interpretação da Convenção de Viena. E, ainda, com o princípio da "precaução", que, segundo o OA, não pode prevalecer sobre as regras costumeiras de interpretação[62].

Ou seja, assim como a primeira, a segunda geração de Membros do OA foi rigorosa na observância dos critérios interpretativos estabelecidos pelo ESC, ao sempre priorizar a Convenção de Viena:

> As únicas regras que podem ser aplicadas para interpretar uma concessão são as regras de interpretação dos tratados, previstas pela Convenção de Viena[63] (tradução livre).

Ainda é prematuro avaliar a técnica interpretativa da terceira geração de membros do OA[64], mas parte da doutrina sugere que essa geração deve ser mais flexível quanto à aplicação de outros princípios gerais de interpretação do direito internacional público, além daqueles previstos pela Convenção de

---

a dispute settlement proceeding requiring a complaining party to establish a *prima facie* case of inconsistency with a provision of the SPS Agreement before the burden of showing consistency with that provisions is taken on by the defending party, is not avoided by simply describing that same provision as an exception. In much the same way, merely characterizing a treaty provision as an exception does not by itself justify a stricter or narrower interpretation of that provision than would be warranted by examination of the ordinary meaning of the actual treaty words, viewed in context and in light of the treaty object and purpose, or, in other words, by applying the normal rules of treaty interpretation" [*European Communities – Measures Concerning Meat and Meat Products (Hormones) (DS26, DS48)* (relatório do OA, par. 104)].

62. *European Communities – Measures Concerning Meat and Meat Products (Hormones) (DS26, DS48)* (relatório do OA, par. 124).
63. "A Schedule is [...] an integral part of the GATT 1994 [...]. Therefore, the concessions provided for in that schedule are part of the terms of the treaty. *As such, the only rules which may be applied in interpreting the meaning of a concession are the general rules of treaty interpretation set out in the Vienna Convention" [European Communities – Customs Classification of Certain Computer Equipment (DS62) (relatório do OA, par. 84, grifos nossos)]. O mesmo entendimento foi manifestado no relatório do OA em Korea – Measures Affecting Imports of Fresh, Chilled and Frozen Beef (DS161)* (relatório do OA, par. 96).
64. A formação do OA como parte da terceira geração, ou seja, composta unicamente por membros desta última, somente se deu no final de 2008.

Viena[65]. Outra parte, em sentido oposto, entende que o OA deve ser cada vez menos legalizado e levar em consideração os aspectos políticos das negociações. Petros Mavroidis, por exemplo, recentemente escreveu que a mudança recente na composição do OA indica uma passagem de órgão formado por juristas e juízes para um órgão composto fundamentalmente por políticos e burocratas. Para o autor, essa mudança decorre da preocupação dos Membros da OMC com a crescente judicialização do SSC[66].

No entanto, embora encontre voz na doutrina[67], essa suposta flexibilização do método interpretativo formalista tradicionalmente preferido pelo OA não é bem apreciada pelos Membros da OMC[68].

Donald McRae, um dos mais respeitados professores entre os especialistas nos acordos da OMC, defende que o OA deveria utilizar outros critérios de interpretação e encontrar uma maneira de incorporar a intenção dos Membros na justificativa do seu método interpretativo[69].

Em nossas pesquisas verificamos crescente número de referências a outros princípios de direito internacional público no SSC, seja em artigos

---

65. Jackson (2006, p. 166), Van Damme (2009, p. 56 et seq.) e Mitchell (2007, p. 184 et seq.).
66. "The recent change in composition signals a passage to a body in which bureaucrats and political appointees will represent the majority of the AB judges. It is at best uncertain whether this was the intended reaction to the evolution of AB Law; it is, on the other hand, not the safest way to bring the AB back to its intended function, that is, an agent entrusted with putting into practice the balance of rights and obligations as struck by its principals, the WTO Members" (Mavroidis, 2009, p. 174).
67. "There is room for rethinking the application and adequacy of the Vienna Convention regarding treaty interpretation" (Jackson, 2006, p. 184). V. ainda Pauwelyn (2005, p. 494); Klabbers (1999, p. 47) e Palmeter e Mavroidis (1998, p. 399).
68. Cf. manifestação dos EUA na reunião do comitê de revisão do ESC de 17 de março de 2006 (TN/DS/W/74); e também a manifestação do mesmo país na reunião do OSC de 18 de março de 2003 (WT/DSB/M/145): "General principles of international law were not listed in the covered agreements set forth in Appendix 1 of the DSU, and a WTO adjudicatory body has no authority to enforce those principles". Também pode ser verificada manifestação do país na reunião do OSC de 5 de novembro de 2001 (WT/DSB/M/112): "The United States believed it was inappropriate for the Appellate Body to develop a new principle not based on the text. [...] Proportionality had no relevance when the duration, magnitude, and scope of the remedy was prescribed in the agreement".
69. McRae (2005).

acadêmicos, seja nos Painéis ou nos próprios relatórios do OA[70]; entretanto, entendemos que, a despeito das muitas e respeitadas opiniões acadêmicas sobre o assunto, o OA deve continuar a dar prioridade, para fins de interpretação, à recomendação feita pelos Membros da OMC por meio do ESC, segundo a qual as normas de interpretação a serem utilizadas para fins de aplicação dos acordos da OMC devem ser aquelas regras costumeiras de direito internacional público consolidadas pela Convenção de Viena. O OA já reconheceu que os acordos da OMC não existem em "isolamento clínico" do restante do Direito Internacional[71]. Sob esse enfoque, tem observado, com frequência, o direito internacional público, que compreende as decisões de outros tribunais regionais e internacionais como orientação para interpretação das obrigações da OMC. Esse comportamento de mera observação e consideração é distinto da aplicação de normas de direito internacional público, ainda que apenas as regras de interpretação, na resolução de conflitos na OMC[72].

---

70. O relatório do Painel não apelado no caso *Korea - Measures Afeecting Government Procurement (DS163)* afirma em nota de rodapé: "We do not see any basis for arguing that the terms of reference are meant to exclude reference to the broader rules of costumary international law in interpreting a claim properly before the Panel" (relatório do Painel, par. 7.101). O OA também já aplicou outros princípios de direito internacional durante o seu processo interpretativo, como, por exemplo, na análise dos seguintes temas: participação de advogados terceirizados [*European Communities - Regime for the Importation, Sale and Distribution of Bananas (DS27)* (relatório do OA, par. 133)]; competência [*United States - Antidumping Act of 1916 (DS136)* (relatório do OA, par. 54)]; ônus da prova [*United States - Measure Affecting Imports of Woven Wool Shirts and Blouses from India (DS33)* (relatório do OA, par. 14)]; tratamento de lei interna [*India - Patent Protection for Pharmaceutical and Agricultural Chemical Products (DS79)* (relatório do OA, par. 65)]; boa-fé [*United States - Import Prohibition of Certain Shrimp and Shrimp Products (DS58)* (relatório do OA, par. 158)]; usos e costumes internacionais [*European Communities - Measures Affecting the Importation of Certain Poultry Products (DS69)* (relatório do OA, par. 146)]; e devido processo legal [*European Communities - Customs Classification of Certain Computer Equipment (DS62, DS67, DS68)* (relatório do OA, par. 84)].
71. *Japan - Alcoholic Beverages II (DS8, DS10, DS11).*
72. Como apontou Debra Steger: "Além disso, em alguns casos que envolvem questões de prática e de procedimento que não estão previstos no ESC, o Órgão de Apelação busca orientação na prática de outros sistemas legais internacionais e tribunais. O que o Órgão de Apelação tem feito nesses casos é buscar orientação ou informações de outras Leis Internacionais, bem como a prática de outros tribunais. Ao encontrar determinada interpretação ou prática consistente, o Órgão de Apelação alcança uma medida de conforto e certeza de estar caminhando na

O OA tem um mandato que é específico e, diferentemente de outras cortes internacionais, deve observar os parâmetros e limites estabelecidos pelos Membros da OMC à sua função jurisdicional. Um desses limites advém das regras de interpretação do Artigo 3:2 do ESC. Conforme comenta Petros Mavroidis, qualquer decisão do OA deve ser consoante esse artigo, que limita a sua competência[73].

A construção da confiança dos Membros da OMC em um sistema *rule-oriented* depende prioritariamente da observância estrita das regras que foram negociadas por consenso. Quisessem os Membros da OMC alterar os parâmetros para interpretação dos acordos abrangidos, propostas específicas nesse sentido teriam sido apresentadas no comitê de revisão do ESC, o que não é o caso[74].

Essa também é a posição do Professor Peter Van Den Bossche:

> O método interpretativo estabelecido e claramente anunciado pelo Órgão de Apelação tem tido um efeito legitimador desde o início de suas atividades. Outro método interpretativo, baseado nas "expectativas legítimas" das partes, utilizado pelo Painel no caso *EC – Computer Equipment* e expressamente rejeitado pelo Órgão de Apelação, definitivamente não traria esse efeito legitimador[75] (tradução livre).

Assim, considerando o conceito de legitimidade da técnica interpretativa do OA proposto do primeiro capítulo, segundo o qual a técnica é legítima

---

direção certa. A continuidade do trabalho de manutenção de informações sobre a lei e prática de outros tribunais internacionais possibilita que o Órgão de Apelação estimule uma maior harmonia na interpretação e na aplicação do Direito Internacional" (Steger, 2007).

73. "It follows that the AB cannot extend or reduce the policy space committed tot the international plane by the principals (the WTO Members). All its output must be consonant with this provision [3.2] which delineates the outer limits of its competence: the AB is not a legislator; it is an adjudicator of disputes arising under a legal regime that has been put into place by the WTO Membership" (Mavroidis, 2009, p. 174).
74. As atas das reuniões de negociação para revisão do ESC possuem código "WT/TN/DS/*" e podem ser encontradas em: <docsonline.wto.org>.
75. "The interpretative method, established and clearly announced by the Appellate Body, has had a legitimising effect and this from the very beginning of its activities. An interpretative approach based on 'legitimate expectations' of one of the parties to the dispute – an approach adopted by the panel en EC – Computer Equipment but on appeal explicity rejected by the Appellate Body – would definitely not have had this ′legitimizing effect′" (Van den Bossche, 2005, p. 309).

se (a) observar os critérios de interpretação estabelecidos pelos Membros da OMC previstos no ESC, (b) contar com a aceitação do Membros da OMC e (c) promover segurança e previsibilidade ao sistema, entendemos que a utilização de outros critérios de interpretação de direito internacional público pelo OA colocaria em risco a legitimidade, pois (a) não observaria os critérios propostos no ESC e (b) não contaria com a aceitação dos Membros.

7.4 O papel do Secretariado

O Artigo 27 do ESC define as responsabilidades do Secretariado da OMC da seguinte forma:

1. O Secretariado terá a responsabilidade de prestar assistência aos painéis, em especial nos aspectos jurídicos, históricos e de procedimento dos assuntos tratados, e de fornecer apoio técnico e de secretaria.
2. Ainda que o Secretariado preste assistência com relação à solução de controvérsias aos Membros que assim o solicitem, poderá ser também necessário fornecer assessoria e assistência jurídicas adicionais com relação à solução de controvérsias aos países em desenvolvimento Membros. Para tal fim, o Secretariado colocará à disposição de qualquer país em desenvolvimento Membro que assim o solicitar um perito legal qualificado dos serviços de cooperação técnica da OMC. Este perito deverá auxiliar o país em desenvolvimento Membro de maneira a garantir a constante imparcialidade do Secretariado.
3. O Secretariado deverá organizar, para os Membros interessados, cursos especiais de treinamento sobre estes procedimentos e práticas de solução de controvérsias, a fim de que os especialistas dos Membros estejam melhor (sic) informados sobre o assunto.

Em razão dessas responsabilidades, o Secretariado sempre exerceu relevante influência sobre o SSC. Desde o embrionário sistema de solução para as controvérsias comerciais estabelecido na época do GATT 1947, observava-se a importância do Secretariado[76]. Já na OMC, em 2002, um grupo de PEDs, preocupado com a influência do Secretariado nas decisões do SSC, enfatizou que o Secretariado deveria ser neutro[77] e que toda a documentação preparada pelo Secretariado para os Painéis ou OA deveria ser submetida previamente à apreciação das partes em disputa[78].

---

76. Para panorama do papel do Secretariado na evolução do sistema de solução de controvérsias da OMC, v. Hudec (1998).
77. OMC (TN/DS/M4; TN/DS/W/18).
78. Para comparação entre o Secretariado da CIJ e o do OA, v. Thirlway (2006), Hughes (2009) e Nordstrom (2005).

O OA tem o seu próprio Secretariado, e o impacto desses 12 advogados[79] na prática interpretativa desse órgão é assunto de grande especulação[80].

A estrutura institucional do OA é desenhada de forma a garantir que os sete juízes desenvolvam o seu próprio raciocínio jurídico com imparcialidade e independência; e é o que efetivamente acontece. No entanto, é o Secretariado do OA que redige toda a documentação relativa às disputas, além de participar das reuniões de discussões sobre o caso[81]. A opinião do Diretor, embora não seja obrigatória, é levada em alta consideração pelos membros do OA.

Assim, embora hoje não se possa falar na mesma "dominância" que o Secretariado exercia na época do GATT, ainda existe uma importante influência do Secretariado nas decisões do OA[82]. Essa é uma das razões pelas quais se pode atribuir coerência às decisões e a consolidação de um método interpretativo único e constante[83]. Conforme comentou Hakan Nordstrom:

---

79. O crescente número de advogados no Secretariado denota a contínua judicialização do sistema. O Secretariado do OA é formado por 12 advogados, além do Diretor, posição atualmente ocupada pelo austríaco Werner Zdouc e anteriormente por Debra Steger e Velerie Hughes, ambas canadenses.
80. Não discorreremos no presente trabalho sobre especulações sem respaldo científico. No entanto, cabe uma nota sobre a entrevista havida com membros do Secretariado do OA sobre a suposta demissão de sua ex-Diretora Debra Steger em razão da batalha de poder havida entre esta e os membros da primeira geração do OA.
81. O Artigo 17:7 do ESC estabelece que o OA deverá receber a necessária assistência administrativa e legal.
82. "The Appellate Body's legal staff will undoubtedly have some influence over the work of the Appellate Body, and the relatively senior rank of the Director of that staff will probably insure a careful hearing of their views. But that legal staff will clearly not have the kind of dominant influence that the Office of Legal Affairs wielded over GATT panels in the 1980's and early 1990's. [...] The overall conclusion suggested by these observations is something of a paradox. We see that, not counting the Appellate Body, the number of legal position on the WTO Secretariat has multiplied six-fold over the three lawyers in the 1980's Office of Legal Affaires. The result of this expansion, however, seems to be that the once-dominant influence of the Secretariat over the legal content of the dispute settlement process has declined. Part of this decline is due to the quite deliberate choice to create an Appellate Body to perform the error-control functions that had theretofore been exercised informally by the Secretariat's Office f Legal Affaires" (Hudec, 1998, p. 117-119).
83. Em entrevista havida em Genebra, em setembro de 2009, com Pablo Bentes, advogado do Secretariado do OA, fomos informados de que a segunda geração de Membros do OA foi mais receptiva em relação às opiniões do Secretariado do que a primeira.

> O Secretariado é um elemento chave atrás da cena e pretende ser assim reconhecido. Uma burocracia sem face que conhece o processo por dentro e por fora pode exercer influência, ainda que não tenha poderes formais para tanto[84] (tradução livre).

7.5 A singularidade da técnica interpretativa do OA com relação ao perfil cultural de seus juízes

A análise do perfil de alguns dos Membros do OA nos mostra uma diversidade de experiências e também algumas similaridades. A maioria foi excepcional na universidade. A maioria estudou, pelo menos, durante uma etapa de sua vida, fora de seu país de origem. Todos tiveram ampla experiência profissional internacional. Poucos conheciam os acordos da OMC antes de integrarem o OA. A heterogeneidade de experiências representa ao mesmo tempo uma vantagem e uma desvantagem. A desvantagem está justamente no esforço que deve ser feito para ajustar as diferenças de pontos de vistas a fim de alcançar um único significado para o texto. A vantagem reside no fato de essa diversidade de formação legal representar um fator facilitador da compreensão de uma vasta gama de situações legais. A seguinte descrição foi feita por Claus-Dieter Ehlermann sobre a diversidade dos primeiros sete Membros do OA:

> Nossos conhecimentos e experiências profissionais eram completamente diferentes. O grupo era como um coquetel, cujos ingredientes vinham de todas as áreas do governo (o Legislativo, o Executivo e o Judiciário), de organizações internacionais (regionais e mundiais), de universidades, da prática de direito privado e da arbitragem. Alguns de nós, como Julio Lacarté, que encarna a história do GATT e da OMC, estavam familiarizados com os "acordos abrangidos" e o passado. Outros, como eu, não tinham nenhuma experiência com o GATT. Porém, a riqueza de conhecimentos e as experiências profissionais provaram serem extremamente úteis e têm sido, a meu ver, um dos pontos fortes do OA desde o seu início[85] (tradução livre).

Mas, a despeito da análise do perfil cultural de cada um, percebe-se que os Membros do OA tendem a considerar a si próprios não como representantes

84. "The Secretariat is a key player behind the scene and ought to be acknowledged as such. [...] A faceless bureaucracy that knows the process inside out can exercise some considerable influence even without formal powers" (Nordstrom, 2005, p. 819).
85. Ehlermann (2004, p. 17).

de um país ou de uma determinada política ou cultura jurídica, e sim como colegas profissionais que percorrem juntos uma única jornada que transcende as fronteiras de cada país: promover a segurança jurídica e a previsibilidade ao sistema multilateral de comércio. Todos eles se sentem compromissados com esse objetivo comum.

Conforme afirmou Claus-Dieter Ehlermann certa vez, "nosso objetivo comum desde o início foi o estabelecimento de uma instituição independente e *quasi-judicial* que servisse a todos os Membros da OMC igual e efetivamente[86]" (tradução livre).

Percebemos assim que a diversidade do perfil cultural dos Membros do OA, embora influencie o ato interpretativo, não prejudica a legitimidade da técnica adotada, que é singular com relação ao padrão cultural dos juízes. Embora os integrantes do OA tenham sido formados em distintas tradições jurídicas e tenham conhecido de perto diversos métodos interpretativos, todos eles, em seu exercício de interpretação dos acordos da OMC, seguem as regras de interpretação do ESC e observam a obrigação de não aumentar nem diminuir os direitos dos Membros[87].

A experiência pessoal de cada um torna a técnica interpretativa rica e singular porque envolve elementos de diversas culturas jurídicas durante o ato interpretativo, mas não a torna menos legítima, pois a observância das normas do ESC é sempre mantida.

Georges Abi-Saab, por exemplo, como juiz em outras cortes internacionais, conheceu de perto o método da interpretação teleológica. James Bacchus, como político, chegou ao OA familiarizado com a influência dos elementos de poder nas decisões. Christopher Beeby e Julio Lacarté-Muro, como diplomatas, passaram anos negociando regras em um sistema *power-oriented*[88]. No entanto, nenhum deles trouxe para o OA elementos que não se coadunam com o mandato previsto no ESC[89].

---

86. "Our shared goal from the very start was the establishment of an independent, quasi-judicial institution that would serve the Members of the WTO equally and effectively" (Ehlermann, 2003).
87. Cf. item 1.3. Cf também alguns testemunhos de ex-Membros do OA ao longo deste trabalho. Além disso, cf. Terris, Romano e Swigart (2007, p. 63): "International judges can be seen as forming what some social scientists have termed an 'epistemic community', that is to say, a group of people who, while different in many regards, are animated by common ideas, sets of values, or aims".
88. Cf. item 1.2.1.
89. Como comentou um observador: "Coherence has also been possible regarding the issue where consensus has not been possible, due to the Division Members' exercise of self-restraint in their right to decide appeals according to their

Conforme afirmou James Bacchus em artigo publicado em 2004 sobre o que deve e o que não deve ser feito durante uma audiência no OA:

> Não utilize argumentos políticos. Os membros do Órgão de Apelação deixam a política integralmente a cargo dos Membros da OMC.
> Argumente somente sobre os acordos da OMC. O Direito que interessa ao Órgão de Apelação é somente aquele encontrado nos acordos.
> Não presuma que um artigo dos acordos da OMC será interpretado da mesma forma como é interpretado em sua própria jurisdição. A interpretação pode ser a mesma, ou não, depende do que as regras de interpretação da OMC estabelecem.
> Confie nas regras costumeiras de interpretação do direito internacional público. Os Membros da OMC instruíram o Órgão de Apelação a usá-las no exercício de esclarecer as previsões dos acordos da OMC.
> Não tente convencer o Órgão de Apelação a utilizar a interpretação teleológica. Não irá acontecer[1] (tradução livre).

Percebe-se claramente a preocupação dos Membros do OA em seguir fielmente as regras estipuladas pelos Membros da OMC por meio do ESC. O pilar do funcionamento do SSC é o Artigo 3:2 do ESC, que estabelece justamente o objetivo do sistema de promoção de segurança jurídica e previsibilidade.

---

particular judgement, as provided by the AB Working Procedures; instead, they pay attention to the position that has received majority support in the exchange of views" (Alvarez-Jimenez, 2009, p. 3).

1. "Don't argue politics or policy. The Members of the Appellate Body leave the politics and the policy entirely to the Members of the WTO. That is not their job. Do argue WTO Law. The law that interests the Appellate Body by far most is the law that is found in the WTO 'covered agreements'. WTO law is where WTO obligations are found. Don't simply assume that a provision in WTO Law will be interpreted in precisely the same way as a similar provision in your own municipal law. It may be. It may not be. What matters most in interpretation is whether 'covered agreement' say that is must be. Do rely on the customary rules of interpretation of public international law. The Members of the WTO have instructed the Members of the Appellate Body to do so when assisting them in their efforts to 'clarify' the provisions of the "covered agreements" Don't bother arguing that the Appellate Body should embrace some 'teleological' approach to interpretation that would enable the members to impose their purely personal views on the meaning of the covered agreements. They don't. They won't" (Bacchus, 2004, p. 18-19).

A integração das três gerações de Membros do OA em um único método interpretativo demonstra a singularidade da técnica interpretativa do OA com relação ao padrão cultural de seus juízes. A continuidade da jurisprudência, a despeito da modificação da composição do ao, demonstra essa lógica, que parece ser a escolha fundamental operada pelos Membros do OA: o equilíbrio do sistema multilateral de comércio.

Assim anotou Luiz Olavo Baptista, ex-Presidente do OA, sobre a lógica que impera na prática diária do órgão:

> [Os membros do OA] [estão lá, isto sim, para um debate intelectual intenso, instigante, pejado de responsabilidade, esforço esse que é acrescido de desejo e necessidade de cada um sair do quadro dos seus reflexos condicionados jurídicos e culturais para um exercício comum, em que o objetivo de todos é buscar a interpretação correta e válida em todos os países que integram a OMC dos textos dos Acordos[2].

A singularidade da técnica está baseada na perspectiva sistêmica de manutenção do equilíbrio permitido pelos acordos. O equilíbrio das relações comerciais multilaterais somente pode ser resguardado por meio da manutenção e da aplicação das regras negociadas pelos Membros da OMC por consenso. É por essa razão que a lógica do OA se atém à estrita observância das regras de interpretação contidas no Artigo 3:2 do ESC.

Essa singularidade da técnica interpretativa do OA com relação ao perfil cultural de seus juízes foi também apontada por Alan Yanovich, do Secretariado do OA:

> Quaisquer que sejam as diferenças no estudo do Direito, os Membros do Órgão de Apelação, como os juízes em geral, são designados a exercer uma função judicial que envolve o princípio da razoabilidade. Os antigos Membros do Órgão de Apelação que escreveram sobre a sua experiência costumam destacar a diversidade nas áreas de especialização dos Membros do Órgão, o que parece ser bem mais importante do que o fato de terem estudado em sistemas jurídicos diferentes[3].

2. Baptista (2006, p. 18).
3. Yanovich (2007, p. 133).

CAPÍTULO 8

A Legitimidade da Interpretação das Regras da OMC

A função principal do OA é interpretar os acordos da OMC. O Artigo 3:2 do ESC estabelece que o SSC é um elemento central para promover segurança e previsibilidade no sistema multilateral de comércio. Esse objetivo deve ser buscado por meio de soluções positivas para as disputas comerciais.

O objetivo do presente capítulo é identificar, em uma primeira análise, a jurisdição do OA e o direito aplicável no SSC. Em seguida, analisaremos se a função do OA vai além daquela que foi inicialmente prevista pelos Membros da OMC no ESC. Finalmente, tentaremos identificar se a técnica interpretativa do OA confere legitimidade ao sistema multilateral de comércio ao atender às suas necessidades específicas de segurança e previsibilidade.

8.1 A jurisdição do OA

O OA, assim como os Painéis, tem jurisdição sobre as controvérsias entre os Membros da OMC relativas a direitos ou obrigações previstos nos acordos da OMC[4]. O OA entendeu não ter jurisdição sobre questões baseadas em direitos e obrigações que não estejam previstas nos acordos da OMC[5]. Já o ESC é menos explícito ao tratar das regras que deverão ser aplicadas pelo OA no exercício da sua jurisdição e de como essa jurisdição coexiste com outras jurisdições internacionais.

Em razão da crescente especialização de matérias, existe no direito internacional a possibilidade de conflito entre diferentes jurisdições e tribunais internacionais. Esse fenômeno não é novo. Um conflito de jurisdição existe se: (a) dois fóruns reconhecem ter jurisdição exclusiva sobre o mesmo assunto; (b) um fórum reconhece ter jurisdição exclusiva e outro fórum oferece jurisdição alternativa sobre o mesmo assunto; ou (c) dois fóruns oferecem jurisdição alternativa para o mesmo assunto[6].

O ESC não prevê regras sobre o conflito de jurisdição entre o SSC e outras cortes internacionais, apenas estabelece a jurisdição compulsória do SSC para tratar da interpretação das regras dos acordos da OMC. A única exceção

4. Artigo 1:1 do ESC.
5. *Mexico - Tax Measures on Soft Drinks and Other Beverages (DS308)* (relatório do OA, par. 56-78).
6. Marceau (2001, p. 1099).

é o direito estabelecido no Artigo 11:3 do Acordo SPS se as partes recorrem a bons ofícios ou mecanismos para a solução de controvérsias de outros tribunais internacionais.

O ESC tampouco estabelece quando os Painéis e o OA devem exercer a sua jurisdição ou não. Jamais aconteceu de o OA deixar de apreciar uma questão por deferência a outra corte internacional.

A jurisdição dos Painéis em casos concretos é definida pelo documento de solicitação de estabelecimento do Painel e os termos de referência ali descritos, que definem a medida questionada. O escopo da jurisdição do OA se torna específico no caso concreto e limitado às questões legais trazidas a sua apreciação, o que o torna "similar a uma corte de cassação e confirma a natureza essencialmente legal do sistema"[7].

8.2 O direito aplicável pelo OA

Não há no ESC um artigo específico sobre o escopo do direito aplicável no mecanismo de solução de controvérsias da OMC. O ESC não define, assim como faz o Artigo 38:1 do Estatuto da CIJ ou o Artigo 21:1 da Câmara de Comércio Internacional (CCI), o direito aplicável nas disputas comerciais entre os Membros da OMC. Como mencionado, nos termos do Artigo 1:1 do ESC, apenas os direitos e as obrigações previstas nos acordos da OMC e invocadas por Membros da OMC podem ser levadas à apreciação do OA. Por outro lado, uma vez que a jurisdição do OA e dos Painéis é estabelecida, é pouco claro quais serão as regras aplicáveis na controvérsia. Em outras palavras:

> A jurisdição limitada não implica a limitação do escopo da lei aplicável na interpretação e aplicação desses tratados. [...] Enquanto o ESC limita a jurisdição às demandas relativas aos direitos e obrigações previstos nos acordos da OMC, não há previsão específica identificando o escopo da lei aplicável nessas demandas[8] (tradução livre).

Naturalmente, o direito aplicável no SSC inclui todos os direitos e obrigações previstos nos acordos da OMC. A dúvida reside em saber se o direito aplicável nas controvérsias é estendido também a outras normas de direito

7. Lamy (2006, p. 976).
8. "A limited jurisdiction does not, however, imply a limitation of the scope of the law applicable in the interpretation and application of those treaties. [...] While the DSU limits the jurisdiction to claims which arise under the WTO covered agreements only, there is no explicit provision identifying the scope of applicable law" (Relatório de Grupo de Estudo estabelecido pela Comissão de Direito Internacional da ONU, A/CN. 4/L.682, par. 45).

internacional em geral, além das regras costumeiras de interpretação dos tratados referidas no Artigo 3:2 do ESC[9].

A resposta a essa questão, portanto, depende da interpretação dada ao Artigo 3:2. O debate sobre o assunto remete à apreensão de que uma interpretação extensiva do Artigo 3:2 e, portanto, da lei aplicável no SSC, levaria à generalização da jurisdição do SSC da OMC. Isso porque, apesar de o princípio *pacta sunt servanda* exigir que os países desempenhem todas as obrigações internacionais com boa-fé, não há nada no acordo da OMC que indique que os Painéis e o OA devem constituir uma corte de jurisdição geral para determinar e fazer valer todas as obrigações internacionais entre os Membros da OMC. Ademais, se há uma corte internacional geral, esta seria a CIJ e não o OA[10].

A interpretação restritiva do Artigo 3:2 sugere que apenas as regras costumeiras de interpretação de direito internacional público devem ser aplicadas pelo SSC[11]. A doutrina se divide nesse aspecto. Joost Pauwelyn, por exemplo, defende que, uma vez que a parte demandante promoveu demandas específicas referentes às disposições de um acordo abrangido pela OMC, a parte demandada pode invocar defesas baseadas em outra lei internacional que não aquela da OMC, inclusive de direito internacional consuetudinário, tratado e outros instrumentos legais em vigor entre as partes em disputa. Seus argumentos são complexos e não pretendemos resumir a sua tese neste trabalho, mas o ponto fundamental é que, se houver conflito entre uma obrigação da OMC e uma obrigação alheia à OMC, as regras de direito internacional geral deveriam ser aplicadas para determinar qual obrigação tem prioridade.

Por exemplo, num caso envolvendo uma medida que viola uma regra da OMC contra a proibição de importação de certos produtos e que, ao mesmo tempo, é exigida por uma disposição obrigatória em um tratado ambiental, havendo um conflito entre as duas obrigações, Pauwelyn aplicaria as regras *lex specialis* e *lex posterior* para determinar qual obrigação tem prioridade[12].

No que se refere à expectativa dos Membros, existem aqueles que entendem que o Artigo 3:2 do ESC se refere exclusivamente às regras de interpre-

---

9. Para aprofundar o estudo sobre aplicação de normas não previstas nos acordos da OMC no SSC, v. Marceau (2001) e Amaral Júnior (2008).
10. Assim entende, entre outros, Debra Steger (2007, p. 116): "Não se pode simplesmente inferir, a partir do princípio *pacta sunt servanda*, que os Membros da OMC consentiram em conceder jurisdição aos Painéis e ao Órgão de Apelação para decidir sobre obrigações provenientes de tratados, além daqueles provenientes dos acordos da OMC".
11. Cf. as seguintes opiniões nesse sentido: McGinnis (2003-2004, p. 268); Steger (2004, p. 143); e Barfield (2001, p. 171).
12. Pauwelyn (2003).

tação da Convenção de Viena e outros que possuem um entendimento mais amplo do artigo e advogam a aplicabilidade de outros princípios e normas de direito internacional público geral no SSC[13].

A despeito dessa preocupação e da reticência do OA em aplicá-los, muitos Membros da OMC continuam a invocar princípios de direito internacional público, além das regras costumeiras de interpretação, em suas petições apresentadas nas disputas[14].

Aqueles que interpretam o Artigo 3:2 extensivamente entendem que na ausência de cláusula específica sobre o direito aplicável, o SSC deveria seguir o exemplo de outros tribunais internacionais[15]. Segundo esse entendimento, a prática do direito internacional em geral deveria preencher essa lacuna do ESC[16]. Essa posição sugere que a limitação de jurisdição do SSC não implica necessariamente a limitação da lei aplicável[17].

O argumento mais forte contra a interpretação extensiva do Artigo 3:2 sugere que, caso os negociadores do ESC tivessem a intenção de ampliar a lei aplicável no SSC, teriam incluído no acordo uma cláusula específica para tanto, similar àquelas estabelecidas pelos estatutos de outras cortes internacionais. Por outro lado, o Artigo 3:2 do ESC apenas se refere às "regras de interpretação", o que demanda uma interpretação restritiva segundo a qual os negociadores do acordo tinham a intenção de excluir outras normas de direito internacional do escopo do SSC, em virtude de sua decisão de não as incluir expressamente. Conforme explica Petros Mavroidis:

> O juiz da OMC é livre para escolher qualquer rota intelectual no processo de interpretação? Não, é a curta resposta. O Artigo 3:2 do ESC impõe aos juízes da OMC o recurso às normas costumeiras de interpretação[18] (tradução livre).

---

13. Cf. também Capítulo7, item 7.3.
14. Essas referências podem não necessariamente refletir a opinião dos Membros sobre a aplicabilidade de outros princípios de direito internacional, além das regras de interpretação dos tratados da Convenção de Viena, no SSC. Tais referências podem resultar de mera estratégia processual.
15. V. Pauwelyn (2004), a favor; e v. Trachtman (2005, p. 136), contra.
16. Palmeter e Mavroidis (1998, p. 399).
17. Cf., por exemplo, Bartels (2001).
18. "Is the WTO judge free to choose any intellectual route when interpreting (i.e, completing by providing the additional information and setting aside the embedded ambiguity) the contract [the WTO agreements]? No, is the short answer. Article 3:2 of the DSU imposes on the WTO judge recourse to customary rules of interpretation" (Mavroidis, 2009, p. 176).

Conforme demonstramos ao longo deste trabalho, embora não seja usual, o OA já aplicou princípios de direito internacional público não codificados na Convenção de Viena[19]. Em reação a esse tipo de interpretação do Artigo 3:2, o Chile e os EUA submeteram uma manifestação ao comitê de revisão do ESC sobre o risco de o OA "aumentar ou diminuir os direitos dos Membros estabelecidos nos acordos da OMC"[20]. Mas, apesar desse exemplo, o ao, de maneira geral, tenta evitar a aplicação de outras normas de direito internacional no SSC e recorre com frequência aos princípios de interpretação estabelecidos pela Convenção de Viena.

Finalmente, é importante destacar que o debate em torno da interpretação do Artigo 3:2 do ESC não se confunde com a aplicação de outros princípios de direito internacional em geral quando existem referências explícitas nos acordos da OMC. Sobre essas referências, não há debate ou desacordo[21].

8.3 As regras de interpretação do SSC

O GATT 1947 não estabelece regras de interpretação de seus artigos. Limita-se apenas a regular o procedimento de solução de controvérsias por meio dos Artigos XXII e XXIII[22]. Não é possível identificar na jurisprudência do GATT um método interpretativo característico dos Painéis, embora estes sempre tenham dado importância à intenção das Partes Contratantes do GATT.

Já o Artigo 3:2 do ESC estabelece que o SSC da OMC deve ser utilizado para esclarecer as disposições vigentes nos acordos abrangidos em conformidade com as normas costumeiras de interpretação do direito internacional público.

O OA, desde a sua primeira decisão no caso *United States - Standards for Reformulated and Conventional Gasoline (DS2)*, entendeu que as regras

---

19. Cf. Capítulo 4, item 4.3, e Capítulo 7, item 7.3.
20. "The relevant WTO text does not address an issue, leading to concerns over whether an adjudicative body might 'fill the gap' and consequently add to or diminish rights and obligations under the relevant agreement instead of clarifying those rights and obligations [...]. Legal concepts outside the WTO texts have been applied in a WTO dispute settlement proceeding, including asserted principles of international law other than customary international law rules of interpretation" (TN/DS/W/28, par. 4).
21. Por exemplo, a Convenção de Paris de 1967 está expressamente integrada ao acordo TRIPS por referência.
22. Para uma análise do panorama histórico do SSC do GATT 1947, v. item 1.1.1.

costumeiras de direito internacional público sobre interpretação estavam consolidadas na Convenção de Viena e descreveu o Artigo 31:1 como "uma regra fundamental de interpretação de tratados"[23].

O Artigo 31:1 da Convenção de Viena estabelece que um tratado deve ser interpretado de boa-fé, de acordo com o sentido ordinário de seus termos, segundo o contexto e à luz de seu objeto e propósito. O OA caracterizou esse artigo como "regra geral de interpretação", indicando assim qual seria a partir de então a sua metodologia interpretativa.

A clara indicação de uma técnica interpretativa promoveu previsibilidade e segurança aos Membros da OMC, que passaram a ter a expectativa de um método estruturado e formalista. Isso em razão de uma prática estabelecida segundo a qual o OA se referia aos Artigos 31 e 32 da Convenção de Viena em praticamente todas as disputas apreciadas. Como comentou Georges Abi Saab, ex-Presidente do OA:

> [...] esses dois artigos foram reproduzidos ou citados em cada respiração do OA e tratados como se fossem previsões substantivas dos acordos da OMC[24] (tradução livre).

No caso *European Communities - Customs Classification of Certain Computer Equipment (DS62, DS67, DS68)*, o OA afirmou que as únicas regras que poderiam ser aplicadas na interpretação do termo "concessão" eram as regras de interpretação previstas na Convenção de Viena[25].

Para parte da doutrina[26] e para Georges Abi-Saab, ex-Presidente do OA, a adstrição de uma técnica interpretativa aos Artigos 31 e 32 da Convenção de Viena implica o mau entendimento da natureza legal dos princípios interpretativos. Segundo essa teoria, princípios interpretativos são normas secundárias, ou seja, regras que governam as regras primárias, ou substantivas. Para Abi-Saab, o ESC se refere às regras costumeiras de interpretação de direito internacional público e não somente aos Artigos 31 e 32 da Convenção de Viena, que apenas codificam parte desses princípios, não todos. Nesse sentido,

---

23. *United States - Standards for Reformulated and Conventional Gasoline (DS2)* (relatório do OA, par. 16).
24. "In the first place, not only were these two articles reproduced or cited at every breath, whether warranted or unwarranted, but, more, more seriously, they were treated as if they were substantive provisions of the covered agreement that are directly applicable as such" (Abi-Saab, 2006, p. 458).
25. *European Communities - Customs Classification of Certain Computer Equipment (DS62, DS67, DS68)* (relatório do OA, par. 84).
26. Cf. Van Damme (2009), Jackson (2006) e Mitchell (2007).

os Artigos 31 e 32 seriam apenas uma representação incompleta das regras costumeiras de direito internacional público[27].

Por essa razão, comenta Abi-Saab, o OA passou a ter mais cautela ao referir-se aos princípios interpretativos da Convenção de Viena quando passou a utilizar a expressão "os princípios *codificados* nos Artigos 31 e 32 da Convenção de Viena"[28] (grifos nossos).

Por outro lado, conforme já comentamos neste trabalho[29], embora encontre voz na doutrina, a utilização de princípios interpretativos não codificados pela Convenção de Viena não é bem apreciada pelos Membros da OMC[30].

Ainda com relação à Convenção de Viena e, conforme destacamos no Capítulo 4, é importante relembrar que as regras interpretativas de seus Artigos 31 e 32 constituem parâmetro orientador para vários tribunais internacionais, não somente para o OA. A diferença entre os métodos interpretativos das diversas cortes reside justamente na maneira como cada uma utiliza esses critérios distintamente[31]. Cada corte desenvolve o seu próprio método interpretativo de acordo com as necessidades e peculiaridades dos tratados que interpretam.

---

27. "In any case, the DSU refers to the customary rules of interpretation of public international law' and not to Articles 31 and 32 of the Vienna Convention, articles that purport to codify these customary rules, that is, to provide a written representation or a snapshot of them at a certain moment. But the representation may not be completely faithful, nor reflect certain aspects of the customary rules that may also to continue to evolve beyond the moment the snapshot was taken" (Mitchell, 2007, p. 458).
28. *United States — Countervailing Duties on Certain Corrosion-Resistant Carbon Steel Flat Products from Germany (DS213)* (relatório do OA, par. 61). V. também *Chile — Price Band System and Safeguard Measures Relating to Certain Agricultural Products (DS220)* (relatório do OA, par. 213): "At the outset of our analysis, we recall that Article 3.2 of the DSU recognizes that interpretative issues arising in WTO dispute settlement are to be resolved through the application of customary rules of interpretation of public international law. It is well settled in WTO case law that the principles codified in Articles 31 and 32 of the Vienna Convention on the Law of Treaties (the 'Vienna Convention') are such customary rules. Article 31(1) provides in relevant part that: A treaty shall be interpreted in good faith in accordance with the ordinary meaning to be given to the terms of the treaty in their context and in the light of its object and purpose".
29. Cf. Capítulo 7, item 7.3, e Capítulo 8, item 8.2.
30. Confira as seguintes manifestações dos Membros na reunião do comitê de revisão do ESC de 5 de novembro de 2001 (WT/DSB/M/112), 18 de março de 2003 (WT/DSB/M/145) e 17 de março de 2006 (TN/DS/W/74).
31. Como comentou Abi-Saab (2006, p. 461), "each judicial organ develops its own judicial policy to adapt the exercise of its judicial activity to its environment".

O importante é que os Membros do OA aplicam um método comum e coerente de interpretação. Ehlermann, um dos primeiros Membros do OA, ressaltou a importância da adoção de tal método:

> Internamente, a imediata referência aos artigos 31 e 32 da Convenção de Viena e a aceitação do importante primado do "significado comum a ser dado aos termos de um tratado" tem sido uma preciosa orientação para os membros do Órgão de Apelação que trabalham em diferentes divisões, interpretando diferentes dispositivos de diversos acordos abrangidos. Em outras palavras, o primordial consenso sobre os princípios interpretativos facilitou a tomada de decisão e contribuiu grandemente para a consistência e a coerência dos relatórios do Órgão de Apelação e, ao mesmo tempo, este consenso também contribuiu para o já mencionado alto grau de colegiabilidade, assim como a cooperação amigável entre os sete membros do OA. A escolha aberta e transparente dos métodos de interpretação pelo OA trouxe ainda maiores benefícios ao mundo exterior. Essa escolha forneceu clara orientação aos Membros da OMC e aos Painéis[32] (tradução livre).

8.4 A função do OA além da previsão do ESC

Em artigo publicado por ocasião do aniversário de 10 anos do OA, Hélène Ruiz Fabri comenta que os Membros do OA passaram a exercer um papel que excede a função que lhes fora inicial e expressamente atribuída pelos Membros da OMC por meio do ESC[33]. Para a Professora Hélène Ruiz Fabri,

---

32. "Internally, the immediate reference to articles 31 and 32 of the Vienna Convention, *and the acceptance of the prime importance of the 'ordinary meaning to be given to the terms of the treaty' have given precious guidance to the Appellate Body Members working in different divisions and interpreting different provisions of different covered agreements. In other words: the very early consensus on interpretative principles has facilitated decision-making and contributed considerable to the consistency and coherence of Appellate Body reports. At the same time, this consensus has also contributed to the already mentioned high degree of collegiality and friendly co-operation among the seven Appellate Body Members*" (Ehlermann, 2004).
33. "Il faut donc envisager que le juge de l'OMC joue un rôle qui excède la fonction qui lui a été initialement et expressément attribuée, voire même qu'il ait plusieurs rôles. A vrai dire, il n'y a rien de très étonnant à constater que le rôle actuel du juge de l'OMC n'est effectivement pas exactement celui envisagé à l'origine. D'une certaine manière, il est dans l'ordre des choses qu'une créature échappe à son créateur. Ce n'est pas être relativiste à l'excès que de noter que l'évolution

assim como para parte da doutrina, é natural que a evolução de uma instituição se adapte aos eventos e às circunstâncias ocorridas ao longo dos anos[34]. Esse fenômeno nos convida a observar se as intenções iniciais dos Membros da OMC quando da assinatura do ESC representam a exata realidade atual.

A evolução do OA como uma verdadeira corte judicial é assunto de abundante literatura[35]. Debate-se sobre a legitimidade da crescente judicialização do SSC. Muitos entendem que a OMC deveria tentar resgatar o caráter político da época do GATT. Essa preocupação é ilustrada tanto pela massa crítica do ativismo judicial, comentada no Capítulo 3 do presente trabalho, como por diversos comentários de negociadores experientes. Vejamos o testemunho de um diplomata americano para o livro "The International Judge":

> Os Membros da OMC não tinham a intenção de estabelecer um processo judicial verdadeiro. A ideia era seguir com o processo diplomático, porém com mais disciplina. Os Membros criaram o Órgão de Apelação com um mandato restrito para apenas controlar a interpretação e a aplicação das regras, mas, assim que o órgão começou a operar, rapidamente ficou evidenciado que não funcionaria da forma como os Membros haviam previsto[36] (tradução livre).

Na mesma linha comenta a Professora Vera Thorstensen, especialista em comércio internacional:

> A visão dos negociadores com experiência em OMC é de crítica cautelosa. Embora muitos não aceitem ser chamados de nostálgicos, saudosos dos tempos em que o GATT era pura diplomacia, esse grupo compreende a necessidade de se construir um sistema de regras para o comércio

---

d'une institution est nécessairement tributaire de la configuration de son environnement, des circonstances de temps, des événements postérieurs à sa création. Néanmoins, cela invite à une double mise en perspective. D'une part, il est intéressant de prendre la mesure de la variation entre les intentions initiales et la réalité d'aujourd'hui et, surtout, de se demander si ces variations étaient réellement improbables ou imprévisibles" (Fabri, 2005, p. 3-4).

34. Para leitura sobre o protagonismo do OA e da expectativa dos Membros, v. Van den Bossche (2005).
35. Cf. Van Damme (2009), Jackson (2006) e Mitchell (2007).
36. "Governments didn't want it to be really a judicial process, the Idea was still to have a diplomatic process, but more disciplined. They created the Appellate body with only the mandate to control the interpretation and application of the law, but once the body started operating, it quickly became obvious that it could not be like that" (Terris, Romano e Swigart, 2007, p. 107).

internacional provido de um mecanismo eficiente de solução de controvérsias. Enfatizam, porém, que os acordos só acabam sendo fechados na OMC – que é integrada por grupo de interesses opostos – porque os negociadores trabalham com o princípio das "ambigüidades construtivas". [...] Sob essa ótica, a transformação do OSC em órgão totalmente jurídico ou, como querem alguns, a transformação do OSC em Corte Internacional do Comércio, é recebida com sérias restrições[37].

Em interessante análise realizada em 2005, Vincent Tomkiewicz pondera que, se por um lado a legitimidade de um órgão judicial está fundamentada no sistema jurídico clássico no qual existe a separação dos poderes e o equilíbrio que se instaura entre eles, por outro, o problema na OMC é que não existe tal equilíbrio entre os poderes. Assim, o OA suporta uma responsabilidade ainda maior do que qualquer outra jurisdição[38].

Por outro lado, a atribuição ao OA da responsabilidade de garantir segurança e previsibilidade para o sistema multilateral de comércio demandava implicitamente o desenvolvimento de um verdadeiro sistema jurisdicional[39]. Ainda assim, na maioria *dos artigos publicados sobre o OA, encontramos referência a um órgão quasi-judicial*[40]. Parece que há certo temor da aceitação da presença de um verdadeiro juiz dentro da OMC, como se um órgão judicial afetasse de alguma forma a soberania dos Membros[41].

---

37. Thorstensen (2007, p. 92).
38. Tomkiewicz (2005, p. 2-3).
39. "L'attribution au mécanisme de l'objectif d'assurer la sécurité et la prévisibilité du système appelait implicitement le développement d'une jurisprudence" (Fabri, 2005, p. 3).
40. Por exemplo: "On the other hand, to refer to the Dispute Settlement Body (DSB), panels, and the Appellate Body as the 'judiciary' branch is equally misleading. These bodies, along with the members, are all part of one system. The fundamental objective of this dispute settlement system is to assist governments in settling disputes. The dispute settlement is not a court of law" (Jara, 2006, p. 81).
41. Como anota Ruiz Fabri: "En nombre d'analyses, y compris académiques, préfèrent parler d'organe quasi-juridictionnel, comme s'il y avait une réticence à envisager la présence d'un véritable juge dans le système » (Fabri, 2005, p. 4). No mesmo sentido, John Jackson: "An interesting phenomenon in this regard is seen in the nomenclature used for WTO DSS bodies and process. Certain words are never used formally for the WTO DSS, for instance, 'court', 'tribunal' or 'judicial'. These words seem too threatening to some notions of sovereignty" (Jackson, 2006, p. 136). Em sentido contrário: "In practice, however, both panels and the Appellate Body are established, operate, and reach their legal conclusions in an entirely independent are law-based fashion. They are judicial tribunals in the international law sense" (Pauwelyn, 2002, p. 553).

Conforme comentou Georges Abi-Saab, ex-Presidente do OA:

> Uma questão preliminar que deve ser tratada é o fato de a instituição ser designada de "órgão" em vez de "corte" ou "tribunal". A questão se relaciona com a natureza legal ou caracterização do Órgão de Apelação e sua presença no "universo judicial", que irá necessariamente determinar a modalidade de suas atividades, incluindo interpretação[42] (tradução livre).

O traço que previne o OA de ser denominado formalmente de tribunal é a ausência de autoridade para resolver definitivamente as disputas entre as partes. Ou seja, as decisões do OA são meras recomendações que devem passar, ainda que formalmente, pelo crivo do OSC. Oficialmente, portanto, não existe a *res judicata*. Os relatórios não são considerados julgamentos, e sim recomendações. Por outro lado, considerando a regra do consenso negativo[43], na realidade prática estamos diante de um verdadeiro tribunal[44].

Qual é, então, a função do OA? Poderíamos falar em duas funções: uma básica de dar solução satisfatória à disputa[45], e outra secundária de esclarecer as previsões contidas nos acordos[46]? E qual seria o significado do termo "esclarecer as disposições vigentes dos referidos acordos em conformidade com as normas correntes de interpretação do direito internacional público"? Não seria incorreto afirmar que o termo "esclarecer" pode significar "tornar mais coerente"? Ou seja, até que ponto o OA pode interpretar os acordos, além de simplesmente encontrar uma solução satisfatória para aquela disputa? Essa resposta não é encontrada nos acordos da OMC[47].

---

42. "A preliminary issue has to be addressed that does not arise to the fora of the other participants, an issue epitomized in the name or designation of the institution as a 'body' rather than a court or tribunal. It is the issue or the question that is thus raised concerning the legal nature or characterization of the Appellate Body and of its belonging to the 'judicial universe', which necessarily determines the modalities of its activities, including interpretation" (Abi-Saab, 2006, p. 454).
43. Artigos 16:4 e 17:4 do ESC.
44. Como comenta Giorgio Sacerdoti: "These reports are not defined as judgements containing decisions, but as reports containing recommendations. However, in reality, the *vis rei judicatae* actually occurs automatically on the basis of the 'negative consensus' rule" (Sacerdoti, 2006, p. 49).
45. Artigo 3:7 do ESC.
46. Artigo 3:2 do ESC.
47. Para discussão sobre a natureza jurídica do SSC da OMC, cf. Andrianarivony (2000); e ainda a controvérsia entre Santulli (2000) e Ascensio (2001).

Evidentemente, e conforme tratado ao longo do presente trabalho, os Membros da OMC têm a expectativa de que o OA interprete os acordos restritivamente. No entanto, nem sempre a interpretação restritiva poderá dar uma solução satisfatória para a disputa ou mesmo esclarecer as disposições vigentes dos acordos. Como aponta Jackson, os dois objetivos do Artigo 3:2 do ESC (promover segurança e legitimidade, de um lado, e dar uma solução satisfatória para a disputa, do outro), às vezes podem conflitar entre si. A solução da disputa entre as partes pode não implicar necessariamente a promoção da previsibilidade sistêmica das regras para as terceiras partes, por exemplo[48].

De qualquer forma, a função judicial possui certas condições de existência e uma delas é uma margem mínima para a hermenêutica jurídica. Qual é, entretanto, o limite da hermenêutica do OA?

Entendemos que a função primordial do OA é garantir a previsibilidade jurídica do sistema multilateral de comércio e essa necessidade estabelece parâmetros específicos para a função do OA, ainda que essa função seja jurisdicional. Outras cortes, como por exemplo a CEDH, da qual tratamos no Capítulo 4, possuem características e necessidades que lhe são próprias, do que se depreende que o limite da hermenêutica pode ser distinto do limite que o OA deve observar. As regras básicas de interpretação são as mesmas, mas o ambiente no qual essas regras são aplicadas é distinto[49].

---

48. "In particular, we can see some apparent conflict between some of the WTO DS goals and especially between the two explicit goals mentioned in Article 3 of the DSU. One of these goals is to provide a jurisprudence that will bolster the predictability and security of the system, a characteristic extremely important in economic issues, where you have millions of entrepreneurs in need of a certain amount or risk reduction that is inherent in a predictable, stable, rule-oriented system. Another goal mentioned in the DSU is the efficient and relatively quick and amicable settlement of cases. Immediately obvious in the jurisprudence is a certain tension between these two goals. On the one hand, you want a thorough explication of the issues in a well-reasoned report written by impartial juridical participants. On the other hand you want the process to move relatively quickly, to be amicable, and where feasible and appropriate, you want parties to settle. Of course, a settlement in some cases could actually be detrimental to the broader goals of the DS system and jurisprudence because it could result in a deal agreed between two parties that disregards broader systemic interests of non-participant third parties" (Jackson, 2006, p. 146).
49. "The judicial function has its own requirements, and it is the same everywhere. However, it is like living in different houses. The rules of architecture are the same, but you feel the environment is very different. That is the judicial policy that varies from organ to organ. But judicial policy has to remain within the parameters of the judicial function" (Terris, Romano e Swigart, 2007, p. 139).

Georges Abi-Saab, antigo presidente do OA, admitiu:

> [...] cada um desses tratados constitui um universo legal distinto do outro. A diferença pode ser explicada não somente pela disparidade na estrutura, no mandato, na composição, mas também, e talvez principalmente, pela "filosofia judicial" de cada fórum, que também é uma função do seu ambiente[50] (tradução livre).

Ou seja, o parâmetro judicial variará de acordo com a corte e de acordo com a comunidade na qual a corte funciona[51]. Essa opinião é também compartilhada por juízes de outras cortes internacionais[52]. A função judicial do OA, embora jurisdicional, deve seguir o parâmetro estabelecido pelo ESC, enquanto esse for o parâmetro estabelecido. Ou seja, enquanto os Membros da OMC não decidirem por consenso a alteração dos parâmetros judiciais do ESC, por meio do comitê de revisão do acordo, não pode o OA, a nosso ver, sob pena de arriscar as garantias de segurança e previsibilidade buscadas pelos Membros da OMC, se afastar desse limite.

A interpretação ainda deve ser baseada nos princípios estabelecidos pela Convenção de Viena, pois essa é a expectativa dos Membros e a única maneira de garantir que os direitos e obrigações dos Membros não serão modificados pelas decisões do OA[53].

---

50. "[...] each of these treaty regimes constitutes a legal universe quite different from the others. The difference can be explained not only by the disparity in the structure, mandate, and composition, but also, and perhaps mainly, by the 'judicial policy' of each forum, which is also a function of its environment" (Abi-Saab, 2006, p. 460).
51. Essa opinão é consistente com a observação do relator especial da Convenção de Viena, Humphrey Waldock: "it is true that the character of a treaty may affect the question whether the application of a particular principle, maxim, or method of interpretation is suitable in a particular case" (relatório da Comissão de Direito Internacional, A/6309/Rev1, 1966, que cita o terceiro relatório do relator especial, Senhor Humphrey Waldock).
52. V., por exemplo, Higgins (2003) e Mengozzi (2006, p. 15).
53. Conforme anota John Jackson: "The choices by a juridical body for an international institution created by a treaty, as to what techniques will be used to interpret that treaty, can have profound effects on the 'allocation of power', both vertical and horizontal. For example, as to vertical allocation of power, very important questions or treaty interpretation involve the appropriateness of techniques such as 'evolutionary' or 'teleological' These different techniques of treaty interpretation each engage, to a different degree, the question of 'consent' of a member or nation-state concerned, as we shall see. In fact, as observers and practitioners of international law relating to treaties know well, there are very large numbers

Ou seja, junto com a função *quasi-judicial* outorgada pelos Membros da OMC ao OA, estabeleceram-se também seus limites. Aliás, limites são inerentes ao poder judicial em qualquer corte do mundo. A essência do poder judicial está justamente em seus limites[54], e os limites da função do OA foram claramente estabelecidos nos Artigos 3:2 e 17:6 do ESC. Em suma, ainda que a relevância e o protagonismo da função do OA tenham superado as expectativas dos Membros, os limites a essa função ainda existem, não foram alterados e têm sido respeitados[55].

8.5 A promoção de segurança e previsibilidade jurídicas

O último aspecto que nos falta observar com relação ao conceito de legitimidade proposto no primeiro capítulo é se a técnica interpretativa do OA é capaz de promover segurança e previsibilidade jurídicas no sistema multilateral de comércio e de cumprir, portanto, sua função principal.

A percepção da tarefa do OA como uma função verdadeiramente jurisdicional é incontestavelmente reforçada pela maneira como este órgão a exerce. Para cumprir o seu papel de juiz, o OA adotou uma técnica peculiar e consistente que hoje faz parte integrante da percepção dos Membros da OMC sobre uma jurisdição objetiva[56]. A entrevista com o diplomata brasileiro responsável pelos contenciosos do Brasil confirma essa percepção:

---

of interpretative techniques. Readers will certainly recognize that some, but not all of these treaty interpretation techniques are embodied in the language of the Vienna Convention" (Jackson, 2006, p. 182-183).

54. Conforme ilustrado pela CIJ: "There are inherent limitations on the exercise of the judicial function which the Court, as a court of justice, can never ignore. There may thus be an incompatibility between the desires of an applicant, or, indeed, of both parties to a case, on the one hand, and on the other hand the duty of the Court to maintain its judicial character. The Court itself, and not the parties, must be the guardian of the Court's judicial integrity... That function is circumscribed by inherent limitations which are none the less imperative because they may be difficult to catalogue, and may be not frequently present themselves as a conclusive bar to adjudication in a particular case. Nevertheless, it is always a matter for the determination of the Court whether its judicial functions are involved" [Northern Cameroons (*Cameroon v. United Kingdom*) (decisão de 1963].
55. O OA sempre demonstrou preocupação em observar os limites da função do SSC. V., como exemplo, a afirmação do OA no caso *India – Patent Protection for Pharmaceutical and Agricultural Chemical Products (DS79)* "a panel cannot assume jurisdiction that it does not have" (relatório do OA, par. 92).
56. "Justice must not only be done, it must also be seen to be done" (Fabri, 2005, p. 7).

Sendo o Brasil um usuário freqüente do sistema de solução de controvérsias da OMC, nos dá conforto saber que o Órgão de Apelação segue uma técnica interpretativa que leva em consideração os critérios da Convenção de Viena, seguindo sempre um padrão de coerência ao iniciar o ato interpretativo pelo Artigo 31:1, o critério textual. Isso nos permite ter previsibilidade ao antecipar o que vai acontecer no caso. Da mesma forma, nas negociações, nós sabemos que devemos ter muita cautela com os termos que estamos utilizando para negociar, pois, em caso de controvérsia posterior, aquele termo será interpretado literalmente pelo Órgão de Apelação e o histórico da negociação será apenas usado como critério suplementar. Assim, sabemos que ao utilizar uma expressão estamos trazendo para as negociações toda a jurisprudência do Órgão de Apelação sobre aquela expressão[57].

A legitimidade da técnica interpretativa do OA não está apenas no fato de a metodologia ser objetiva, mas também no fato de essa técnica ser percebida pelos Membros da OMC como tal. Essa percepção se dá em razão da utilização consistente de um método peculiar[58]. Isso não significa, entretanto, que a técnica interpretativa do OA garanta a previsibilidade dos resultados das disputas. Conforme comentamos no Capítulo 6 (item 6.3), a interpretação não é um ato mecânico com resultados certos. A previsibilidade não está nos resultados, e sim no raciocínio para se alcançar esse resultado[59].

Além disso, com exceção de algumas poucas regras e condições previstas no Artigo 17, o ESC atribui ao próprio OA a responsabilidade de disciplinar o procedimento de apelação e acentuar, assim, a sua configuração judiciária. O reforço de garantias procedimentais tanto nos Procedimentos de Trabalho do OA[60] quanto nas repostas do OA quando questões processuais lhe são submetidas à apreciação[61], testemunham a atenção dada por esse órgão à segurança e

57. Trecho de entrevista havida na Missão Diplomática do Brasil, em Genebra, em setembro de 2009.
58. Como comentou Ehlermann (2003, p. 16): "The interpretative method, established and clearly announced by the Appellate Body, has had a legitimising effect, and this from the very beginning of its activities".
59. Nicolas Lockhart, experiente advogado do escritório Sidley and Austin, que atua em processos na OMC comentou em entrevista em outubro de 2009 em Genebra: "The methodology of the Appellate Body provide us, litigators before the WTO, with some predictability but does not assure us the outcome of the case".
60. Cf. item 1.2.3. Para os Procedimentos de Trabalho para o exame de Apelação, v. Anexo B.
61. "In sum, it can be said that the collegial decision-making process of the AB both

previsibilidade jurídicas. O OA não hesitou em emendar os Procedimentos de Trabalho para remediar falhas e lacunas no procedimento. A cada revisão, a orientação jurisdicional foi reforçada. O OA observa com frequência o estrito prazo de 90 dias para proferir as suas decisões, e os princípios da igualdade e exigência do contraditório são respeitados no processo de apelação, que é extremamente paritário[62].

No que se refere à obrigação de motivação das decisões[63], esclarecemos que o OA não hesita em se basear no princípio da economia jurisprudencial ao se referir com frequência a decisões anteriores, o que não significa aplicação da regra do precedente, mas reforça a coerência das decisões, contribuindo também para a promoção da previsibilidade do sistema multilateral de comércio.

A única questão que poderia suscitar questionamentos sobre previsibilidade e segurança jurídicas seria o fato de o procedimento de apelação ser expressamente confidencial[64]. Essa confidencialidade foi uma escolha inicial feita pelos próprios Membros da OMC, que a maioria prefere manter. Dessa regra resulta o debate sobre transparência dirigido a toda organização, como um meio de reduzir a desconfiança nas decisões suscitadas pela opinião pública. Nesse aspecto, observamos que o OA se posicionou a favor de maior transparência do procedimento, não só ao admitir relatórios de *amicus curiae*, sobre os quais o ESC é omisso[65], mas também ao facilitar o acesso a terceiras partes. Além disso, o OA permitiu que a audiência no caso *European Communities - Measures Concerning Meat and Meat Products (Hormones) (DS26, DS48)* fosse aberta ao público em outubro de 2005.

Quanto à técnica interpretativa, o OA fez desde as suas primeiras decisões uma escolha muito clara: utilizar as regras de interpretação da Convenção de Viena, que considerou como a consolidação das regras costumeiras de interpretação do direito internacional público, previstas no Artigo 3:2 do

---

in terms of its institutional design and of its practice may well be one of the most effective and least costly judicial processes operating today" (Alvarez-Jimenez, 2009, p. 3).

62. Como comentou um observador: "The functioning of the Appellate Body (AB) is virtually perfect in terms of collegial decision-making. During its first 12 years, it has produced more than 70 reports dealing with controversial trade and non-trade issues with results that are astonishing. First of all, the AB has usually met the strict 90-day deadline to render its decision, established by the Dispute Settlement Understanding (DSU)" (Alvarez-Jimenez, 2009, p. 1).
63. Sobre hermenêutica jurídica contemporânea, v. Capítulo 6, item 6.3.
64. Artigo 17:10 do ESC.
65. Cf. Capítulo 2, item 2.3.3.

ESC. A referência às regras de interpretação da Convenção de Viena não somente é feita de forma sistemática, mas também ordenada por meio de uma metodologia própria que privilegia a interpretação textual, sem excluir, quando necessário, a utilização de outras regras de interpretação.

Ao decidir basear o seu método interpretativo nos Artigos 31 e 32 da Convenção de Viena, o OA passou a utilizar um "código" reconhecido e compreendido[66] pelos Membros da OMC, o que contribui para garantir a previsibilidade do sistema. O fato de existir uma técnica interpretativa facilita a leitura das decisões, uma vez que o raciocínio interpretativo se torna facilmente percebido por meio de um caminho bem traçado e coerente[67]. O fato de o OA privilegiar a interpretação textual demonstra a sua intenção de permanecer o mais próximo possível da vontade dos negociadores do acordo, que é o objetivo principal da interpretação.

A consolidação de um método regular e deferente à intenção dos negociadores é coerente com a proibição de aumentar ou diminuir os direitos e obrigações da partes. Ao mesmo tempo, a diversidade das regras contidas na Convenção de Viena dá margem a exercício dinâmico de interpretação que, embora enquadrado em técnica bastante estruturada, movimenta-se dentro de certas margens. Mesmo dentro de metodologia altamente estruturada, o OA ainda goza da discricionariedade inerente à sua condição de intérprete.

O fato de o OA rever apenas questões de direito faz que a sua atenção seja direcionada necessariamente à interpretação dos acordos, resultando numa conexão natural com o próprio objetivo do Artigo 3:2 do ESC de "esclarecer" o direito existente.

Ao mesmo tempo, o SSC deve promover segurança e previsibilidade ao sistema multilateral de comércio. Segurança e previsibilidade serão garantidas a partir do momento em que as regras sejam aplicadas a todos, o que nos remete à ideia de unificação do direito da OMC. Essa unificação corresponde à ideia de missão dos juízes do OA relativamente ao objetivo de segurança e previsibilidade, que supõe coerência e continuidade[68]. Ou seja, o ESC

66. Para análise comparativa com outros métodos interpretativos, cf. Capítulo 4; e ainda Eveno (2006).
67. Como anotou Giorgio Sacerdoti (2006, p. 47): "The perception of procedural and methodology legitimacy of the decisions provides important support for the acceptance of their substance by the membership, including the losing party".
68. A ideia de unicidade está relacionada à preocupação do OA em aplicar o mesmo direito para todos. Conforme comentou Giorgio Sacerdoti (2006, p. 47): "The Appellate Body's hard-won reputation depended, *inter alia*, on Members confidence that it would apply detailed legal reasoning equally to all Members on a consistent basis".

estabeleceu um órgão ao mesmo tempo único e permanente, que contrasta claramente com o Painel, cujos Membros do Painel são escolhidos a cada caso. A unicidade e a permanência do OA evidentemente têm relação com a unidade e a continuidade das decisões[69].

A orientação do OA em direção à coerência nas decisões, por meio da utilização sistemática do mesmo método interpretativo, reforça a ideia de continuidade e unicidade[70] pretendida pelos Membros em sua busca por previsibilidade e segurança jurídicas. A regra relativa à troca de opiniões, prevista pelo Artigo 4 dos Procedimentos de Trabalho do OA, reforça a preocupação do Membros do OA com a coerência e a continuidade das decisões[71]. À época em que o OA foi criado, os Membros da OMC destacaram a necessidade dessa colegialidade. Assim, quando os primeiros membros foram nomeados para o OA, o presidente do OSC ressaltou "a necessidade de os membros [do OA], uma vez nomeados, trabalharem juntos para garantir uma política consistente, conforme determinado pelo ESC"[72] (tradução livre). O OA

---

69. Como comentou um observador: "Even though the Appellate Body decides by Divisions, its case law has been coherent through all of them" (Alvarez-Jimenez, 2009, p. 1).
70. Como comenta um observador: "The Appellate Body has been able to achieve unity in its decisions due to three fundamental reasons: (i) the consensus rule it has adopted for decisions by the three Members of the AB Divisions; (ii) an agreement that existed among the first Members not to render separate opinions; and later, (iii) the fact that formal and informal features of the operation of the AB have raised the costs for Members of appending concurring or dissenting opinions while reducing the benefits they could obtain from doing so" (Alvarez--Jimenez, 2009, p. 3).
71. Procedimentos de Trabalho do OA, Artigo 4: "Collegiality. 1. To ensure consistency and coherence in decision-making, and to draw on the individual and collective expertise of the Members, the Members shall convene on a regular basis to discuss matters of policy, practice and procedure. 2. The Members shall stay abreast of dispute settlement activities and other relevant activities of the WTO and, in particular, each Member shall receive all documents filed in an appeal. 3. In accordance with the objectives set out in paragraph 1, the division responsible for deciding each appeal shall exchange views with the other Members before the division finalizes the appellate report for circulation to the WTO Members. This paragraph is subject to paragraphs 2 and 3 of Rule 11. 4 Nothing in these Rules shall be interpreted as interfering with a division's full authority and freedom to hear and decide an appeal assigned to it in accordance with paragraph 1 of Article 17 of the DSU".
72. "One other point that he wished [the Chairman of the DSB] to raise was the need for Appellate Body members, once appointed, to work closely together to ensure

respondeu a essa preocupação estabelecendo o Artigo 4 em seus procedimentos de trabalho.

Nesse sentido apontou Luiz Olavo Baptista, ex-Presidente do OA:

> É o consenso dos sete [membros do OA] que redunda no relatório. Este aspecto tem importância singular, pois, como os Membros tendem a manter a coerência de seu pensamento, há estabilidade e continuidade nas opiniões do Órgão de Apelação. É singular esse processo, porque a busca pelo consenso, que levou todos a chegar à mesma conclusão sobre aquela interpretação, é um exercício no qual todos os argumentos e pontos de vista que os sete examinarem em torno daquele problema fossem esgotados [...]. Então, a busca do consenso é um exercício importante, que assegura a continuidade de um pensamento jurídico, a estabilidade da interpretação e, com isso, a segurança que as regras de Marraquesch determinam que se alcance[73].

O fato de as suas decisões não estarem ao abrigo das críticas não impede a continuidade e a coerência da jurisprudência do OA[74], que permanece assim apesar das modificações na composição de seus Membros. Os juízes do OA carregam consigo clara responsabilidade comum em relação ao SSC, cuja perspectiva sistêmica é garantir o equilíbrio das relações comerciais multilaterais por meio da promoção da segurança e da previsibilidade no sistema multilateral de comércio[75].

Essa visão do sistema inclui uma percepção de seu papel como juiz de um sistema que tem como premissa fundamental o reforço das garantias estruturais de equilíbrio que acompanham a solução jurisdicional das disputas. As diretrizes dessa visão de equilíbrio são a unidade, a estabilidade e a previsibilidade do sistema.

---

that there was policy consistency, that the Appellate Body operated in a coherent way as envisaged by the DSU and that obligations under the DSU and the covered agreements were not increased or rights diminished through the appeals process" (WT/DSB/M/9, p. 2).

73. Baptista (2006, p. 18-19).
74. Como anotou Howse (2006, p. 11): "one could easily believe that GSP came from the same judicial hand as *Shrimp/Turtle and Hormones*".
75. "Les juges ont clairement conscience du système dans lequel le Mécanisme de règlement des différends fonctionne. L'existence d'une telle perspective systémique, qui apparaît parfois explicitement, éclaire nombre des hypothèses où les juges ont semblé prendre des décisions de type politique. En d'autres termes, le juge de l'OMC paraît bien avoir une téléologie qu'on peut résumer sous le terme d'équilibre du système" (Fabri, 2005, p. 12).

A estabilidade e equilíbrio do sistema multilateral de comércio é manifestamente privilegiada pelo OA. Além da existência de uma jurisprudência coerente[1], a maneira como essa jurisprudência é concebida demonstra essa preocupação. O caso *European Communities - Conditions for the Granting of Tariff Preferences to Developing Countries (DS246)*[2] é um bom exemplo. O caso se refere à prática comum de diversos países desenvolvidos de exigir algumas condições para que PEDs possam fazer parte de seus regimes de preferências tarifárias (conhecidos como Sistema Geral de Preferências - SGP). Algumas dessas condições podem resultar no total impedimento de alguns PEDs de participar do sistema preferencial. Parte dos países desenvolvidos entende que, considerando que não são obrigados a conceder regimes preferenciais, quando o fazem, são livres para estabelecer as condições de participação.

Os PEDs, por seu turno, entendem que, ainda que por mera escolha, uma vez assumida a obrigação, os países desenvolvidos não podem suspender as preferências do regime, como se caridade fossem. De qualquer forma, as condições dos SGPs tornaram-se cada vez mais incrementadas com o passar do tempo, até que a Índia solicitou o estabelecimento de um Painel para avaliar a conformidade do SGP europeu com os acordos da OMC.

O SGP europeu concedia maiores preferências para PEDs que cumprissem certas condições estabelecidas, referentes à patenteabilidade de medicamentos. O Painel decidiu que os SGPs deveriam ser concedidos indiscriminadamente para todos os países em desenvolvimento, sem qualquer distinção. O Painel não analisou a natureza dos artigos da OMC que permitem a concessão do regime e tampouco a natureza do termo "não discriminação" (caso essa decisão tivesse sido mantida, dificilmente os SGPs existentes teriam sido mantidos).

Quando o OA recebeu o caso, encontrou-se diante de uma situação política complicada, países desenvolvidos *v.* PEDs. Num primeiro momento, analisou a natureza do termo "não discriminação" em referência à versão francesa dos acordos envolvidos na qual "não discriminação" constava como uma obrigação legal. Segundo observadores experientes, embora o textualismo do OA seja normalmente criticado por ser um método "simplista" que não leva em consideração o contexto político, nesse caso específico tal método evitou uma

---

1. Conforme comentou Mitsuo Matsushita (2005, p. 1396), ex-Membro do OA: "The provision requiring the Exchange of views is incorporated to maintain coherence between judgments among different Divisions deciding the same or similar issued".
2. Para maiores detalhes sobre esse caso, cf. também Fabri e Monnier (2004).

situação política ainda mais complicada[3]. Em vez de entrar na disputa política econômica entre países desenvolvidos e PEDs, o OA simplesmente analisou o significado exato do termo em disputa. Nesse contexto, o OA decidiu que a análise feita pelo Painel do termo "não discriminação" estava incorreta.

O OA tomou nesse caso uma decisão importante a fim de manter a praticidade da Cláusula de Habilitação (cláusula que permite o estabelecimento do SGP) e dos sistemas gerais preferenciais a ela relacionados, ao admitir a imposição de condições específicas e de mecanismos seletivos para acesso a esses sistemas. Estimou que o acesso aos sistemas gerais de preferência deve depender de condições objetivas e serem abertas a todos aqueles que cumprirem tais condições. Um raciocínio em sentido contrário poderia comprometer a maior parte dos mecanismos existentes em favor dos países em desenvolvimento, tendo como consequência o risco da perda do equilíbrio das relações comerciais multilaterais.

Essa visão do equilíbrio sistêmico não está confinada à perspectiva puramente interna. O OA está consciente de que o equilíbrio do sistema da OMC também depende de sua habilidade em levar em consideração o ambiente em que atua. Para tornar possível essa projeção externa do equilíbrio, o OA decidiu tornar a sua forma de raciocínio explícita e técnica o mais transparente possível.

A jurisprudência do OA demonstra também a preocupação com a efetividade do sistema multilateral de comércio, a começar pela efetividade do próprio SSC. Essa efetividade está relacionada ao equilíbrio do sistema na medida em que permite um controle efetivo das medidas tomadas pelos Membros e a apresentação de rápidas soluções às controvérsias que lhes são submetidas[4]. Mais genericamente, a noção de efetividade relacionada ao equilíbrio passa pela rejeição de uma atitude de deferência no controle judicial e a identificação de padrão de revisão que autoriza um controle bastante abrangente das medidas contestadas.

---

3. "Often critics have viewed the textualist tendency of the Appellate Body as insensitive or naive with respect to the broader political and systemic context, but this example [the EC – Tariff Preference case] illustrates the opposite. For it was through applying a simple, and indeed simplistic textualist technique that the Appellate Body astutely avoided stumbling into a political minefield where it would have had to make judgements on deeply felt and divergent perspectives and beliefs of developing and developed countries" (Esserman e Howse, 2006).
4. Exemplos dessa preocupação com efetividade podem ser encontrados nos casos *India – Quantitative Restrictions on Imports of Agricultural, Textile and Industrial Products (DS90)* e *Turkey – Restrictions on Imports of Textile and Clothing Products (DS34).*

CAPÍTULO 9

Conclusão

O SSC da OMC foi objeto de importantes transformações realizadas ao longo dos anos, sobretudo ao final da Rodada Uruguai. A criação da OMC e a entrada em vigor dos diversos acordos aprovados na referida Rodada foram fundamentais para a institucionalização do sistema multilateral de comércio, preenchendo uma lacuna existente desde o fracasso da criação da OIC.

A aprovação de modificações substanciais ao SSC teve papel fundamental no regime internacional de comércio, no qual um sistema *power-oriented* cedeu lugar a um sistema *rule-oriented*, com importantes reflexos para a regulamentação do sistema multilateral de comércio. A institucionalização dos novos instrumentos em favor de um sistema multilateral *rule-oriented*, com o consequente fortalecimento do mecanismo de solução de controvérsias, conferiu maior previsibilidade e estabilidade ao sistema multilateral de comércio.

A participação dos países na formulação das normas às quais estarão sujeitos no regime de comércio internacional (o ESC e os demais acordos abrangidos) e a criação de um mecanismo jurisdicional independente da intervenção e da influência das vontades particulares dos Membros da OMC tiveram como consequência lógica maior aceitação e adesão da generalidade desses mesmos membros às normas internacionais e também às decisões proferidas nas controvérsias. No sistema anterior, no qual prevaleciam as decisões políticas, o "poder" exercia um papel muito mais destacado na definição das controvérsias comerciais, geralmente a favor dos *players* mais importantes. Isso acarretava desconfiança entre as Partes Contratantes e não contribuía para a legitimação do sistema multilateral.

O ESC é, portanto, uma medida de construção da confiança entre os Membros da OMC, que, ao tutelar a segurança e a previsibilidade do sistema multilateral de comércio, realça o caráter de consenso e adesão ao referido regime internacional por parte da maior parte dos países, reforçando os aspectos de legitimidade do sistema multilateral de comércio. Ao assegurar a observância fiel das regras estipuladas pelos Membros, o OA tem, como órgão máximo a assegurar o sistema *rule-oriented*, papel fundamental no fortalecimento da confiança dos Membros da OMC em relação ao sistema multilateral de comércio e, ainda, na adesão desses Membros ao referido regime internacional.

No presente trabalho examinamos se a técnica interpretativa do OA é capaz de cumprir a sua função primordial de, assim como estabelece o Artigo

3:2 do ESC, reforçar a segurança, a previsibilidade e a estabilidade dos acordos negociados por consenso pelos Membros, contribuindo assim para assegurar o sistema *rule-oriented.*

Como consequência, definimos que a técnica interpretativa do OA somente seria legítima se: a) observasse o mandato estabelecido pelos Membros por meio do ESC; b) contribuísse para reforçar as necessidades do sistema multilateral de comércio (segurança e previsibilidade); e c) fosse aceita de forma geral pelos Membros da OMC.

O mandato que os Membros da OMC outorgaram por meio do ESC ao OA tinha como objetivo cumprir a sua função de interpretar os acordos da OMC segundo as regras costumeiras de interpretação do direito internacional público, dando solução positiva às disputas comerciais, sem aumentar nem diminuir direitos e obrigações estabelecidos nos acordos. Demonstramos, por meio de análise extensa da jurisprudência do OA, que a sua técnica interpretativa, pela qual se dá primazia à letra dos acordos por meio da aplicação das regras gerais de interpretação previstas no Artigo 31:1 da Convenção de Viena, além de ser a técnica mais adequada para fins de cumprimento do mandato, é um dos elementos fundamentais de segurança e previsibilidade buscadas pelos Membros da OMC. Após a análise comparativa com outras cortes internacionais, verificamos que, dadas as características específicas do sistema multilateral de comércio, outro método interpretativo, como por exemplo a interpretação teleológica, não traria como resultado a segurança e a previsibilidade buscadas pelos Membros da OMC.

Examinamos também os métodos de interpretação de outros sistemas de direito contemporâneo, notadamente o direito comum e o direito civil, e verificamos que a afirmação de parte da doutrina especializada de que há uma influência predominante do direito comum sobre o SSC da OMC, que supostamente colocaria em risco a legitimidade das decisões do ao, não procede. Essa compreensão partiu do exame dos dois grandes sistemas jurídicos e também da análise de como são interpretados alguns dos institutos jurídicos desses sistemas, como, por exemplo, o padrão de revisão (*standard of review*), a regra do precedente (*stare decisis*), as manifestações de terceiros interessados (*amicus curiae*), o reenvio (*remand authority*) e o ônus da prova (*burden of proof*).

Verificamos que, embora seja inegável que elementos de direito comum também integram o sistema jurídico da OMC e trazem reflexos à técnica interpretativa do OA, o sistema recebe influências diversas dos dois grandes sistemas, sendo, portanto, equívoca a afirmação de que predominam os elementos dos sistemas de direito comum. Trata-se, na verdade, de sistema misto e único, que atende às necessidades específicas do sistema multilateral de comércio.

Examinamos as críticas apresentadas à técnica interpretativa do OA, de modo a verificar se elas procedem a ponto de limitar a legitimidade do sistema multilateral de comércio. Dessa análise, depreendemos que a grande maioria dos observadores e especialistas entende ser a técnica interpretativa do OA adequada para o sistema multilateral de comércio. Entre os Membros da OMC, esse número é ainda maior, o que nos permitiu concluir que a técnica interpretativa do OA tem a aceitação geral dos Membros.

Embora tenhamos denominado o presente trabalho de a *A técnica interpretativa do Órgão de Apelação da OMC*, verificamos que essa técnica não é mecânica. O método interpretativo do OA é um exercício de raciocínio composto de diversos elementos e feito por seres humanos. Na segunda parte do presente trabalho, analisamos como o OA se utiliza dos critérios de interpretação do direito internacional público para estabelecer seu processo interpretativo. Analisamos de que forma se dá o raciocínio dos Membros do ao, já que a interpretação não é um processo mecânico. Para tanto, analisamos a evolução das teorias sobre interpretação jurídica desde o século XIX e o papel da cultura jurídica e do perfil cultural dos Membros do OA nesse processo.

Argumentamos que a técnica interpretativa do OA possui dinâmica e razão próprias peculiares às regras e necessidades dos acordos multilaterais de comércio. Essa técnica singular sofre influência, mas não se confunde com outros métodos interpretativos de direito, sendo ela, além de legítima, a mais adequada para cumprir o propósito do mandato estabelecido pelos Membros e reforçar a legitimidade do SSC, apesar de alvo de críticas.

Não supomos ser suficiente que o OA simplesmente siga matematicamente os critérios da Convenção de Viena para alcançar o resultado e a solução para o caso concreto. Verificamos que a interpretação de um tratado vai além da técnica, envolve um raciocínio e, em última análise, uma escolha. Estudamos essa técnica/arte de raciocínio. Analisamos como os elementos exteriores à técnica mecânica fazem parte da interpretação.

Verificamos, a partir do estudo do perfil cultural dos juízes do OA e das decisões proferidas, que existe uma singularidade da técnica interpretativa desse órgão com relação ao padrão cultural de seus juízes, que têm um objetivo comum: promover a previsibilidade e segurança jurídicas para o sistema.

Analisamos também em que medida a função do OA, dada a evolução dessa corte como instituição, adaptou-se às circunstâncias temporais e excedeu o papel inicial que lhe fora inicialmente e expressamente atribuído pelos Membros da OMC por meio do ESC. Concluímos que a função do OA se tornou ainda mais relevante do que inicialmente intencionado pelos Membros da OMC, em razão da sua responsabilidade de promover previsibilidade e segurança jurídicas para o sistema. Essa função, embora jurisdicional, deve seguir um parâmetro estabelecido pelo ESC, enquanto esse for o parâmetro. Nesse aspecto, concluímos que o parâmetro e a filosofia jurisdicional variam de acordo com a corte e de acordo com a comunidade na qual a corte funciona. A função judicial do OA deve seguir os limites estabelecidos pelos Membros por meio dos Artigos 3:2 e 17:6 do ESC. Ainda que a relevância e o protagonismo da função do OA tenham superado as expectativas dos Membros, os limites a essa função ainda existem, não foram alterados e têm sido respeitados.

O último aspecto que observamos com relação ao conceito de legitimidade proposto é se a técnica interpretativa do OA é capaz de promover segurança e a previsibilidade jurídicas no sistema multilateral de comércio, de forma a cumprir, portanto, a sua função principal. Verificamos que a percepção da função do OA como uma função verdadeiramente jurisdicional é incontestavelmente reforçada pela maneira como esse órgão a exerce. A adoção de uma técnica peculiar e consistente hoje faz parte integrante da percepção dos Membros da OMC sobre uma jurisdição objetiva e legítima.

Além disso, o reforço de garantias procedimentais tanto nos Procedimentos de Trabalho do OA quanto nas respostas do OA quando questões processuais lhe são submetidas à apreciação, testemunham a atenção dada por esse órgão à segurança e previsibilidade jurídicas.

Quanto à técnica, ao decidir basear o seu método interpretativo nos Artigos 31 e 32 da Convenção de Viena, o OA passou a utilizar um "código" reconhecido e compreendido pelos Membros da OMC, o que contribuiu para garantir a previsibilidade do sistema. O fato de o OA privilegiar a interpretação textual demonstra a sua intenção de permanecer o mais próximo possível da vontade dos negociadores do acordo, que é o objetivo principal da interpretação. A consolidação de um método regular e deferente à intenção dos negociadores é coerente com a proibição de aumentar os direitos e obrigações da partes. Ao mesmo tempo, a diversidade das regras contidas na Convenção de Viena dá margem a um exercício dinâmico de interpretação que, embora enquadrado em uma técnica bastante estruturada, se movimenta dentro de certas margens.

A orientação do OA em direção à coerência entre as decisões, por meio da utilização sistemática de um mesmo método interpretativo, reforça a ideia de continuidade e unicidade pretendida pelos Membros em sua busca por previsibilidade e segurança jurídicas.

O fato de as suas decisões não estarem ao abrigo das críticas não impede a continuidade e a coerência da jurisprudência do OA, que permanece assim apesar das modificações na composição de seus Membros. Os juízes do OA carregam consigo clara responsabilidade comum em relação ao SSC, cuja perspectiva sistêmica é garantir o equilíbrio das relações comerciais multilaterais por meio da promoção da segurança e da previsibilidade no sistema multilateral de comércio. Essa visão do sistema inclui uma visão de seu papel como juiz de um sistema que tem como premissa fundamental o reforço das garantias estruturais de equilíbrio que acompanham a solução jurisdicional das disputas. As diretrizes dessa visão de equilíbrio são a unidade, a estabilidade e a previsibilidade do sistema.

A técnica interpretativa em análise, tendo todas as características de legitimidade necessárias para o exercício da função do OA, possui também um caráter legitimador do próprio sistema multilateral de comércio, na medida em que reforça o equilíbrio dos direitos e obrigações negociados pelos Membros da OMC, por consenso. Ou seja, a jurisdição do OA se tornou indispensável para a manutenção da (parafraseando Pascal Lamy) ordem jurídica única da OMC[5].

5. Lamy (2006, p. 971).

Bibliografia

Geral

ABI-SAAB, Georges. The Appellate Body and treaty interpretation. In: SACERDOTI, Giorgio; YANOVICH, Alan; BOHANES, Jan (coord.). *The WTO at ten: the contribution of the dispute settlement system.* Cambridge: Cambridge University Press, 2006. p. 453-464.

ALEXY, Robert. *Teoria da argumentação jurídica.* Trad. de Zilda Hutchinson Schild Silva. São Paulo: Landy, 2001.

ALVAREZ-JIMENEZ, Alberto. The WTO Appellate Body's decision-making process: a perfect model for international adjudication. *Journal of International Economic Law,* v. 12, n. 2, p. 289-331, 2009.

AMARAL JÚNIOR, Alberto do. *A solução de controvérsias na OMC.* São Paulo: Atlas, 2008.

______. *Introdução ao direito internacional público.* São Paulo: Atlas, 2008. 540 p.

ANDRIANARIVONY, M. J. Un panel institué dans le cadre de l'organisation mondiale du commerce n'est-il pas une juridiction? *R.R.J.*, s/v, n. 3, p. 1181-1202, 2000.

ASCENSIO, Hervé. Les juridictions de droit international: essai d'identification. *Annuaire Français de Droit International,* s/v., p. 163-202, 2001.

ATIK, Jeffery. Democratizing the WTO. *The George Washington International Law Review.* Disponível em: <http://ssrn.com/abstract=250331>. Acesso em: 2 fev. 2010.

ÁVILA, Humberto. *Teoria dos princípios: da definição à aplicação dos princípios jurídicos.* São Paulo: Malheiros, 2007.

BACCHUS, James. Appellators: the quest for the meaning of and/or. In: *Annual Luncheon of the Advisory Centre on WTO Law.* Bellevue: 2005. [mimeo].

______. Around the table of the Appellate Body of the WTO. *Vanderbilt Journal of Transnational Law,* v. 35, out. 2002.

______. The strange death of Sir Francis Bacon: the *dos* and *don'ts* of the appellate advocacy in the WTO. *Legal Issues of Economic Integration,* v. 31, n. 1, p. 13-24, 2004.

______. *Trade and freedom.* London: Cameron May, 2004.

BAPTISTA, Luiz Olavo. A interpretação e aplicação das regras da OMC nos primeiros anos. *Revista de Informação Legislativa,* v. 41, p. 265-271, 2004.

_____. O direito é história: alocução de abertura da conferência do Instituto de Direito do Comércio Internacional e Desenvolvimento. In: BAPTISTA, Luiz Olavo; CELLI JUNIOR, Umberto; YANOVICH, Alan (org.). *10 anos de OMC*: uma análise do sistema de solução de controvérsias e perspectivas. São Paulo: Aduaneiras, 2007.

BARFIELD, Claude E. *Free trade, sovereignty, democracy: the future of the World Trade Organization*. American Enterprise Institute: AEI Press, 2001.

BARRAL, Weber; PRAZERES, Tatiana. Solução de controvérsias. In: BARRAL, Weber (coord.). *O Brasil e a OMC*. Curitiba: Juruá, 2002.

BARTELS, Lorand. Applicable law in WTO dispute settlement proceedings. *Journal of World Trade*, v. 35, p. 499-519, 2001.

BENNOUNA, Mohamed. *International justice and politics*. In: Institut des Hautes Études Internationales. Genève, 2009 [mimeo].

BHAGWATI, Jagdish. After Seattle: free trade and the WTO. In: PORTER, Roger B. (org.). *Efficiency, equity, and legitimacy*: the multilateral trading system at the millennium. Washington: Brookings Institution Press, 2001.

BHALA, Raj. *International trade law*: interdisciplinary theory and practice. 3 ed. s/l: LexisNexis, 2007.

_____. The precedent setters: de facto stare decisis in WTO adjudication (Part II of a triology). *George Washington International Law Review*, v. 33, p. 873-978, 2001.

BLACK, Henry Campbell (ed.) *Black's law dictionary*. St. Paul: West Publishing Co., 1976.

BOBBIO, Norberto. A coerência do ordenamento jurídico. In: *Teoria do ordenamento jurídico*. São Paulo: Ed. UNB, 1989. p. 71-114.

BOBBIO, Norberto; MATTEUCCI, Nicola; PASQUINO, Gianfranco (coord.). *Dicionário de política*. Trad. Carmen C. Varriale et. al. Brasília: Ed. UnB, 1995.

BOS, Maarten. Theory and practice of treaty interpretation. *The Netherlands International Law Review*, v. II, 1980.

BOURGEOIS, Jacques. Some reflections on the WTO dispute settlement system from a practitioner's perspective. *Journal of International Economic Law*, v. 4, 2001.

BROUDE, Tomer. *International governance in the WTO*: judicial boundaries and political capitulation. London: Cameron May, 2004.

CAI, Phoenix X. F. Between intensive care and the crematorium: using the standard of review to restore balance to the WTO. *Tulane Journal of International and Comparative Law*, v. 16, 2007.

CAMERON, James; GRAY, Kevin R. Principles of International Law in the WTO dispute settlement body. *International and Comparative Law Quarterly*, v. 50, p. 248-298, abr. 2001.

CARVALHO, Evandro Menezes. *Organização Mundial do Comércio*: cultura jurídica, tradução e interpretação. Curitiba: Juruá, 2006. 320p.

CHUNG, Chan-Mo. Interpreting "interconnection": hermeneutics of the WTO Mexico-Telecommunications case. *Jean Monnet Working Paper Series*, New York University, n. 3/06, 2006.

COTTIER, Thomas. DSU reform: resolving underlying balance-of-power. In: YANOVICH, Alan; BOHANES, Jan; SACERDOTI, Giorgio (coord.). *The WTO at ten*: the contribution of the Dispute Settlement System. Cambridge: Cambridge University Press, 2006. p. 259-265.

______. The WTO dispute settlement system: new horizons. In: *Proceedings of the Annual Meeting of the American Society of International Law.* Washington: 1998, p. 86-91.

CRETELLA NETO, José. *Direito processual na Organização Mundial do Comércio - OMC*: casuística de interesse para o Brasil. Rio de Janeiro: Forense, 2003.

DAVID, René. *Os grandes sistemas do direito contemporâneo.* São Paulo: Martins Fontes, 2002.

DINH, Nguyen Quoc; DAILLIER, Patrick; PELLET, Alain. *Direito internacional público.* Lisboa: Fundação Calouste Gulbenkian, 2003.

EHLERMANN, Claus-Dieter. Reflections on the Appellate Body of the World Trade Organization. In: *American Society International Law Proceeding.* Washington: 2003.

______. Six years on the bench. In: HORLICK, Gary (co-ed.). *WTO jurisprudence and policy*: practitioners' perspectives. London: Cameron May, 2004.

EVENO, Valérie Boré. *La Technique interpretative des juridictions internationales*: témoin des mérites et insuffisances de la codification des règles d'interprétation des traités. Tese de Doutorado em Direito. Paris: Université Paris I - Panthéon Sorbonne, 2006. 632 f.

FABRI, Helène Ruiz. Le contentieux de l'exécution dans le règlement des différends de l'organisation mondiale du commerce. *Journal du Droit International*, v. 3, p. 605-645, 2000.

______. Le juge de l'OMC : ombres et lumières d'une figure judiciaire singulière. *Revue Générale de Droit International Publique*, t. 110, 2006.

______. The WTO Appellate Body's role: should the show go on? In: *The WTO Appellate Body At 10 Colloquium.* São Paulo: IDCID, 15-17 maio 2005 [mimeo].

FABRI, Helène Ruiz; MONNIER, Philippe; Chronique du règlement des différends de l'OMC. *Journal de Droit International*, v. 3, p. 1036-1042, 2004.

FERRAZ JUNIOR, Tercio Sampaio. *Introdução ao estudo do direito.* São Paulo: Atlas, 2007.

FITZMAURICE, Gerald. The law and procedure of the International Court of Justice: treaty interpretation and certain other treaty points. *British Yearbook of International Law*, v. 1, 1952.

FITZMAURICE, Malgosia; VAUGHAN, Lowe (ed.). *Fifty years of the International Court of Justice*: essays in honor of Sir Robert Jennings. Cambridge: Cambridge University Press, 1996.

FLÔRES JUNIOR, Renato G. O Sistema de Solução de Controvérsias da OMC na fronteira entre a economia e o direito: 10 anos e 3 comentários. In: BAPTISTA, Luiz Olavo; CELLI JUNIOR, Umberto; YANOVICH, Alan (org.). *10 anos de OMC*: uma análise do Sistema de Solução de Controvérsias e perspectivas. São Paulo: Aduaneiras, 2007. p. 190-200.

FONSECA JUNIOR, Gelson. *A legitimidade e outras questões internacionais.* São Paulo: Paz e Terra, 2004.

FRISCHTAK, Ana. Balancing judicial economy, State opportunism, and due process concerns in the WTO. *Michigan Journal of International Law*, v. 26, 2005.

GOODE, Walter. *Dictionary of trade policy terms.* 4. ed. Cambridge: Cambridge University Press, 2003.

GREENWALD, John. WTO dispute settlement: an exercise in trade law legislation? *Journal of International Economic Law*, v. 6, p. 113-124, 2003.

HIGGINS, Rosalyn. The ICJ, the ECJ, and the integrity of international law. *International and Comparative Law Quartely*, v. 52, n. 1, 2003.

HOEKMAN, Bernard; KOSTECKI, Michel. *The political economy of the world trading system.* Oxford: Oxford University Press, 2001.

HORLICK, Gary N. A personal history of zeroing. *Global Trade and Customs Journal*, v. 4, n. 5, p. 161-163, 2009.

HOWSE, Robert. Adjudicative legitimacy and treaty interpretation in international trade law: the early years of WTO jurisprudence. In: WEILER, John H. H. (org.). *The EU, the WTO, and the NAFTA*: towards a *common law* of international trade? Oxford: Oxford University Press, 2001.

______. The most dangerous branch? WTO Appellate Body jurisprudence on the nature and limits of the judicial power. In: COTTIER, Thomas; MAVROIDIS, Petros (org.). *The role of the judge in international trade regulation.* Michigan: University of Michigan Press, 2003.

______. The WTO on Trial. *Foreign Affairs*, v. 130, 2003.

HOWSE, Robert; ESSERMAN, Susan. The Appellate Body, the WTO Dispute Settlement System, and the politics of multilateralism. In: YANOVICH, Alan; BOHANES, Jan; SACERDOTI, Giorgio (coord.). *The WTO at ten*: the contribution of the Dispute Settlement System. Cambridge: Cambridge University Press, 2006. p. 61-81.

HUDEC, Robert E. The Role of the GATT Secretariat in the evolution of the WTO Dispute Settlement Procedure. In: BHAGWATI, Jagdish; HIRSCH, Mathias (ed.). *The Uruguay Round and beyond*: essays in honour of Arthur Dunkel. Berlin: Springer-Verlag, 1998. p. 101-120.

HUGHES, Valerie. The institutional dimension. In: BETHLEHEM, Daniel *et al.* (coord.). *The Oxford handbook of international trade law*. Oxford: Oxford University Press, 2009.

JACKSON, John. *Sovereignty, the WTO, and changing fundamentals of international law*. New York: Cambridge University Press, 2006.

______. *The world trading system*: law and policy of international economic relations: The MIT Press, 1997.

______. The WTO dispute settlement procedures: a preliminary appraisal. In: SCHOTT, J. J. (ed.). *The world trading system*: challenges ahead. Washington: IIE, 1996.

JACKSON, John; CROLEY, Steven P. WTO dispute procedures, standard of review, and deference to national governments. *Journal of International Law*, v. 90, n. 2, p. 193-213, 1996.

JACOBS, F. G. Varieties of approach to treaty interpretation: with special reference to the draft convention on the law of treaties before the Vienna Convention diplomatic conference. *International and Comparative Law Quaterly*, v. 18, 1969.

JARA, Alejandro. WTO dispute settlement: a brief reality check. In: YANOVICH, Alan; BOHANES, Jan; SACERDOTI, Giorgio (coord.). *The WTO at ten*: the contribution of the dispute settlement system. Cambridge: Cambridge University Press, 2006. p. 81-85.

KELSEN, Hans. *Teoria pura do direito*: introdução à problemática científica do direito. São Paulo: Martins Fontes, 2006.

KLABBERS, Jan. Re-inventing the law of treaties: the contribution of the EC courts. *Netherlands Yearbook of International Law*, v. 45, 1999.

KRAJEWSKI, Markus. Democratic legitimacy and constitutional perspectives of WTO law. *Journal of World Trade*, n. 35, 2001.

KRASNER, Stephen. *International regimes*. London: Cornell University Press, 1983.

KUYPER, P. J. The law of GATT as a special field of international law. *The Netherlands Yearbook of International Law*, v. 25, p. 227-257, 1994.

LACARTÉ-MURO, Julio A. Os primeiros anos do Órgão de Apelação e do Sistema de Solução de Controvérsias na OMC: uma perspectiva histórica. In: BAPTISTA, Luiz Olavo; CELLI JUNIOR, Umberto; YANOVICH, Alan (org.). *10 anos de OMC*: uma análise do Sistema de Solução de Controvérsias e perspectivas. São Paulo: Aduaneiras, 2007. p. 33-57.

______. Julio A. WTO Appellate Body roundtable: new world order or a new world disorder? Testing the limits of international law. In: *Proceedings of The Ninety-Nineth Annual Meeting of The American Society Of International Law*. Washington: American Society of International Law, 2005.

LAFER, Celso. *A OMC e a regulamentação do comércio internacional*: uma visão brasileira. Porto Alegre: Livraria do Advogado, 1998. 168 p.

______. Direito e legitimidade no sistema internacional: soberania nacional e comunidade mundial. *Novos Estudos*, n. 24, p. 42-58, 1989.

LAMY, Pascal. The place of the WTO and its law in the international legal order. *European Journal of International Law*, v. 17, n. 5, 2006.

LAUTERPACHT, Hersch. Restrictive interpretation and the principle of effectiveness in the interpretation of treaties. *British Yearbook of International Law*, v. 48, 1949.

LESTER, Simon. The New House Trade Bill on the role of precedent. international economic law and policy blog. 2008. Disponível em: <http://worldtradelaw.typepad.com/ielpblog/2008/07/the-new-house-t.html>. Acesso em: 2 fev. 2010.

LEWIS, Meredith Kolsky. The lack of dissent in WTO dispute settlement. *Journal of International Economic Law*, v. 9, n. 4, p. 895-931, 2006.

LILLA, Paulo Eduardo de Campos. *O princípio do* estoppel *nos procedimentos de solução de controvérsias da OMC*. Dissertação de Mestrado em Direito Internacional. São Paulo: Universidade de São Paulo, 2008. 234 f.

LOUREIRO, Patrícia. Duplicidade de foro no direito internacional: a OMC e o Mercosul. Instituto de Relações Internacional de Florianópolis, 2008. Disponivel em: <http://www.iribr.com>. Acesso em: 2 fev. 2010.

LOW, Patrick. WTO Decision-Making for the future: thinking ahead on international trade. Genève: World Trade Organization Public Forum, 2009 [mimeo].

MARCEAU, Gabrielle. A call for coherence in international law – praises for the prohibition against "clinical isolation" in WTO dispute settlement. *Journal of World Trade*, v. 33, n. 5, p.106-152, out. 1999.

______. Balance and coherence by the WTO Appellate Body: who could do better? In: YANOVICH, Alan; BOHANES, Jan; SACERDOTI, Giorgio (coord.). *The WTO at Ten*: the contribution of the dispute settlement system. Cambridge: Cambridge University Press, 2006, p. 326-347.

______. Conflicts of norms and conflicts of jurisdiction: the relationship between the WTO agreement and MEAs and other treaties. *Journal of World Trade*, v. 35, n. 6, p. 1081-1099, 2001.

MATSUSHITA, Mitsuo. Some thoughts on the appellate body. In: MACRORY,

Patrick; APPLETON, Arthur E.; PLUMMER, Michael G. (coord.). *The world trade organization*: legal, economic and political analysis. New York: Springer, 2005. p. 1389-1404.

MATSUSHITA, Mitsuo; SCHOENBAUM, Thomas; MAVROIDIS, Petros. *The World Trade Organization law*: law, practice, and policy. Oxford: Oxford University Press, 2006.

MAVROIDIS, Petros C. Crisis? What crisis? Is the WTO Appellate Body coming of age? In: STEWART, Terence P. (org.). *Opportunities and obligations*: new perspective on global and US trade policy. Genebra: Kluwer International Law, 2009.

MAVROIDIS, Petros; PALMETER, David. The WTO legal system: sources of law. *American Journal of International Law*, v. 92, n. 3, 1998.

MAXIMILIANO, Carlos. *Hermenêutica e aplicação do direito*. Rio de Janeiro: Forense, 2009.

McGINNIS, John. The appropriate hierarchy of global multilateralism and customary international law: the example of the WTO. *Virginia Journal of International Law*, v. 44, n. 1, 2003-2004.

McNAIR, Arnold. *The law of treaties*. Oxford: Clarendon Press, 1961.

McRAE, Donald. Approaches to the interpretation of treaties: the European Court of human rights and the WTO Appellate Body. In: BREITENMOSER, Stephan et al. (ed.). *Human rights, democracy and the rule of law: Liber Amicorum Luzius Wildhaber*. Zürick: Nomos, 2007. p. 1407-1422.

______. Ten years and 63 cases later: the contribution of the Appellate Body to the development of international trade law. In: *The WTO At 10: The Role Of The Dispute Settlement System*. Stressa: 2005 [mimeo].

______. Treaty interpretation and the development of international trade law by the WTO Appellate Body. In: YANOVICH, Alan; BOHANES, Jan; SACERDOTI, Giorgio (coord.). *The WTO at ten*: the contribution of the dispute settlement system. Cambridge: Cambridge University Press, 2006. 366 p.

MEDRADO, Renê Guilherme. A "prova dos nove": o órgão de apelação da OMC respeita a legislação e a prática antidumping dos Estados Unidos. In: CAMPOS, Aluisio de Lima (org.). *Ensaios em comércio internacional*: antidumping, disputas comerciais e negociações multilaterais. São Paulo: Singular, 2005.

MENGOZZI, Paolo. The jurisprudence of the Court of Justice and the Court of First Instance of the European Communities. In: YANOVICH, Alan; BOHANES, Jan; SACERDOTI, Giorgio (coord.). *The WTO at ten*: the contribution of the dispute settlement system. Cambridge: Cambridge University Press, 2006. p. 474-482.

MERQUIOR, José Guilherme. O problema da legitimidade em política internacional. In: LAFER, C. et alii (org.) *Legitimidade do sistema internacional*. Brasília: Funag, 1980.

MICHELS, Gilson Wessler. *Solução de controvérsias na OMC*: um mecanismo em revisão. Florianópolis: Instituto de Relações Internacionais, 2008.

MITCHELL, Andrew. *Legal principles in WTO disputes*. Cambridge: Cambridge University Press, 2007.

NORDSTROM, Hakan. The World Trade Secretariat in a changing world. *Journal of World Trade*, v. 39, n. 5, 2005.

OESCH, Matthias. *Standards of review in WTO dispute resolution*. Oxford: Oxford University Press, 2003.

OST, François. The original canons of interpretation of the European court of human rights. In: DELMAS-MARTY, M. (ed.). *The European Convention for the protection of human rights*: international protection *versus* national restrictions. Dordrecht: Kluwer Academic Publishers, 1992.

PALMER, Alice. An outsider looking. participation of civil society and the WTO dispute settlement system. In: BAPTISTA, Luiz Olavo; CELLI JUNIOR, Umberto; YANOVICH, Alan (org.). *10 anos de OMC*: uma análise do sistema de solução de controvérsias e perspectivas. São Paulo: Aduaneiras, 2007.

PALMETER, David; MAVROIDIS, Petros C. *Dispute settlement in the World Trade Organization*. Cambridge: Cambridge University Press, 2004.

PAUWELYN, Joost. *Appeal without Remand*: a design flaw in the World Trade Organization dispute settlement and how to fix it. Geneve: ICTSD, 2007.

______. *Conflict of norms in public international law*: how WTO law relates to other rules of international law. New York: Cambridge University Press, 2003.

______. Evidence, proof and persuasion in WTO dispute settlement: Who bears the burden? *Journal of International Economic Law*, v. 1, 1998.

______. Relationship with international law. In: *WTO law and practice*. London: BIICL, 2005. cap. 6.

______. The jurisdiction of the World Trade Organization. In: *Proceedings of the 98th Annual Meeting of the American Society of International Law*. Washington: Asil, 2004.

______. The limits of litigation: "Americanization" and negotiation in the settlement of WTO disputes. *Ohio State Journal on Dispute Resolution*, v. 19, n. 1, 2003.

______. The role of public international law in the WTO: how far we can go? In: *Sustra International Workshop*. Berlin: 9 out. 2002.

PETERSMANN, Ernst-Ulrich. From "member-driven governance" to constitutionally limited "multi-level trade governance" in the WTO. In: YANOVICH,

Alan; BOHANES, Jan; SACERDOTI, Giorgio (coord.). *The WTO at ten*: the contribution of the Dispute Settlement System. Cambridge: Cambridge University Press, 2006.

PFITZER, James Headen; SABUNE, Sheila. Burden of proof in WTO dispute settlement contemplating preponderance of the evidence. *ICTSD Issue Paper*, Geneva, ICTSD, n. 9, 2009.

PHILLIPSON, Robert. *Linguistic imperialism*. Oxford: Oxford University Press, 1993.

REALE, Miguel. *O direito como experiência*. São Paulo: Saraiva, 1992.

REICH, A. The WTO as a law-harmonizing institution. *U. Pa. J. International Economic Law*, v. 25, p. 321-382, 2004.

RELATÓRIO DA COMISSÃO DE DIREITO INTERNACIONAL DA ONU sobre os trabalhos de sua 18.ª Sessão. A/6309/Rev1. ILC Yb 1966, II, 172, jul. 1966.

RELATÓRIO DO CONSELHO CONSULTIVO DO DIRETOR-GERAL SUPACHAI PANITCHPAKDI. The future of the WTO: addressing institutional challenges in the new millennium. Genève: 2004.

RELATÓRIO DO GRUPO DE TRABALHO ESTABELECIDO PELA COMISSÃO DE DIREITO INTERNACIONAL DA ONU. Fragmentation of international law: difficulties arising from the diversification and expansion of international law. Elaborado por: Martti Koskenniemi. A/CN. 4/L.682. Genève: 2 maio 2006.

RELATÓRIO DO SENADO AMERICANO sobre Bipartisan Trade Promotion Authority Act of 2002.

RELATÓRIO SOBRE O BRASIL E OS CONTENCIOSOS NA OMC, preparado pela Coordenação Geral dos Contenciosos – CGC, do Itamaraty. Disponível em: <http://www2.mre.gov.br/cgc/mecanismo>. Acesso em: 2 fev. 2010.

REZEK. Francisco. *Direito internacional público*: curso elementar. São Paulo: Saraiva, 2008.

ROCHA, Antonio Jorge Ramalho da. O Brasil e os regimes internacionais. In: ALTEMANI, Henrique (org.). *Relações internacionais do Brasil*: temas e agendas. São Paulo: Saraiva, 2006. v. 2.

ROESSLER, Frieder. The institutional balance between the judicial and political organs of the WTO. In: BRONCKERS, Marco; QUICK, Reinhard. *New directions in international economic law*: essays in honor of John Jackson. The Hague: Kluwer Law International, 2000.

ROUSSEAU, Charles. *Droit international public*. Paris: Sirey, 1970. t. I.

SACERDOTI, Giorgio. The dispute settlement system of the WTO in action: a perspective on the first ten years. In: YANOVICH, Alan; BOHANES,

Jan; SACERDOTI, Giorgio (coord.). *The WTO at ten*: the contribution of the Dispute Settlement System. Cambridge: Cambridge University Press, 2006. p. 4-57.

SANCHEZ, Michelle Ratton. *Demandas por um novo arcabouço sociojurídico na Organização Mundial do Comércio e o caso do Brasil*. Tese de Doutorado em Filosofia e Teoria Geral do Direito. São Paulo: Universidade de São Paulo, 2004. 453 f.

SANTULLI, Carlo. Qu'est-ce qu'une juridiction internationale? Des organes répressifs internationaux à l'O.R.D. *Annuaire Français de Droit International*, p. 58-81, 2000.

SOARES, Guido Fernando Silva. *Common law*: introdução ao direito dos EUA. São Paulo: Revista dos Tribunais, 1999.

STEGER, Debra. A OMC no direito internacional público: jurisdição, interpretação e adaptação. In: BAPTISTA, Luiz Olavo; CELLI JUNIOR, Umberto; YANOVICH, Alan (org.). *10 anos de OMC*: uma análise do sistema de solução de controvérsias e perspectivas. São Paulo: Aduaneiras, 2007. p. 116-147.

STEGER, Debra. The challenges to the legitimacy of the WTO. In: CHARNOVITZ, Steve; STEGER, Debra; VAN DEN BOSSCHE, Peter. *Law in the service of human dignity*: essays in honour of Florentino Feliciano. Cambridge: Cambridge University Press, 2005. p. 202-221.

______. The jurisdiction of the World Trade Organization. In: *Proceedings of the Annual Meeting of the American Society of International Law*. Washington: 2004.

STEINBERG, Richard. Judicial lawmaking at the WTO: discourse, constitutional and political constraints. *American Journal of International Law*, v. 98, p. 247-275, 2004.

______. WTO: discursive, constitutional and political constraints. *American Journal of International Law*, v. 98, p. 247-275, 2004.

TERRIS, Daniel; ROMANO, Cesare; SWIGART, Leigh. *The international judge*: an introduction to the men and women who decide the world's cases. Oxford: Oxford University Press, 2007.

THIRLWAY, Hugh. The drafting of ICJ decisions: some personal recollections and observations. *Chinese Journal of International Law*, v. 15, p. 15-28, 2006.

THORSTENSEN, Vera. O papel do Órgão de Apelação – visão das comunidades diplomática e acadêmica. In: BAPTISTA, Luiz Olavo; CELLI JUNIOR, Umberto; YANOVICH, Alan (org.). *10 anos de OMC*: Uma análise do Sistema de Solução de Controvérsias e perspectivas. São Paulo: Aduaneiras, 2007. p. 92-128.

______. *OMC – Organização Mundial do Comércio*: as regras do comércio internacional e a nova rodada de negociações multilaterais. São Paulo: Aduaneiras, 2001.

TOMKIEWICZ, Vincent. Regards au-delà de la fonction juridictionnelle de l'Organe d'appel de l'OMC: l'apport à la légitimité du mécanisme de règlement des différends. In: *European Society of International Law.* Firenze, 2005.

TRACHTMAN, Joel. Jurisdiction in the WTO dispute settlement. In: YERXA, Rufus; WILSON, Bruce (ed.). *Key Issues in WTO dispute settlement*: the first ten years. Cambridge: Cambridge University Press, 2005.

UNTERHALTER, David. The burden of proof in WTO dispute settlement. In: JANOW, Merit E.; DONALDSON, Victoria; YANOVICH, Alan (ed.). *The WTO*: governance dispute settlement and developing countries. New York: Juris Publishing, 2008.

VAN DAMME, Isabelle. *Treaty interpretation by the WTO Appellate Body.* Oxford: Oxford University Press, 2009.

VAN DEN BOSSCHE, Peter. From afterthought to centerpiece: the WTO Appellate Body and its rise to prominence in the World Trading System. *Maastricht Faculty of Law Working Papers*, 2005 [mimeo].

VERMULST, Edwin; MAVROIDIS, Petros. The functioning of the Appellate Body after four years: towards rule integrity. *Journal of World Trade*, v. 33, n. 2, abr. 1999.

VISSCHER, Charles de. Remarques sur l'interprétation dite textuelle des traités internationaux. *Rivista di Diritto Internazionale*, s/v., 1958.

WAINCYMER, Jeff. *WTO litigation procedural aspects of formal dispute settlement.* London: Cameron May, 2002.

WEILER, Joseph Halevi Horowitz. The rule of the lawyer and the Ethos of diplomats: reflections on the internal and external legitimacy of WTO dispute settlement. *Journal of World Trade*, v. 35, p. 191-207, 2001.

WILDHABER, Luzius The European Court of Human Rights in action. *Ritsumeikan Law Review*, v. 83, 2004.

WOLFF, Alan. Problems with WTO dispute settlement. *Chicago Journal of International Law*, v. 2, 2001.

WORLD BANK. *World Development Report 2002.* Washington: World Bank, 2002.

WTO. *A handbook on the WTO dispute settlement system.* Cambridge: Cambridge University Press, 2004.

WTO. *WTO Dispute Settlement*: one-page case summaries. Genebra: WTO, 2008.

Outros documentos

Conferência das Nações Unidas sobre Comércio e Emprego. Final Act and related documents. Interim Comission for the International Trade Organization. New York, 1948.

Convenção de Viena sobre o Direito dos Tratados. Viena, 1969. Disponível em: <http://untreaty.un.org/ilc/texts/instruments/english/conventions/1_1_1969.pdf>. Acesso em: 2 fev. 2010.

WTO. *Analytical Index.* Genève, 2003. v. I e II.

WTO. Documentos do comitê de revisão do ESC. Disponíveis em: <docsonline.wto.org>. Acesso em: 2 fev. 2010.

- TN/DS/M/4
- TN/DS/W/74
- TN/DS/W/18
- TN/DS/W/28

WTO. Minutas das reuniões do Órgão de Solução de Controvérsias da OMC. Disponíveis em: <docsonline.wto.org>. Acesso em: 2 fev. 2010.

- WT/DSB/M/9
- WT/DSB/M/50
- WT/DSB/M/112
- WT/DSB/M/145
- WT/DSB/M/223
- WT/DSB/M/250
- WT/DSB/M/258
- WT/DSB/M/260
- WT/DSB/M/262
- WT/DSB/M/269

Lista cronológica de julgados em ordenamentos internos

EUA. Chevron USA Inc. v. National Resources Defense Council, Inc. 467 U.S. 837 1984.

BRASIL. STJ. REsp 169876/SP. *DJ*, 21 set. 1998, p. 70.

BRASIL. STF. RE 243.926. Rel. Min. Moreira Alves. Decisão de 16 maio 2000. *DJ*, 10 ago. 2000.

BRASIL. STJ. AGResp 252083/RJ. *DJ*, 26 mar. 2001, p. 415.

BRASIL. TRF-1.ª Região. AC 199401148490/DF. *DJU*, 10 set. 2001, p. 932.

BRASIL. TRF-1.ª Região. AC 199501260810/DF. *DJU*, 10 set. 2001, p. 935.

BRASIL. TRF-1.ª Região. AC 199101025716/DF. *DJ*U, 11 mar. 2002, p. 143.

BRASIL. STJ. AGResp 261144/SP. *DJ*, 10 mar. 2003, p. 143.

BRASIL. STJ. AGResp 263173/GO. *DJ*, 10 mar. 2003, p. 144.

BRASIL. STF. AI 711.570-AgR. Rel. Min. Carmen Lúcia. Decisão de 3 fev. 2009. *DJE*, 13 mar. 2009.

Lista cronológica de casos da CIJ citados

Canal de Corfu (Reino Unido v. Albânia). Decisão de 9 abr. 1949.
Northern Cameroons (Cameroon v. Reino Unido). Decisão de 1963.
Saara Ocidental. Opinião consultiva de 16 out. 1975.
Disputa transfronteiriça, insular e marítima (El Salvador v. Honduras). Decisão de 11 set. 1992.
Delimitação marítima na região situada entre a Groenlândia e Jan Mayen (Dinamarca v. Noruega). Decisão de 14 jun. 1993.
Disputa territorial (Líbia v. Chade). Decisão de 3 fev. 1994.
Delimitação marítima e questões territoriais (Qatar v. Bahrein). Decisão de 15 fev. 1995.

Lista cronológica de casos da CEDH citados

Golder v. Reino Unido. Decisão de 21 fev. 1975.
Tyrer v. Reino Unido. Decisão de 25 abr. 1978.
Loizidou v. Turquie. Decisão de 23 mar. 1995.

Lista cronológica de casos da OMC citados

European Economic Community - Payments and Subsidies Paid to Processors and Producers of Oilseeds and Related Animal-Feed Proteins (l/6627 - 37s/86).
United States - Standards for Reformulated and Conventional Gasoline (DS2).
Japan - Alcoholic Beverages II (DS8, DS10, DS11).
Australia - Measures Affecting Importation of Salmon (DS18).
Canada - Certain Measures Concerning Periodicals (DS31).
European Communities - Measures Concerning Meat and Meat Products (Hormones) (DS26, DS48).
European Communities - Regime for the Importation, Sale and Distribution of Bananas (DS27).
Canada - Certain Measures Concerning Periodicals (DS31).
United States - Measure Affecting Imports of Woven Wool Shirts and Blouses from India (DS33).
Turkey — Restrictions on Imports of Textile and Clothing Products (DS34).
Brazil - Export Financing Programme for Aircraft (DS46).
India - Patent Protection for Pharmaceutical and Agricultural Chemical Products (DS50).

Argentina – Measures Affecting Imports of Footwear, Textiles, Apparel and Other Items (DS56).
United States – Import Prohibition of Certain Shrimp and Shrimp Products (DS58).
Guatemala – Anti-dumping Investigation Regarding Portland Cement from Mexico (DS60).
European Communities – Customs Classification of Certain Computer Equipment (DS62, DS67, DS68).
European Communities – Measures Affecting the Importation of Certain Poultry Products (DS69).
Canada – Measures Affecting the Export of Civilian Aircraft (DS70).
Japan – Measures Affecting Agricultural Products (DS76).
India – Patent Protection for Pharmaceutical and Agricultural Chemical Products (DS79).
India – Quantitative Restrictions on Imports of Agricultural, Textile and Industrial products (DS90).
Korea – Definitive Safeguard Measure on Imports of Certain Dairy Products (DS98).
Canada – Measures Affecting the Importation of Milk and the Exportation of Dairy Products (DS103).
United States – Tax Treatment for "foreign sales corporation" (DS108).
Argentina – Safeguard Measures on Imports of Footwear (DS121).
European Communities – Measures Affecting Asbestos and Asbestos-Containing Products (DS135).
United States – Antidumping Act of 1916 (DS136).
United States – Imposition of Countervailing Duties on Certain Hot-Rolled Lead and Bismuth Carbon Steel Products Originating in the United Kingdom (DS138).
European Communities – Anti-Dumping Duties on Imports of Cotton-Type Bed Linen from India (DS141).
United States – Sections 301-310 of the Trade Act of 1974 (DS152).
United States – Section 110(5) of the US Copyright Act (DS160).
Korea – Measures Affecting Imports of Fresh, Chilled and Frozen Beef (DS161).
Korea – Measures Affecting Government Procurement (DS163).
United States – Definitive Safeguard Measures on Imports of Wheat Gluten from the European Communities (DS166).
United States – Definitive Safeguard Measures on Imports of Circular Welded Carbon Quality Line Pipe from Korea (DS202).
Mexico – Measures Affecting Telecommunications Services (DS204).

Chile – Price Band System and Safeguard Measures Relating to Certain Agricultural Products (DS207).

United States – Countervailing Duties on Certain Corrosion-Resistant Carbon Steel Flat Products From Germany (DS213).

United States – Continued Dumping and Subsidy Offset Act of 2000 (Byrd Amendment) (DS217).

European Communities – Antidumping Duties on Malleable Cast Iron Tube or Pipe Fitting from Brazil (DS219).

Chile – Price Band System and Safeguard Measures Relating to Certain Agricultural Products (DS220).

United States – Continued Dumping and Subsidy Offset Act of 2000 (DS234).

European Communities – Conditions for the Granting of Tariff Preferences to Developing Countries (DS246).

United States – Final Counteracting Duty Determination with Respect to Certain Softwood Lumber from Canada (DS257).

European Communities – Export Subsidies on Sugar (DS265).

United States – Subsidies on Upland Cotton (DS267).

European Communities – Customs Classification of Frozen Boneless Chicken Cuts (DS269).

United States – Measures Affecting the Cross-Border Supply of Gambling and Betting Services (DS285).

United States – Laws, regulations and methodology for calculating dumping margins (DS294).

Mexico – Tax Measures on Soft Drinks and Other Beverages (DS308).

European Communities – Selected Customs Matters (DS315).

United States, Canada – Continued Suspension of Concessions (DS320, DS321).

Brazil – Measures Affecting Imports of Retreaded Tyres (DS332).

China – Measures Affecting Imports of Automobile Parts (DS339).

United States – Final Anti-Dumping Measures on Stainless Steel from Mexico (DS344).

India – Additional and Extra-Additional Duties on Imports from the United States (DS360).

ANEXOS

ANEXO A – Decreto n. 1.355, de 30 de dezembro de 1994

DECRETO N. 1.355, DE 30 DE DEZEMBRO DE 1994.

Promulgo a Ata Final que Incorpora os Resultados da Rodada Uruguai de Negociações Comerciais Multilaterais do GATT.

O PRESIDENTE DA REPÚBLICA, no uso de suas atribuições, e Considerando que o Congresso Nacional aprovou, pelo Decreto Legislativo n. 30, de 15 de dezembro de 1994, a Ata Final que Incorpora aos Resultados da Rodada Uruguai de Negociações Comerciais Multilaterais do GATT, assinada em Marraqueche, em 12 de abril de 1994;

Considerando que o Instrumento de Ratificação da referida Ata Final pela República Federativa do Brasil foi depositado em Genebra, junto ao Diretor do GATT, em 21 de dezembro de 1994;

Considerando que a referida Ata Final entra em vigor para a República Federativa do Brasil em 1.º de janeiro de 1995,

DECRETA:

Art. 1.º A Ata Final que Incorpora os Resultados da Rodada Uruguai de Negociações Comerciais Multilaterais do GATT, apensa por cópia ao presente decreto, será executada e cumprida tão inteiramente como nele contém.

Art. 2.º Este decreto entra em vigor na data de sua publicação, revogadas as disposições em contrário.

Brasília, 30 de dezembro de 1994; 173.º da Independência e 106.º da República.

ITAMAR FRANCO
Celso Luiz Nunes Amorim

ANEXO B – Procedimentos de Trabalho para o Exame de Apelação

WORKING PROCEDURES FOR APPELLATE REVIEW
WT/AB/WP/5
4 January 2005

Definitions

1. In these Working Procedures for Appellate Review,

"appellant" means any party to the dispute that has filed a Notice of Appeal pursuant to Rule 20;

"appellate report" means an Appellate Body report as described in Article 17 of the DSU;

"appellee" means any party to the dispute that has filed a submission pursuant to Rule 22 or paragraph 4 of Rule 23;

"consensus" a decision is deemed to be made by consensus if no Member formally objects to it;

"covered agreements" has the same meaning as "covered agreements" in paragraph 1 of Article 1 of the DSU;

"division" means the three Members who are selected to serve on any one appeal in accordance with paragraph 1 of Article 17 of the DSU and paragraph 2 of Rule 6;

"documents" means the Notice of Appeal, any Notice of Other Appeal and the submissions and other written statements presented by the participants or third participants;

"DSB" means the Dispute Settlement Body established under Article 2 of the DSU;

"DSU" means the Understanding on Rules and Procedures Governing the Settlement of Disputes which is Annex 2 to the WTO Agreement;

"Member" means a Member of the Appellate Body who has been appointed by the DSB in accordance with Article 17 of the DSU;

"other appellant" means any party to the dispute that has filed a Notice of Other Appeal pursuant to paragraph 1 of Rule 23;

"participant" means any party to the dispute that has filed a Notice of Appeal pursuant to Rule 20, a Notice of Other Appeal pursuant to Rule 23 or a submission pursuant to Rule 22 or paragraph 4 of Rule 23;

"party to the dispute" means any WTO Member who was a complaining or defending party in the panel dispute, but does not include a third party;

"proof of service" means a letter or other written acknowledgement that a document has been delivered, as required, to the parties to the dispute,

participants, third parties or third participants, as the case may be;
"Rules" means these Working Procedures for Appellate Review;
"Rules of Conduct" means the Rules of Conduct for the Understanding on Rules and Procedures Governing the Settlement of Disputes as attached in Annex II to these Rules;
"SCM Agreement" means the Agreement on Subsidies and Countervailing Measures which is in Annex 1A to the WTO Agreement;
"Secretariat" means the Appellate Body Secretariat;
"service address" means the address of the party to the dispute, participant, third party or third participant as generally used in WTO dispute settlement proceedings, unless the party to the dispute, participant, third party or third participant has clearly indicated another address;
"third participant" means any third party that has filed a written submission pursuant to Rule 24(1); or any third party that appears at the oral hearing, whether or not it makes an oral statement at that hearing;
"third party" means any WTO Member who has notified the DSB of its substantial interest in the matter before the panel pursuant to paragraph 2 of Article 10 of the DSU;
"WTO" means the World Trade Organization;
"*WTO Agreement*" means the *Marrakesh Agreement Establishing the World Trade Organization*, done at Marrakesh, Morocco on 15 April 1994;
"WTO Member" means any State or separate customs territory possessing full autonomy in the conduct of its external commercial relations that has accepted or acceded to the WTO in accordance with Articles XI, XII or XIV of the *WTO Agreement*; and
"WTO Secretariat" means the Secretariat of the World Trade Organization.

PART I – MEMBERS

Duties and Responsibilities

2.

(1) A Member shall abide by the terms and conditions of the DSU, these Rules and any decisions of the DSB affecting the Appellate Body.
(2) During his/her term, a Member shall not accept any employment nor pursue any professional activity that is inconsistent with his/her duties and responsibilities.
(3) A Member shall exercise his/her office without accepting or seeking instructions from any international, governmental, or non-governmental organization or any private source.

(4) A Member shall be available at all times and on short notice and, to this end, shall keep the Secretariat informed of his/her whereabouts at all times.

Decision-Making

3.

(1) In accordance with paragraph 1 of Article 17 of the DSU, decisions relating to an appeal shall be taken solely by the division assigned to that appeal. Other decisions shall be taken by the Appellate Body as a whole.
(2) The Appellate Body and its divisions shall make every effort to take their decisions by consensus. Where, nevertheless, a decision cannot be arrived at by consensus, the matter at issue shall be decided by a majority vote.

Collegiality

4.

(1) To ensure consistency and coherence in decision-making, and to draw on the individual and collective expertise of the Members, the Members shall convene on a regular basis to discuss matters of policy, practice and procedure.
(2) The Members shall stay abreast of dispute settlement activities and other relevant activities of the WTO and, in particular, each Member shall receive all documents filed in an appeal.
(3) In accordance with the objectives set out in paragraph 1, the division responsible for deciding each appeal shall exchange views with the other Members before the division finalizes the appellate report for circulation to the WTO Members. This paragraph is subject to paragraphs 2 and 3 of Rule 11.
(4) Nothing in these Rules shall be interpreted as interfering with a division's full authority and freedom to hear and decide an appeal assigned to it in accordance with paragraph 1 of Article 17 of the DSU.

Chairman

5.

(1) There shall be a Chairman of the Appellate Body who shall be elected by the Members.
(2) The term of office of the Chairman of the Appellate Body shall be one year. The Appellate Body Members may decide to extend the term of office for an additional period of up to one year. However, in order to ensure rotation of the Chairmanship, no Member shall serve as Chairman for more than two consecutive terms.

(3) The Chairman shall be responsible for the overall direction of the Appellate Body business, and in particular, his/her responsibilities shall include: (a) the supervision of the internal functioning of the Appellate Body; and (b) any such other duties as the Members may agree to entrust to him/her.
(4) Where the office of the Chairman becomes vacant due to permanent incapacity as a result of illness or death or by resignation or expiration of his/her term, the Members shall elect a new Chairman who shall serve a full term in accordance with paragraph 2.
(5) In the event of a temporary absence or incapacity of the Chairman, the Appellate Body shall authorize another Member to act as Chairman *ad interim*, and the Member so authorized shall temporarily exercise all the powers, duties and functions of the Chairman until the Chairman is capable of resuming his/her functions.

Divisions

6.

(1) In accordance with paragraph 1 of Article 17 of the DSU, a division consisting of three Members shall be established to hear and decide an appeal.
(2) The Members constituting a division shall be selected on the basis of rotation, while taking into account the principles of random selection, unpredictability and opportunity for all Members to serve regardless of their national origin.
(3) A Member selected pursuant to paragraph 2 to serve on a division shall serve on that division, unless:
    (i) he/she is excused from that division pursuant to Rules 9 or 10;
    (ii) he/she has notified the Chairman and the Presiding Member that he/she is prevented from serving on the division because of illness or other serious reasons pursuant to Rule 12; or
    (iii) he/she has notified his/her intentions to resign pursuant to Rule 14.

Presiding Member of the Division

7.

(1) Each division shall have a Presiding Member, who shall be elected by the Members of that division.
(2) The responsibilities of the Presiding Member shall include:
    (a) coordinating the overall conduct of the appeal proceeding;
    (b) chairing all oral hearings and meetings related to that appeal; and
    (c) coordinating the drafting of the appellate report.
(3) In the event that a Presiding Member becomes incapable of performing his/her duties, the other Members serving on that division and the Mem-

ber selected as a replacement pursuant to Rule 13 shall elect one of their number to act as the Presiding Member.

Rules of Conduct

8.

(1) On a provisional basis, the Appellate Body adopts those provisions of the *Rules of Conduct for the Understanding on Rules and Procedures Governing the Settlement of Disputes*, attached in Annex II to these Rules, which are applicable to it, until *Rules of Conduct* are approved by the DSB.
(2) Upon approval of *Rules of Conduct* by the DSB, such *Rules of Conduct* shall be directly incorporated and become part of these Rules and shall supersede Annex II.

9.

(1) Upon the filing of a Notice of Appeal, each Member shall take the steps set out in Article VI:4(b)(i) of Annex II, and a Member may consult with the other Members prior to completing the disclosure form.
(2) Upon the filing of a Notice of Appeal, the professional staff of the Secretariat assigned to that appeal shall take the steps set out in Article VI:4(b)(ii) of Annex II.
(3) Where information has been submitted pursuant to Article VI:4(b)(i) or (ii) of Annex II, the Appellate Body shall consider whether further action is necessary.
(4) As a result of the Appellate Body's consideration of the matter pursuant to paragraph 3, the Member or the professional staff member concerned may continue to be assigned to the division or may be excused from the division.

10.

(1) Where evidence of a material violation is filed by a participant pursuant to Article VIII of Annex II, such evidence shall be confidential and shall be supported by affidavits made by persons having actual knowledge or a reasonable belief as to the truth of the facts stated.
(2) Any evidence filed pursuant to Article VIII:1 of Annex II shall be filed at the earliest practicable time: that is, forthwith after the participant submitting it knew or reasonably could have known of the facts supporting it. In no case shall such evidence be filed after the appellate report is circulated to the WTO Members.

(3) Where a participant fails to submit such evidence at the earliest practicable time, it shall file an explanation in writing of the reasons why it did not do so earlier, and the Appellate Body may decide to consider or not to consider such evidence, as appropriate.
(4) While taking fully into account paragraph 5 of Article 17 of the DSU, where evidence has been filed pursuant to Article VIII of Annex II, an appeal shall be suspended for fifteen days or until the procedure referred to in Article VIII:14-16 of Annex II is completed, whichever is earlier.
(5) As a result of the procedure referred to in Article VIII:14-16 of Annex II, the Appellate Body may decide to dismiss the allegation, to excuse the Member or professional staff member concerned from being assigned to the division or make such other order as it deems necessary in accordance with Article VIII of Annex II.

11.

(1) A Member who has submitted a disclosure form with information attached pursuant to Article VI:4(b)(i) or is the subject of evidence of a material violation pursuant to Article VIII:1 of Annex II, shall not participate in any decision taken pursuant to paragraph 4 of Rule 9 or paragraph 5 of Rule 10.
(2) A Member who is excused from a division pursuant to paragraph 4 of Rule 9 or paragraph 5 of Rule 10 shall not take part in the exchange of views conducted in that appeal pursuant to paragraph 3 of Rule 4.
(3) A Member who, had he/she been a Member of a division, would have been excused from that division pursuant to paragraph 4 of Rule 9, shall not take part in the exchange of views conducted in that appeal pursuant to paragraph 3 of Rule 4.

Incapacity

12.

(1) A Member who is prevented from serving on a division by illness or for other serious reasons shall give notice and duly explain such reasons to the Chairman and to the Presiding Member.
(2) Upon receiving such notice, the Chairman and the Presiding Member shall forthwith inform the Appellate Body.

Replacement

13. Where a Member is unable to serve on a division for a reason set out in paragraph 3 of Rule 6, another Member shall be selected forthwith pursuant to paragraph 2 of Rule 6 to replace the Member originally selected for that division.

Resignation

14.

(1) A Member who intends to resign from his/her office shall notify his/her intentions in writing to the Chairman of the Appellate Body who shall immediately inform the Chairman of the DSB, the Director-General and the other Members of the Appellate Body.
(2) The resignation shall take effect 90 days after the notification has been made pursuant to paragraph 1, unless the DSB, in consultation with the Appellate Body, decides otherwise.

Transition

15. A person who ceases to be a Member of the Appellate Body may, with the authorization of the Appellate Body and upon notification to the DSB, complete the disposition of any appeal to which that person was assigned while a Member, and that person shall, for that purpose only, be deemed to continue to be a Member of the Appellate Body.

PART II – PROCESS

General Provisions

16.

(1) In the interests of fairness and orderly procedure in the conduct of an appeal, where a procedural question arises that is not covered by these Rules, a division may adopt an appropriate procedure for the purposes of that appeal only, provided that it is not inconsistent with the DSU, the other covered agreements and these Rules. Where such a procedure is adopted, the division shall immediately notify the parties to the dispute, participants, third parties and third participants as well as the other Members of the Appellate Body.
(2) In exceptional circumstances, where strict adherence to a time-period set out in these Rules would result in a manifest unfairness, a party to the dispute, a participant, a third party or a third participant may request that a division modify a time-period set out in these Rules for the filing of documents or the date set out in the working schedule for the oral hearing. Where such a request is granted by a division, any modification of time shall be notified to the parties to the dispute, participants, third parties and third participants in a revised working schedule.

17.

(1) Unless the DSB decides otherwise, in computing any time-period stipulated in the DSU or in the special or additional provisions of the covered agreements, or in these Rules, within which a communication must be made or an action taken by a WTO Member to exercise or preserve its rights, the day from which the time-period begins to run shall be excluded and, subject to paragraph 2, the last day of the time-period shall be included.
(2) The DSB Decision on "Expiration of Time-Periods in the DSU", WT/DSB/M/7, shall apply to appeals heard by divisions of the Appellate Body.

Documents

18.

(1) No document is considered filed with the Appellate Body unless the document is received by the Secretariat within the time-period set out for filing in accordance with these Rules.
(2) Except as otherwise provided in these Rules, every document filed by a party to the dispute, a participant, a third party or a third participant shall be served on each of the other parties to the dispute, participants, third parties and third participants in the appeal.
(3) A proof of service on the other parties to the dispute, participants, third parties and third participants shall appear on, or be affixed to, each document filed with the Secretariat under paragraph 1 above.
(4) A document shall be served by the most expeditious means of delivery or communication available, including by:
   (a) delivering a copy of the document to the service address of the party to the dispute, participant, third party or third participant; or
   (b) sending a copy of the document to the service address of the party to the dispute, participant, third party or third participant by facsimile transmission, expedited delivery courier or expedited mail service.
(5) Upon authorization by the division, a participant or a third participant may correct clerical errors in any of its documents (including typographical mistakes, errors of grammar, or words or numbers placed in the wrong order). The request to correct clerical errors shall identify the specific errors to be corrected and shall be filed with the Secretariat no later than 30 days after the date of the filing of the Notice of Appeal. A copy of the request shall be served upon the other parties to the dispute, partici-

pants, third parties and third participants, each of whom shall be given an opportunity to comment in writing on the request. The division shall notify the parties to the dispute, participants, third parties and third participants of its decision.

Ex Parte Communications

19.

(1) Neither a division nor any of its Members shall meet with or contact one party to the dispute, participant, third party or third participant in the absence of the other parties to the dispute, participants, third parties and third participants.
(2) No Member of the division may discuss any aspect of the subject matter of an appeal with any party to the dispute, participant, third party or third participant in the absence of the other Members of the division.
(3) A Member who is not assigned to the division hearing the appeal shall not discuss any aspect of the subject matter of the appeal with any party to the dispute, participant, third party or third participant.

Commencement of Appeal

20.

(1) An appeal shall be commenced by notification in writing to the DSB in accordance with paragraph 4 of Article 16 of the DSU and simultaneous filing of a Notice of Appeal with the Secretariat.
(2) A Notice of Appeal shall include the following information:
    (a) the title of the panel report under appeal;
    (b) the name of the party to the dispute filing the Notice of Appeal;
    (c) the service address, telephone and facsimile numbers of the party to the dispute; and
    (d) a brief statement of the nature of the appeal, including:
        (i) identification of the alleged errors in the issues of law covered in the panel report and legal interpretations developed by the panel;
        (ii) a list of the legal provision(s) of the covered agreements that the panel is alleged to have erred in interpreting or applying; and
        (iii) without prejudice to the ability of the appellant to refer to other paragraphs of the panel report in the context of its appeal, an indicative list of the paragraphs of the panel report containing the alleged errors.

Appellant's Submission

21.

(1) The appellant shall, within 7 days after the date of the filing of the Notice of Appeal, file with the Secretariat a written submission prepared in accordance with paragraph 2 and serve a copy of the submission on the other parties to the dispute and third parties.

(2) A written submission referred to in paragraph 1 shall
 (a) be dated and signed by the appellant; and
 (b) set out
  (i) a precise statement of the grounds for the appeal, including the specific allegations of errors in the issues of law covered in the panel report and legal interpretations developed by the panel, and the legal arguments in support thereof;
  (ii) a precise statement of the provisions of the covered agreements and other legal sources relied on; and
  (iii) the nature of the decision or ruling sought.

Appellee's Submission

22.

(1) Any party to the dispute that wishes to respond to allegations raised in an appellant's submission filed pursuant to Rule 21 may, within 25 days after the date of the filing of the Notice of Appeal, file with the Secretariat a written submission prepared in accordance with paragraph 2 and serve a copy of the submission on the appellant, other parties to the dispute and third parties.

(2) A written submission referred to in paragraph 1 shall
 (a) be dated and signed by the appellee; and
 (b) set out
  (i) a precise statement of the grounds for opposing the specific allegations of errors in the issues of law covered in the panel report and legal interpretations developed by the panel raised in the appellant's submission, and the legal arguments in support thereof;
  (ii) an acceptance of, or opposition to, each ground set out in the appellant's submission;
  (iii) a precise statement of the provisions of the covered agreements and other legal sources relied on; and
  (iv) the nature of the decision or ruling sought.

Multiple Appeals

23.

(1) Within 12 days after the date of the filing of the Notice of Appeal, a party to the dispute other than the original appellant may join in that appeal or appeal on the basis of other alleged errors in the issues of law covered in the panel report and legal interpretations developed by the panel. That party shall notify the DSB in writing of its appeal and shall simultaneously file a Notice of Other Appeal with the Secretariat.

(2) A Notice of Other Appeal shall include the following information:
   (a) the title of the panel report under appeal;
   (b) the name of the party to the dispute filing the Notice of Other Appeal;
   (c) the service address, telephone and facsimile numbers of the party to the dispute; and either
      (i) a statement of the issues raised on appeal by another participant with which the party joins; or
      (ii) a brief statement of the nature of the other appeal, including:
   (A) identification of the alleged errors in the issues of law covered in the panel report and legal interpretations developed by the panel;
   (B) a list of the legal provision(s) of the covered agreements that the panel is alleged to have erred in interpreting or applying; and
   (C) without prejudice to the ability of the other appellant to refer to other paragraphs of the panel report in the context of its appeal, an indicative list of the paragraphs of the panel report containing the alleged errors.

(3) The other appellant shall, within 15 days after the date of the filing of the Notice of Appeal, file with the Secretariat a written submission prepared in accordance with paragraph 2 of Rule 21 and serve a copy of the submission on the other parties to the dispute and third parties.

(4) The appellant, any appellee and any other party to the dispute that wishes to respond to a submission filed pursuant to paragraph 3 may file a written submission within 25 days after the date of the filing of the Notice of Appeal, and any such submission shall be in the format required by paragraph 2 of Rule 22.

(5) This Rule does not preclude a party to the dispute which has not filed a submission under Rule 21 or a Notice of Other Appeal under paragraph 1 of this Rule from exercising its right of appeal pursuant to paragraph 4 of Article 16 of the DSU.

(6) Where a party to the dispute which has not filed a submission under Rule 21 or a Notice of Other Appeal under paragraph 1 of this Rule exer-

cises its right to appeal as set out in paragraph 5, a single division shall examine the appeals.

Amending Notices of Appeal

23bis.

(1) The division may authorize an original appellant to amend a Notice of Appeal or an other appellant to amend a Notice of Other Appeal.
(2) A request to amend a Notice of Appeal or a Notice of Other Appeal shall be made as soon as possible in writing and shall state the reason(s) for the request and identify precisely the specific amendments that the appellant or other appellant wishes to make to the Notice. A copy of the request shall be served on the other parties to the dispute, participants, third participants and third parties, each of whom shall be given an opportunity to comment in writing on the request.
(3) In deciding whether to authorize, in full or in part, a request to amend a Notice of Appeal or Notice of Other Appeal, the division shall take into account:
    (a) the requirement to circulate the appellate report within the time-period set out in Article 17.5 of the DSU or, as appropriate, Article 4.9 of the *SCM Agreement*; and,
    (b) the interests of fairness and orderly procedure, including the nature and extent of the proposed amendment, the timing of the request to amend a Notice of Appeal or Notice of Other Appeal, any reasons why the proposed amended Notice of Appeal or Notice of Other Appeal was not or could not have been filed on its original date, and any other considerations that may be appropriate.
(4) The division shall notify the parties to the dispute, participants, third participants, and third parties of its decision. In the event that the division authorizes an amendment to a Notice of Appeal or a Notice of Other Appeal, it shall provide an amended copy of the Notice to the DSB.

Third Participants

24.

(1) Any third party may file a written submission containing the grounds and legal arguments in support of its position. Such submission shall be filed within 25 days after the date of the filing of the Notice of Appeal.
(2) A third party not filing a written submission shall, within the same period of 25 days, notify the Secretariat in writing if it intends to appear at the oral hearing, and, if so, whether it intends to make an oral statement.

(3) Third participants are encouraged to file written submissions to facilitate their positions being taken fully into account by the division hearing the appeal and in order that participants and other third participants will have notice of positions to be taken at the oral hearing.
(4) Any third party that has neither filed a written submission pursuant to paragraph (1), nor notified the Secretariat pursuant to paragraph (2), may notify the Secretariat that it intends to appear at the oral hearing, and may request to make an oral statement at the hearing. Such notifications and requests should be notified to the Secretariat in writing at the earliest opportunity.

Transmittal of Record

25.

(1) Upon the filing of a Notice of Appeal, the Director-General of the WTO shall transmit forthwith to the Appellate Body the complete record of the panel proceeding.
(2) The complete record of the panel proceeding includes, but is not limited to:
    (a) written submissions, rebuttal submissions, and supporting evidence attached thereto by the parties to the dispute and the third parties;
    (b) written arguments submitted at the panel meetings with the parties to the dispute and the third parties, the recordings of such panel meetings, and any written answers to questions posed at such panel meetings;
    (c) the correspondence relating to the panel dispute between the panel or the WTO Secretariat and the parties to the dispute or the third parties; and
    (d) any other documentation submitted to the panel.

Working Schedule

26.

(1) Forthwith after the commencement of an appeal, the division shall draw up an appropriate working schedule for that appeal in accordance with the time-periods stipulated in these Rules.
(2) The working schedule shall set forth precise dates for the filing of documents and a timetable for the division's work, including where possible, the date for the oral hearing.
(3) In accordance with paragraph 9 of Article 4 of the DSU, in appeals of urgency, including those which concern perishable goods, the Appellate Body shall make every effort to accelerate the appellate proceedings to the

greatest extent possible. A division shall take this into account in drawing up its working schedule for that appeal.

(4) The Secretariat shall serve forthwith a copy of the working schedule on the appellant, the parties to the dispute and any third parties.

Oral Hearing

27.

(1) A division shall hold an oral hearing, which shall be held, as a general rule, between 35 and 45 days after the date of the filing of a Notice of Appeal.

(2) Where possible in the working schedule or otherwise at the earliest possible date, the Secretariat shall notify all parties to the dispute, participants, third parties and third participants of the date for the oral hearing.

(3)

(a) Any third party that has filed a submission pursuant to Rule 24(1), or has notified the Secretariat pursuant to Rule 24(2) that it intends to appear at the oral hearing, may appear at the oral hearing, make an oral statement at the hearing, and respond to questions posed by the division.

(b) Any third party that has notified the Secretariat pursuant to Rule 24(4) that it intends to appear at the oral hearing may appear at the oral hearing.

(c) Any third party that has made a request pursuant to Rule 24(4) may, at the discretion of the division hearing the appeal, taking into account the requirements of due process, make an oral statement at the hearing, and respond to questions posed by the division.

(4) The Presiding Member may set time-limits for oral arguments.

Written Responses

28.

(1) At any time during the appellate proceeding, including, in particular, during the oral hearing, the division may address questions orally or in writing to, or request additional memoranda from, any participant or third participant, and specify the time-periods by which written responses or memoranda shall be received.

(2) Any such questions, responses or memoranda shall be made available to the other participants and third participants in the appeal, who shall be given an opportunity to respond.

(3) When the questions or requests for memoranda are made prior to the oral hearing, then the questions or requests, as well as the responses or memoranda, shall also be made available to the third parties, who shall also be given an opportunity to respond.

Failure to Appear

29. Where a participant fails to file a submission within the required time-periods or fails to appear at the oral hearing, the division shall, after hearing the views of the participants, issue such order, including dismissal of the appeal, as it deems appropriate.

Withdrawal of Appeal

30.

(1) At any time during an appeal, the appellant may withdraw its appeal by notifying the Appellate Body, which shall forthwith notify the DSB.
(2) Where a mutually agreed solution to a dispute which is the subject of an appeal has been notified to the DSB pursuant to paragraph 6 of Article 3 of the DSU, it shall be notified to the Appellate Body.

Prohibited Subsidies

31.

(1) Subject to Article 4 of the *SCM Agreement*, the general provisions of these Rules shall apply to appeals relating to panel reports concerning prohibited subsidies under Part II of that *Agreement*.
(2) The working schedule for an appeal involving prohibited subsidies under Part II of the *SCM Agreement* shall be as set out in Annex I to these Rules.

Entry into Force and Amendment

32.

(1) These Rules shall enter into force on 15 February 1996.
(2) The Appellate Body may amend these Rules in compliance with the procedures set forth in paragraph 9 of Article 17 of the DSU.
(3) Whenever there is an amendment to the DSU or to the special or additional rules and procedures of the covered agreements, the Appellate Body shall examine whether amendments to these Rules are necessary.

ANNEX I – TIMETABLE FOR APPEALS (Suprimido)

ANNEX II – RULES OF CONDUCT FOR THE UNDERSTANDING ON RULES AND PROCEDURES GOVERNING THE SETTLEMENT OF DISPUTES

I. Preamble

Members,

Recalling that on 15 April 1994 in Marrakesh, Ministers welcomed the stronger and clearer legal framework they had adopted for the conduct of international trade, including a more effective and reliable dispute settlement mechanism;

Recognizing the importance of full adherence to the Understanding on Rules and Procedures Governing the Settlement of Disputes ("DSU") and the principles for the management of disputes applied under Articles XXII and XXIII of GATT 1947, as further elaborated and modified by the DSU;

Affirming that the operation of the DSU would be strengthened by rules of conduct designed to maintain the integrity, impartiality and confidentiality of proceedings conducted under the DSU thereby enhancing confidence in the new dispute settlement mechanism;

Hereby establish the following Rules of Conduct.

II. Governing Principle

1. Each person covered by these Rules (as defined in paragraph 1 of Section IV below and hereinafter called "covered person") shall be independent and impartial, shall avoid direct or indirect conflicts of interest and shall respect the confidentiality of proceedings of bodies pursuant to the dispute settlement mechanism, so that through the observance of such standards of conduct the integrity and impartiality of that mechanism are preserved. These Rules shall in no way modify the rights and obligations of Members under the DSU nor the rules and procedures therein.

III. Observance of the Governing Principle

1. To ensure the observance of the Governing Principle of these Rules, each covered person is expected (1) to adhere strictly to the provisions of the DSU; (2) to disclose the existence or development of any interest, relationship or matter that that person could reasonably be expected to know and that is likely to affect, or give rise to justifiable doubts as to,

that person's independence or impartiality; and (3) to take due care in the performance of their duties to fulfil these expectations, including through avoidance of any direct or indirect conflicts of interest in respect of the subject matter of the proceedings.

2. Pursuant to the Governing Principle, each covered person, shall be independent and impartial, and shall maintain confidentiality. Moreover, such persons shall consider only issues raised in, and necessary to fulfil their responsibilities within, the dispute settlement proceeding and shall not delegate this responsibility to any other person. Such person shall not incur any obligation or accept any benefit that would in anyway interfere with, or which could give rise to, justifiable doubts as to the proper performance of that person's dispute settlement duties.

IV. Scope

1. These Rules shall apply, as specified in the text, to each person serving: (a) on a panel; (b) on the Standing Appellate Body; (c) as an arbitrator pursuant to the provisions mentioned in Annex "1a"; or (d) as an expert participating in the dispute settlement mechanism pursuant to the provisions mentioned in Annex "1b". These Rules shall also apply, as specified in this text and the relevant provisions of the Staff Regulations, to those members of the Secretariat called upon to assist the panel in accordance with Article 27.1 of the DSU or to assist in formal arbitration proceedings pursuant to Annex "1a"; to the Chairman of the Textiles Monitoring Body (hereinafter called "TMB") and other members of the TMB Secretariat called upon to assist the TMB in formulating recommendations, findings or observations pursuant to the WTO Agreement on Textiles and Clothing; and to Standing Appellate Body support staff called upon to provide the Standing Appellate Body with administrative or legal support in accordance with Article 17.7 of the DSU (hereinafter "Member of the Secretariat or Standing Appellate Body support staff"), reflecting their acceptance of established norms regulating the conduct of such persons as international civil servants and the Governing Principle of these Rules.
2. The application of these Rules shall not in any way impede the Secretariat's discharge of its responsibility to continue to respond to Members' requests for assistance and information.
3. These Rules shall apply to the members of the TMB to the extent prescribed in Section V.

V. Textiles Monitoring Body

1. Members of the TMB shall discharge their functions on an *ad personam* basis, in accordance with the requirement of Article 8.1 of the Agreement on Textiles and Clothing, as further elaborated in the working procedures of the TMB, so as to preserve the integrity and impartiality of its proceedings.[1]

VI. Self-Disclosure Requirements by Covered Persons

1.
   (a) Each person requested to serve on a panel, on the Standing Appellate Body, as an arbitrator, or as an expert shall, at the time of the request, receive from the Secretariat these Rules, which include an Illustrative List (Annex 2) of examples of the matters subject to disclosure.
   (b) Any member of the Secretariat described in paragraph IV:1, who may expect to be called upon to assist in a dispute, and Standing Appellate Body support staff, shall be familiar with these Rules.
2. As set out in paragraph VI:4 below, all covered persons described in paragraph VI.1(a) and VI.1(b) shall disclose any information that could reasonably be expected to be known to them at the time which, coming within the scope of the Governing Principle of these Rules, is likely to affect or give rise to justifiable doubts as to their independence or impartiality. These disclosures include the type of information described in the Illustrative List, if relevant.
3. These disclosure requirements shall not extend to the identification of matters whose relevance to the issues to be considered in the proceedings would be insignificant. They shall take into account the need to respect the personal privacy of those to whom these Rules apply and shall not be so administratively burdensome as to make it impracticable for otherwise qualified persons to serve on panels, the Standing Appellate Body, or in other dispute settlement roles.

---

1. These working procedures, as adopted by the TMB on 26 July 1995 (G/TMB/R/1), currently include, *inter alia*, the following language in paragraph 1.4: "In discharging their functions in accordance with paragraph 1.1 above, the TMB members and alternates shall undertake not to solicit, accept or act upon instructions from governments, nor to be influenced by any other organizations or undue extraneous factors. They shall disclose to the Chairman any information that they may consider likely to impede their capacity to discharge their functions on an *ad personam* basis. Should serious doubts arise during the deliberations of the TMB regarding the ability of a TMB member to act on an *ad personam* basis, they shall be communicated to the Chairman. The Chairman shall deal with the particular matter as necessary".

4.
   (a) All panelists, arbitrators and experts, prior to confirmation of their appointment, shall complete the form at Annex 3 of these Rules. Such information would be disclosed to the Chair of the Dispute Settlement Body ("DSB") for consideration by the parties to the dispute.
   (b)
      (i) Persons serving on the Standing Appellate Body who, through rotation, are selected to hear the appeal of a particular panel case, shall review the factual portion of the Panel report and complete the form at Annex 3. Such information would be disclosed to the Standing Appellate Body for its consideration whether the member concerned should hear a particular appeal.
      (ii) Standing Appellate Body support staff shall disclose any relevant matter to the Standing Appellate Body, for its consideration in deciding on the assignment of staff to assist in a particular appeal.
   (c) When considered to assist in a dispute, members of the Secretariat shall disclose to the Director-General of the WTO the information required under paragraph VI:2 of these Rules and any other relevant information required under the Staff Regulations, including the information described in the footnote[2].
5. During a dispute, each covered person shall also disclose any new information relevant to paragraph VI:2 above at the earliest time they become aware of it.

---

2. Pending adoption of the Staff Regulations, members of the Secretariat shall make disclosures to the Director-General in accordance with the following draft provision to be included in the Staff Regulations:

   "When paragraph VI:4(c) of the Rules of Conduct for the DSU is applicable, members of the Secretariat would disclose to the Director-General of the WTO the information required in paragraph VI:2 of those Rules, as well as any information regarding their participation in earlier formal consideration of the specific measure at issue in a dispute under any provisions of the WTO Agreement, including through formal legal advice under Article 27.2 of the DSU, as well as any involvement with the dispute as an official of a WTO Member government or otherwise professionally, before having joined the Secretariat.

   The Director-General shall consider any such disclosures in deciding on the assignment of members of the Secretariat to assist in a dispute.

   When the Director-General, in the light of his consideration, including of available Secretariat resources, decides that a potential conflict of interest is not sufficiently material to warrant non-assignment of a particular member of the Secretariat to assist in a dispute, the Director-General shall inform the panel of his decision and of the relevant supporting information."

6. The Chair of the DSB, the Secretariat, parties to the dispute, and other individuals involved in the dispute settlement mechanism shall maintain the confidentiality of any information revealed through this disclosure process, even after the panel process and its enforcement procedures, if any, are completed.

VII. Confidentiality

1. Each covered person shall at all times maintain the confidentiality of dispute settlement deliberations and proceedings together with any information identified by a party as confidential. No covered person shall at any time use such information acquired during such deliberations and proceedings to gain personal advantage or advantage for others.
2. During the proceedings, no covered person shall engage in *ex parte* contacts concerning matters under consideration. Subject to paragraph VII:1, no covered person shall make any statements on such proceedings or the issues in dispute in which that person is participating, until the report of the panel or the Standing Appellate Body has been derestricted.

VIII. Procedures Concerning Subsequent Disclosure and Possible Material Violations

1. Any party to a dispute, conducted pursuant to the WTO Agreement, who possesses or comes into possession of evidence of a material violation of the obligations of independence, impartiality or confidentiality or the avoidance of direct or indirect conflicts of interest by covered persons which may impair the integrity, impartiality or confidentiality of the dispute settlement mechanism, shall at the earliest possible time and on a confidential basis, submit such evidence to the Chair of the DSB, the Director-General or the Standing Appellate Body, as appropriate according to the respective procedures detailed in paragraphs VIII:5 to VIII:17 below, in a written statement specifying the relevant facts and circumstances. Other Members who possess or come into possession of such evidence, may provide such evidence to the parties to the dispute in the interest of maintaining the integrity and impartiality of the dispute settlement mechanism.
2. When evidence as described in paragraph VIII:1 is based on an alleged failure of a covered person to disclose a relevant interest, relationship or matter, that failure to disclose, as such, shall not be a sufficient ground for disqualification unless there is also evidence of a material violation of the obligations of independence, impartiality, confidentiality or the avoidance of direct or indirect conflicts of interests and that the integrity, impar-

tiality or confidentiality of the dispute settlement mechanism would be impaired thereby.

3. When such evidence is not provided at the earliest practicable time, the party submitting the evidence shall explain why it did not do so earlier and this explanation shall be taken into account in the procedures initiated in paragraph VIII:1.
4. Following the submission of such evidence to the Chair of the DSB, the Director-General of the WTO or the Standing Appellate Body, as specified below, the procedures outlined in paragraphs VIII:5 to VIII:17 below shall be completed within fifteen working days.

Panelists, Arbitrators, Experts

5. If the covered person who is the subject of the evidence is a panelist, an arbitrator or an expert, the party shall provide such evidence to the Chair of the DSB.
6. Upon receipt of the evidence referred to in paragraphs VIII:1 and VIII:2, the Chair of the DSB shall forthwith provide the evidence to the person who is the subject of such evidence, for consideration by the latter.
7. If, after having consulted with the person concerned, the matter is not resolved, the Chair of the DSB shall forthwith provide all the evidence, and any additional information from the person concerned, to the parties to the dispute. If the person concerned resigns, the Chair of the DSB shall inform the parties to the dispute and, as the case may be, the panelists, the arbitrator(s) or experts.
8. In all cases, the Chair of the DSB, in consultation with the Director-General and a sufficient number of Chairs of the relevant Council or Councils to provide an odd number, and after having provided a reasonable opportunity for the views of the person concerned and the parties to the dispute to be heard, would decide whether a material violation of these Rules as referred to in paragraphs VIII:1 and VIII:2 above has occurred. Where the parties agree that a material violation of these Rules has occurred, it would be expected that, consistent with maintaining the integrity of the dispute settlement mechanism, the disqualification of the person concerned would be confirmed.
9. The person who is the subject of the evidence shall continue to participate in the consideration of the dispute unless it is decided that a material violation of these Rules has occurred.
10. The Chair of the DSB shall thereafter take the necessary steps for the appointment of the person who is the subject of the evidence to be formally revoked, or excused from the dispute as the case may be, as of that time.

Secretariat

11. If the covered person who is the subject of the evidence is a member of the Secretariat, the party shall only provide the evidence to the Director-General of the WTO, who shall forthwith provide the evidence to the person who is the subject of such evidence and shall further inform the other party or parties to the dispute and the panel.
12. It shall be for the Director-General to take any appropriate action in accordance with the Staff Regulations[3].
13. The Director-General shall inform the parties to the dispute, the panel and the Chair of the DSB of his decision, together with relevant supporting information.

Standing Appellate Body

14. If the covered person who is the subject of the evidence is a member of the Standing Appellate Body or of the Standing Appellate Body support staff, the party shall provide the evidence to the other party to the dispute and the evidence shall thereafter be provided to the Standing Appellate Body.
15. Upon receipt of the evidence referred to in paragraphs VIII:1 and VIII:2 above, the Standing Appellate Body shall forthwith provide it to the person who is the subject of such evidence, for consideration by the latter.
16. It shall be for the Standing Appellate Body to take any appropriate action after having provided a reasonable opportunity for the views of the person concerned and the parties to the dispute to be heard.
17. The Standing Appellate Body shall inform the parties to the dispute and the Chair of the DSB of its decision, together with relevant supporting information.
18. Following completion of the procedures in paragraphs VIII:5 to VIII: 17, if the appointment of a covered person, other than a member of the Standing Appellate Body, is revoked or that person is excused or resigns, the procedures specified in the DSU for initial appointment shall be followed for appointment of a replacement, but the time-periods shall be half those specified in the DSU[4]. The member of the Standing Appellate Body

3. Pending adoption of the Staff Regulations, the Director-General would act in accordance with the following draft provision for the Staff Regulations: "If paragraph VIII:11 of the Rules of Conduct for the DSU governing the settlement of disputes is invoked, the Director-General shall consult with the person who is the subject of the evidence and the panel and shall, if necessary, take appropriate disciplinary action".
4. Appropriate adjustments would be made in the case of appointments pursuant to the Agreement on Subsidies and Countervailing Measures.

who, under that Body's rules, would next be selected through rotation to consider the dispute, would automatically be assigned to the appeal. The panel, members of the Standing Appellate Body hearing the appeal, or the arbitrator, as the case may be, may then decide after consulting with the parties to the dispute, on any necessary modifications to their working procedures or proposed timetable.

19. All covered persons and Members concerned shall resolve matters involving possible material violations of these Rules as expeditiously as possible so as not to delay the completion of proceedings, as provided in the DSU.
20. Except to the extent strictly necessary to carry out this decision, all information concerning possible or actual material violations of these Rules shall be kept confidential.

IX. Review

1. These Rules of Conduct shall be reviewed within two years of their adoption and a decision shall be taken by the DSB as to whether to continue, modify or terminate these Rules.

ANNEX 1a

Arbitrators acting pursuant to the following provisions:

- Articles 21.3(c); 22.6 and 22.7; 26.1(c) and 25 of the DSU;
- Article 8.5 of the Agreement on Subsidies and Countervailing Measures;
- Articles XXI.3 and XXII.3 of the General Agreement on Trade in Services.

ANNEX 1b

Experts advising or providing information pursuant to the following provisions:

- Article 13.1; 13.2 of the DSU;
- Article 4.5 of the Agreement on Subsidies and Countervailing Measures;
- Article 11.2 of the Agreement on the Application of Sanitary and Phytosanitary Measures;
- Article 14.2; 14.3 of the Agreement on Technical Barriers to Trade.

ANNEX 2 (suprimido)

ANNEX 3 (suprimido)

ANEXO C – Artigos 31 e 32 da Convenção de Viena sobre Direito dos Tratados

Article 31

1. A treaty shall be interpreted in good faith in accordance with the ordinary meaning to be given to the terms of the treaty in their context and in the light of its object and purpose.
2. The context for the purpose of the interpretation of a treaty shall comprise, in addition to the text, including its preamble and annexes:
   (a) any agreement relating to the treaty which was made between all the parties in connection with the conclusion of the treaty;
   (b) any instrument which was made by one or more parties in connection with the conclusion of the treaty and accepted by the other parties as an instrument related to the treaty.
3. There shall be taken into account, together with the context:
   (a) any subsequent agreement between the parties regarding the interpretation of the treaty or the application of its provisions;
   (b) any subsequent practice in the application of the treaty which establishes the agreement of the parties regarding its interpretation;
   (c) any relevant rules of international law applicable in the relations between the parties.
4. A special meaning shall be given to a term if it is established that the parties so intended.

Article 32

Recourse may be had to supplementary means of interpretation, including the preparatory work of the treaty and the circumstances of its conclusion, in order to confirm the meaning resulting from the application of article 31, or to determine the meaning when the interpretation according to article 31:

(a) leaves the meaning ambiguous or obscure; or
(b) leads to a result which is manifestly absurd or unreasonable.

ANEXO D – Artigos XXII e XXIII do GATT 1947

Article XXII

1. Each contracting party shall accord sympathetic consideration to, and shall afford adequate opportunity for consultation regarding, such representations as may be made by another contracting party with respect to any matter affecting the operation of this Agreement.
2. The CONTRACTING PARTIES may, at the request of a contracting party, consult with any contracting party or parties in respect of any matter for which it has not been possible to find a satisfactory solution through consultation under paragraph 1.

Article XXIII

1. If any contracting party should consider that any benefit accruing to it directly or indirectly under this Agreement is being nullified or impaired or that the attainment of any objective of the Agreement is being impeded as the result of (*a*) the failure of another contracting party to carry out its obligations under this Agreement, or (*b*) the application by another contracting party of any measure, whether or not it conflicts with the provisions of this Agreement, or (*c*) the existence of any other situation, the contracting party may, with a view to the satisfactory adjustment of the matter, make written representations or proposals to the other contracting party or parties which it considers to be concerned. Any contracting party thus approached shall give sympathetic consideration to the representations or proposals made to it.
2. If no satisfactory adjustment is effected between the contracting parties concerned within a reasonable time, or if the difficulty is of the type described in paragraph 1 (*c*) of this Article, the matter may be referred to the CONTRACTING PARTIES. The CONTRACTING PARTIES shall promptly investigate any matter so referred to them and shall make appropriate recommendations to the contracting parties which they consider to be concerned, or give a ruling on the matter, as appropriate.
   The CONTRACTING PARTIES may consult with contracting parties, with the Economic and Social Council of the United Nations and with any appropriate inter-governmental organization in cases where they consider such consultation necessary. If the CONTRACTING PARTIES consider that the circumstances are serious enough to justify such action, they may authorize a contracting party or parties to suspend the application to any other contracting party or parties of such concessions or other

obligations under this Agreement as they determine to be appropriate in the circumstances. If the application to any contracting party of any concession or other obligation is in fact suspended, that contracting party shall then be free, not later than sixty days after such action is taken, to give written notice to the Executive Secretary[1] to the CONTRACTING PARTIES of its intention to withdraw from this Agreement and such withdrawal shall take effect upon the sixtieth day following the day on which such notice is received by him.

APÊNDICES

APÊNDICE A – QUADRO DE CRÍTICAS

	Nome	Origem	Ocupação		Crítica
1	Jeffery Atik (artigo publicado[1])	EUA	Professor	Sim	Não. A OMC deveria retomar o seu caráter diplomático
2	J. H. H. Weiler (artigo publicado[2])	EUA	Professor	Às vezes	Sim, mas o OA deveria ter mais deferência à opinião dos Membros
3	Frieder Roessler (artigo publicado[3])	Ale-manha	Diretor do ACWL	Às vezes	Sim, mas a OMC deveria retomar o seu *ethos* diplomático
4	John (artigo publicado[4])	EUA	Advogado	Sim	Não
5	Jagdish Bhagwati (artigo publicado[5])	Índia	Professor	Sim	Não. O OA atua além da sua competência
6	Claude Barfield (artigo publicado[6])	EUA	Congressista	Sim	Não. O OA atua além da sua competência
7	Alan Wolff (resposta a e-mail[7])	EUA	Advogado	Às vezes	Sim
8	Robert House (artigo publicado[8])	EUA	Professor	Não	Sim

1. Atik (2001).
2. Weiller (2001).
3. Roessler (2000).
4. Greenwald (2003).
5. Bhagwati (2001).
6. Barfield (2001).
7. Apêndice B.
8. Howse (2001).

	Nome	Origem	Ocupação		Crítica
9	Petros Mavroidis (resposta a e-mail[9])	EUA	Professor	Não o suficiente	Não. O OA deveria ser ainda mais legalizado, mas não tem uma metodologia de interpretação
10	Vitor do Prado (entrevista[10])	Brasil	Diplomata licenciado do Itamaraty. Atualmente faz parte do Secretariado da OMC	Não o suficiente	Sim, mas deveria ser ainda mais legalizado
11	Haroldo Macedo Ribeiro (entrevista)	Brasil	Diplomata	Sim, quando necessário	Sim
12	Vera Thorstensen (entrevista)	Brasil	Professora especialista em comércio internacional	Sim	Sim, mas deveria ser quando ainda mais ativista necessário (ativismo consentido)
13	Pablo Bentes (entrevista)	Brasil	Secretariado da OMC	Sim	Sim
14	Alan Yanovich (entrevista)	Colômbia	Secretariado da OMC	Não	Sim
15	Jorge Castro (entrevista)	Venezuela	Secretariado da OMC	Não	Sim
16	Thomas Cottier (entrevista[11])	Suíça	Professor e Diretor do World Trade Institute	Às vezes	Sim, mas o OA deveria simplificar a linguagem utilizada nos relatórios
17	Raj Bhala (resposta a e-mail[12])	Índia	Professor	Sim	Sim
18	Terrence Stewart (resposta a e-mail)[13]	EUA	Advogado	Sim	Não, o ativismo do OA tem levado os Membros da OMC a não priorizarem algumas questões importantes nas negociações

9. Apêndice B.
10. Entrevista realizada em Paris em outubro de 2009. Para maiores detalhes sobre a opinião do autor, v. Cottier (1998).
11. Apêndice B.
12. Apêndice B.
13. Apêndice B.

APÊNDICE B – ENTREVISTAS REALIZADAS

RELAÇÃO DE ENTREVISTADOS

Nome	Ocupação	Organização
Alan W. Wolff	Advogado (representante de várias indústrias siderúrgicas americanas)	Dewey & LeBoeuf LLP
Alan Yanovich		OMC – Secretariado do Órgão de Apelação
Haroldo Macedo Ribeiro	Diplomata	Missão Diplomática do Brasil para OMC em Genebra
Jorge Castro		OMC – Divisão de Assuntos Jurídicos
Lauro Locks	Conselheiro	OMC – Divisão de Assuntos Jurídicos
Nicolas Lockhart	Advogado Ex-membro do Genebra Secretariado do Órgão de Apelação	Sidley and Austin LLP,
Pablo Bentes		OMC Secretariado do Órgão de Apelação
Petros Mavroidis	Professor	Universidade de Columbia
Rafael Benke	Diretor Corporativo Ex-funcionário do Secretariado do OA da OMC	Cia. Vale do Rio Doce
Raj Bhala	Professor	Universidade do Kansas
Terence Stewart	Advogado (representante de indústrias americanas)	Stewart and Stewart L.L.P.
Tomas Cottier	Professor Diretor	Universidade de Berna World Trade Institute
Vera Thorstensen	Professora	

MODELO DE MENSAGEM ENVIADA

From: Junqueira, Carla
Sent: Friday, September 18, 2009 4:15 AM
To:
Subject: PhD Research
Dear Mr.
My name is Carla Junqueira and I am a PhD candidate under the program of co-orientation at the University of Paris I – Panthéon Sorbonne, supervision of Professor Hélène Ruiz Fabri, and at the University of São Paulo, supervision of Professor Luiz Olavo Baptista.
I am writing a thesis about the WTO Appellate Body and I read many of your articles. As I have a deep respect for your work I would like to know your personal opinion about the Appellate Body Adjudicative functions.
Do you believe that the AB has become too legalized and judicialized and that WTO should seek to regain the diplomatic ethos existed in the GATT era or rather do you believe that the slow legislative branch of the WTO –stemming from consensus decision making– needs certain measure of activism?
I would pretty much appreciate if you could save 5 minutes of your time to answer my question.
Thanks in advance
Carla
Phd Candidate
University of Sao Paulo
Université Paris I – Sorbonne

RESPOSTAS RECEBIDAS

Alan Wolff
-----Original Message-----
From: Wolff, Alan [...]
Sent: 18 September 2009 13:26
To: Junqueira, Carla
Subject: RE: PhD Research
Dear Ms. Junqueira,
Thank you for your inquiry.
The Appellate Body has a difficult assignment. It is a judicial body imbedded in a system which by its nature has ambiguities, in which diplomacy plays a key role. It should not make law in areas where parties could not agree to be bound. At the same time, it should not be excessively timid about challenging measures

that cross the line into WTO-violative conduct. So I would say that it needs to be more judicial, not less. The reasoning should be more rigorous. Perhaps it was a mistake to have it located in Geneva, a town noted for negotiations.

At the same time, WTO members make a mistake in putting differences that can only be settled by negotiation into a judicial framework. I keep hoping for the major trading countries to reach a state of maturity that seems to elude them at critical moments.

On the whole the system has performed far better than any had a right to anticipate, with some seriously flawed decisions.

I hope that this is of some use to you in your inquiry.

Petros Mavroidis
-----Original Message-----
From: Petros Mavroidis
Sent: 18 September 2009 10:15
To: Junqueira, Carla
Subject: RE: PhD Research

I do not what is the benchmark for appropriate judicialization to start with. I believe that when you move to negotiated settlements bargaining power becomes important and hence operates to the detriment of smaller players. I believe that any adjudicating body should be immune from entertaining any similar thoughts. Hence in principle I am against negotiated settlements when players are asymmetric. But my big problem with the AB is the absence of methodology when it decides a case. This is what I have been trying to explain in the papers I have done and you have kindly read. Kind regards.

Raj Bhala

Thanks so much for your kind e-mail and inquiry. I am honored and humbled you would ask me.

I stand by what I wrote in the articles, and also in the new (3rd) edition of my textbook, International Trade Law: Interdisciplinary Theory and Practice (LexisNexis, 3rd ed., 2008). I am not in favor of more politics and less legalization. That is a recipe that favors the rich over the poor, the strong over the weak. Thus, as you rightly say, it is more fair and just that, given the slow legislative branch of the WTO, a robust adjudicatory function exist.

The caveat, of course, is that the legal capacity of poor, weak countries needs to be enhanced, and the costs of WTO litigation be kept in line (or the poor, weak countries, adequately funded), so that they find the adjudicatory system user-friendly. That will ensure equal access as well as equal justice.

Terence Stewart
-----Original Message-----
From: Stewart, Terence P.
Sent: 22 September 2009 14:02
To: Junqueira, Carla
Subject: RE: PhD Research

In response to your question, the ultimate answer is, of course, for WTO member nations to decide and they seem at the moment generally content with the system despite problems in particular cases for particular countries. Systemically, I have a problem with the direction of the AB process as it leads countries to opt not to negotiate on issues in the belief they can get a better outcome through dispute settlement than they could achieve through negotiation. This has been said privately by many delegations over the last decade. This suggests that members are opting for a system where rights and obligations are determined by seven AB appointees rather than through the consensus of members. Similarly, if you look at the Doha negotiations, most countries are taking the position that countries can't seek through negotiation clarification of rights/obligations decided by the AB (usually where the AB has filled gaps in the existing texts) – a fairly extraordinary position, again saying that the AB can not only decide rights and obligations that are not clear from documents but also countries that wish to seek clarification through subsequent negotiations will find it very hard if not impossible to modify.

An organization like the WTO is a body made up of sovereigns. Historically intended as a negotiating forum for trade liberalization, the AB has taken the organization in the direction of making decisions for the members. Enough members have won so that members typically look at the system through their complainant's perspective, typically limiting a search for balance where the AB in fact doesn't create rights or obligations (as written into the DSU but never actually used to limit AB decision making).

All judicial/review systems have the potential for wrong decisions. In nation states, other arms of government can seek a rebalancing where decisions are problematic. In the WTO, to date, such rebalancing has not been possible and, for many, fiercely resisted to protect individual case victories despite the implications for the overall system.

Thomas Cottier
-----Original Message-----
From: Thomas Cottier
Sent: 28 September 2009 10:22
To: Junqueira, Carla
Subject: RE: PhD Research

Thank you for your letter. This is a difficult question which cannot be answered in five minutes. Generally, I do not believe that the AB and panels should give up the legal approach. This is the main source of legitimacy, relying upon sound reasoning and argumentation in interpreting and applying the law and agreements. There are issues of style. Panels should seek to adopt a simpler way of reporting. There are issues of the relationship of deference to panels by the AB.

Posfácio

*Celso de Tarso Pereira**

O trabalho de Carla Junqueira sobre *A técnica interpretativa do Órgão de Apelação da Organização Mundial do Comércio* lança luzes sobre a atuação jurídica da mais alta instância da principal organização multilateral dedicada ao comércio.

Em que pese ainda subsistirem vozes que insistem em questionar o caráter judicial do Órgão de Apelação (OA) ou dos painéis devido ao fato, por exemplo, de suas decisões terem que ser adotadas pelo Órgão de Solução de Controvérsias (OSC) ou por verem ainda no sistema atual resquícios da era "diplomática" do antigo GATT, basta a experiência de participar, ou mesmo de assistir, a alguma de suas audiências para confirmar que se trata de uma corte de direito. E com um *legal reasoning* da mais alta qualidade. O resto é ficção.

Com base na experiência pessoal de ter participado em dezenas de audiências em ambas as instâncias do sistema de solução de controvérsias da OMC, não é exagero dizer que as partes em uma disputa são submetidas não só a um escrutínio, mas a uma verdadeira sabatina, com centenas de perguntas e questionamentos intensos, que exaurem praticamente todos os ângulos da discussão e que levam, na grande maioria das vezes, a relatórios densos, precisos e úteis para a resolução do diferendo. Pode-se comprovar isso, *a posteriori* e sem a tensão da sessão ao vivo, com a leitura dos relatórios de apelação de casos como Gasolina, Emenda Byrd, Aeronaves, Algodão, Açúcar e muitos outros.

Como bem assinala Carla Junqueira, a ênfase dada pelo OA ao sentido ordinário das palavras e expressões, ao "texto e contexto, objetivo e finalidade", que poderia às vezes aparentar apego desmesurado à letra dos dispositivos e trato minimalista de argumentos de cunho teleológico, político ou

* Celso de Tarso Pereira é Diplomata, Coordenador Geral de Contenciosos do Ministério das Relações Exteriores. Mestre em Direito Internacional pela Universidade Christian-Albrechts (Kiel/Alemanha), é Professor da disciplina OMC e Solução de Controvérsias no Instituto Rio Branco. Foi responsável pela área de solução de controvérsias na Missão do Brasil em Genebra (2001-2005) e serviu também na Embaixada do Brasil em Ottawa (2005-2008). Entre 1996-2001, na Divisão do Mercosul, foi o responsável pela área de solução de controvérsias no âmbito regional.

meramente retóricos, na verdade radica em análise interpretativa assente na boa tradição do direito internacional clássico e nos cânones da Convenção de Viena sobre Interpretação de Tratados. Uma boa tese que fica para ser verificada é a de se o sistema de solução de controvérsias da OMC em geral, com seus mais de 420 casos desde 1995, e o Órgão de Apelação em particular, têm sido o verdadeiro *locus* de renovação não somente do direito internacional do comércio, mas também do direito internacional público. Onde mais, afinal, entre todas as cortes internacionais, se produzem, várias vezes ao ano, decisões jurídicas que auxiliam a fazer avançar o direito internacional por meio de interpretações sobre os temas mais variados e complexos que afetam a relação entre as nações (subsídios agrícolas e industriais, barreiras técnicas ou sanitárias, antidumping, proteção ambiental, serviços)?

A credibilidade adquirida pelo Órgão de Apelação em seus 16 anos, contudo, não pode ser considerado algo "natural" ou já "incorporado" definitivamente ao sistema. As condições únicas do panorama político e comercial do início dos anos 1990 favoreceram a evolução – talvez revolução? – do regime do GATT para o da OMC, com a automaticidade para instalação dos painéis e adoção dos relatórios e a criação de instância de apelação. Mas foi a fase seguinte, de estruturação e solidificação dos primeiros anos, com as primeiras decisões de alto nível logo nos primeiros casos – e depois nas disputas mais complexas –, que asseguraram ao Órgão de Apelação a confiança dos principais atores do comércio internacional. Mas poderia não ter sido assim. O exemplo de outras instâncias recursais, em alguns foros regionais, por exemplo, demonstra que a mera replicação do modelo painel-apelação não garante "segurança e previsibilidade" (DSU, art. 3.2) ao sistema. Fazem falta, para o êxito da instituição, a conjugação de fatores políticos e econômicos, no plano macro, e altíssima consistência e qualidade nas decisões proferidas, no plano mais imediato.

Como destacado pela ex-Diretora do Secretariado do OA, Valerie Hughes, o resultado dos trabalhos dos sete membros do órgão (sem esquecer de sua assessoria legal) – em curtíssimo prazo de 90 dias – pode ser descrito como nada menos que "extraordinário". A questão do *stare decisis*, também tratado pela autora da tese, ganha então outra dimensão: para além da doutrina sobre a força jurídica dos precedentes e sua aplicação ou não no âmbito da OMC, é a robustez do *legal reasoning* das decisões do OA que constitui, primordialmente, o motivo de que sejam observadas como vinculantes pelos painéis em casos futuros.

Nas poucas vezes em que isso foi contestado pelas instâncias inferiores (nos vários casos relativos a *zeroing*), o OA soube, de maneira firme, em bela prosa beirando a poesia, fazer valer sua ascendência:

> "There is little point in further rehearsing the fine points of these interpretations. In my view, there is every reason to survey this debate with humility. There are arguments of substance made on both sides; but one issue is unavoidable. *In matters of adjudication, there must be an end to every great debate. The Appellate Body exists to clarify the meaning of the covered agreements. On the question of zeroing it has spoken definitively. Its decisions have been adopted by the DSB. The membership of the WTO is entitled to rely upon these outcomes.* Whatever the difficulty of interpreting the meaning of "dumping", it cannot bear a meaning that is both exporter-specific and transaction-specific. We have sought to elucidate the notion of permissibility in the second sentence of Article 17(6)(ii). The range of meanings that may constitute a permissible interpretation does not encompass meanings of such wide variability, and even contradiction, so as to accommodate the two rival interpretations. One must prevail. *The Appellate Body has decided the matter. At a point in every debate, there comes a time when it is more important for the system of dispute resolution to have a* definitive outcome, *than further to pick over the entrails of battles past. With respect to zeroing, that time has come*". ("US - Continued Existence and application of zeroing methodology", DS350, parágrafo 312) (grifos nossos).

As críticas expressas a determinadas decisões do OA, no âmbito das reuniões regulares do OSC, fazem parte natural da dinâmica de um sistema que impacta, diretamente, a condução da política comercial dos Estados Membros ou delimita por vezes o alcance de medidas de política industrial vinculada muitas vezes a objetivos de desenvolvimento; não admira, portanto, que em algumas circunstâncias o sistema seja visto como limitador da própria esfera soberana de atuação desses Membros. Assumindo que assim seja - embora por decisão igualmente soberana de cada um daqueles países que desejam integrar a Organização –, ressalta ainda mais que número considerável de disputas continuem a ser submetidas aos painéis e que, com críticas ou elogios, as decisões finais sejam, majoritariamente, acatadas.

A importância de *definitive outcomes* para a fluidez e previsibilidade do comércio, sempre que embasados em técnica interpretativa sólida e razoável, faz-se visível, por exemplo, na recente decisão (17/06/2011) dos Estados Unidos de não apelar no caso DS354, aberto pelo Brasil contra medidas antidumping calculadas com o método *zeroing* sobre exportações brasileiras de suco de laranja. A linha interpretativa do Órgão de Apelação, que nunca vacilou em sustentar que o *zeroing* era "inerentemente injusto" (*inherently unfair*) e que o conceito de margem de dumping deveria ser o mesmo na fase de investigação e revisão, acabou por prevalecer sobre opiniões recalcitrantes de alguns

Membros de painéis e, é de se supor, chegou a demover a própria Administração norte-americana de levar o caso à apelação e a influenciar, até mesmo, as decisões de algumas cortes domésticas nos Estados Unidos. O *definitive outcome* acaba sendo útil, também, não só quando a parte "perdedora" acata imediatamente a decisão, mas quando, de maneira pragmática, as duas partes utilizam-se da solução arbitrada pelo OA para chegar a um esquema de *modus vivendi* aceitável por todos: o campo de jogo fica delimitado, as regras definidas, uma acomodação das diferenças torna-se possível.

Ainda desvelando algumas das técnicas interpretativas do OA, cabe fazer menção aos constantes "testes" desenvolvidos por essa instância para avaliar a compatibilidade da medida concreta tomada por um país com os conceitos embutidos nos dispositivos dos diferentes Acordos da OMC. Esses testes, refinados a cada nova disputa e já incorporados ao *acquis* jurisprudencial da OMC, balizam, como placas de sinalização bem iluminadas, o comportamento dos Estados dentro do campo de jogo que ocorre dentro das fronteiras dos "acordos cobertos" multilaterais (*covered agreements*). O "teste de necessidade", por exemplo, tornou-se paradigmático no entendimento do requisito do artigo XX (b) do GATT 94, o qual configura exceção permissiva para aplicação de medidas "necessárias para a proteção da vida ou saúde humana, animal ou vegetal". Nas palavras do OA (parágrafo 210), "to be characterised as necessary, a measure does not have to be indispensable. However, its contribution to the achievement of the objective must be material, not merely marginal or insignificant, especially if the measure at issue is as trade restrictive as an import ban. Thus, the contribution of the measure has to be weighed against its trade restrictiveness, taking into account the importance of the interest or the values underlying the objective pursued by it".

No campo da análise da legalidade de subsídios o OA testa seus efeitos questionando se, *but for the subsidies* ("se não fosse pelos subsídios"), a empresa teria alcançado os resultados em questão (desenvolvimento de produtos, conquista de mercado, etc.); a vantagem material de um subsídio, por sua vez, na linguagem do OA, existirá se o tomador do benefício estiver *better off* ("em melhor situação") de que se houvesse buscado o benefício de acordo com um padrão de comparação determinado (*benchmark*), normalmente um mercado específico.

Para a confirmação de similaridade de produtos (*like products*), o OA continuou e aprimorou os critérios que já vinham do antigo GATT – propriedades físicas, classificação aduaneira, gostos e hábitos dos consumidores, uso final –, dando-lhes maior clareza ao aplicá-los a dezenas de casos e às vezes modulando melhor seu escopo (como, no caso Hormônios, quando inseriu o "risco à saúde" como fator relevante no critério de percepção do consumidor).

Em algumas ocasiões criticado por ceder a um "ativismo judicial", o Órgão de Apelação se vê, na verdade, por um lado, demandado cada vez mais pelos Membros e, por outro, é testemunha de uma dificuldade exacerbada dos órgãos decisórios da Organização de definirem e decidirem as grandes questões que a afetam. Os próprios Membros que criticam esse suposto ativismo são os mesmos que recorrem ao OA, com frequência e confiança, em busca de soluções a diferenças concretas. Em atitude que poderia ser denominada de "responsabilidade judicial", o OA tem desempenhado suas funções em prol dos objetivos da Organização, com vistas a propiciar uma "solução positiva" para as disputas, sua verdadeira *raison d'être*. Nessa tarefa, ele também tem conseguido dar mostras de não ser uma organização voltada totalmente à defesa do comércio livre e desenfreado e inclinado a favorecer os interesses dos poderosos em detrimento dos países menores. Note-se, primeiramente, que as estatísticas de uso do sistema mostram uma média de acesso quase igualitário entre países desenvolvidos e em desenvolvimento (Brasil, Índia e México entre os primeiros desse grupo). Em segundo lugar, basta lembrar o desfecho do caso Pneus (DS332), aberto pela UE contra o Brasil, no qual prevaleceu, na linha dos argumentos brasileiros e contrário às demandas de livre comércio de pneus usados e remoldados, o princípio de se evitar o aumento do "passivo ambiental".

Por fim, estará o OA preparado para os desafios da OMC do futuro? É inegável que o processo está se tornando excessivamente legalizado, comportando cada vez mais todas as artimanhas conhecidas dos advogados traquejados nos foros domésticos. Trata-se de dificuldade adicional para aqueles países cujos governos ou setor privado não podem arcar com os custos de uma defesa de qualidade e que poderiam se sair melhor em um sistema mais "diplomático" e com petições e relatórios mais curtos (algumas petições atualmente tem alcançado 600 páginas e os relatórios até 1000...). O período de 90 dias para atuação do OA vem sendo estendido continuamente, diante da complexidade e envergadura dos casos. Seria possível torná-lo menos legalizado, menos extenso, mais simples? Ou será necessário dotar o OA (os painéis e Secretariado) de melhores meios para fazer frente às tarefas (aumentar o número de Membros do OA, por exemplo?). Questões prementes, atuais, que terão que ser resolvidas com perspicácia pelos usuários do sistema se desejarem manter o OA como instância útil e eficaz para a resolução de conflitos.

Carla Junqueira, assim, tem o mérito de colocar em debate, no mundo jurídico nacional, um tema de grande relevância para os interesses político-comerciais do Brasil. Espera-se que seu trabalho inovador possa encorajar outros, de modo a dotar o País de um quadro conceitual e analítico à altura de seus desafios no plano internacional.